EUSTACE MULLINS

LA MALÉDICTION
DE CANAAN
Une démonologie de l'histoire

ℴMNIA VERITAS.

EUSTACE CLARENCE MULLINS
(1923-2010)

LA MALÉDICTION DE CANAAN
une démonologie de l'histoire

1987

THE CURSE OF CANAAN
A demonology of history

Traduit de l'américain par Omnia Veritas Ltd

© Omnia Veritas Ltd

Publié par
OMNIA VERITAS LTD

ОMNIA VERITAS

www.omnia-veritas.com

À PROPOS DE L'AUTEUR

En quarante ans de recherches approfondies, Eustace Mullins a obtenu un retour de flamme considérable. Il a été surveillé quotidiennement par des agents du FBI pendant trente-deux ans ; aucune charge n'a jamais été retenue contre lui. Il est la seule personne à avoir été licenciée du personnel de la Bibliothèque du Congrès pour des raisons politiques. Il est le seul écrivain à avoir eu un de ses ouvrages brûlé en Europe depuis 1945.

Après avoir servi trente-huit mois dans l'armée de l'air américaine pendant la Seconde Guerre mondiale, Eustace Mullins a fait ses études à l'université de Washington et Lee, à l'université d'État de l'Ohio, à l'université du Dakota du Nord et à l'université de New York. Il a ensuite étudié l'art à l'Escuela des Bellas Artes, à San Miguel de Allende au Mexique, et à l'Institute of Contemporary Arts de Washington, D.C.

Pendant ses études à Washington, on lui a demandé d'aller à l'hôpital St Elizabeth's pour parler au prisonnier politique le plus célèbre du pays, Ezra Pound. Figure littéraire marquante du XXe siècle, Pound avait vu trois de ses élèves recevoir le prix Nobel, alors que celui-ci lui était refusé en raison de ses déclarations de patriote américain. Non seulement Eustace Mullins est devenu son protégé le plus actif, mais il est la seule personne qui maintient le nom d'Ezra Pound vivant aujourd'hui, grâce au travail de l'Institut de civilisation d'Ezra Pound, qui a été fondé peu après la mort du poète à Venise.

Avec le présent ouvrage, Eustace Mullins espère mettre fin à un black-out de trois mille ans derrière lequel les ennemis de l'humanité ont opéré en toute impunité pour mener à bien leur programme satanique. Ce programme est déjà bien avancé et mettra un terme à notre civilisation. Ce livre est écrit dans le seul but de ressusciter notre ancienne culture, et de l'amener vers de nouveaux sommets.

PRÉFACE

Après quarante ans d'étude patiente des crises auxquelles l'humanité est confrontée, je suis arrivé à une conclusion très simple : toutes les conspirations sont sataniques ! Rétrospectivement, cette conclusion ne devrait surprendre personne. J'avoue qu'elle m'a pourtant surprise. Je n'avais jamais prévu que mes décennies de travail aboutiraient à une solution aussi globale et incontestable. Cette réponse m'avait échappé au fil des ans, non pas parce que j'étais sur la mauvaise voie, mais parce que je n'avais pas encore consulté la source ultime de toute connaissance : la Bible. Pour retracer les machinations de la conspiration matérialiste, je m'étais délibérément limité à des sources matérialistes - des documents de référence sur la banque, la politique, l'économie et les biographies de ceux qui étaient le plus profondément impliqués dans ces affaires.

Lorsque j'ai enfin décidé de rechercher certaines références dans la Bible, une tâche qui a été grandement simplifiée par un certain nombre d'excellents travaux, comme ceux de Nelson et de Strong, j'ai été submergé par son immédiateté, par son caractère direct et par l'applicabilité de ses paroles aux événements actuels. Au fil des mois et en poursuivant ces recherches, je n'ai pas été submergé par un sentiment de déjà vu, mais par une conviction écrasante que très peu de choses avaient changé au cours des trois derniers millénaires. Ma première révélation a été que "Dieu n'a pas de secrets pour l'homme". C'est Satan qui doit dissimuler ses œuvres par des conspirations furtives, par la tromperie et les promesses qui ne seront jamais tenues.

« Et le grand dragon fut précipité, ce serpent ancien, appelé le diable et Satan, le séducteur du monde entier » (Apoc. 12:9).

C'est pour cette raison que les hommes politiques doivent nécessairement devenir des disciples de Satan dans sa rébellion contre Dieu. Les hommes politiques doivent tromper le peuple pour obtenir un pouvoir sur lui, tout comme Satan doit tromper le monde entier s'il veut poursuivre sa rébellion contre Dieu. Satan vous emmène au sommet de la montagne et vous offre tous les royaumes de la terre (Martin Luther King a proclamé : "J'ai été emmené au sommet de la montagne", mais il n'a jamais révélé ce qui s'y était passé) ; le politicien vous offre gratuitement la nourriture, le logement, les soins médicaux - tout deviendra enfin "gratuit" ! Le politicien vous propose de vous défendre contre vos ennemis, afin de vous livrer à l'ennemi ultime, Satan.

Dieu ne vous fait pas d'offres en compétition avec Satan et ses politiciens. Que pourrait vous offrir Dieu alors qu'il vous a déjà donné le monde entier ? Que pourrait-il faire de plus que d'envoyer son Fils unique pour préserver ce monde pour vous alors qu'il est menacé par Satan ? Et pourquoi Dieu voudrait-il dissimuler son amour pour vous derrière des mystères obscurs, des conspirations occultes et des pratiques obscènes ?

Une fois que mon retour à la Bible m'a donné les réponses que je cherchais depuis tant d'années, je me suis rendu compte que j'étais arrivé au point culminant de mon travail. J'avais cherché avec acharnement les faits concernant chacune des nombreuses conspirations, et j'étais maintenant capable de définir leur imbrication dans un complot unique, la "Conspiration des conspirations". J'avais retracé les noms et les activités des principaux acteurs du drame satanique qui se déroule en ce monde, un monde que j'ai décrit en 1968 dans *My life in Christ*[1]

---

[1] *My Life in Christ*, Eustace Mullins, Omnia Veritas Ltd, www.omnia-veritas.com.

comme "l'empire de Satan". C'était une simplification excessive, même si je n'en avais pas conscience à l'époque. J'avais écrit ce livre dans un état de stress intense ; mon père était mort à la suite du harcèlement répété des agents fédéraux. Leur but était de me forcer à abandonner mes recherches.

D'autres membres de ma famille ont continué à subir un harcèlement quotidien en raison de cette volonté fédérale de me neutraliser. Je n'étais pas désespéré, mais il me semblait, à cette époque de ma vie, que Satan avait effectivement remporté une victoire temporelle sur ce monde - pas une victoire permanente, mais un avantage qu'il pouvait défendre et qu'il pourrait consolider dans les années à venir.

Les quarante années suivantes m'ont apporté de nombreuses révélations surprenantes sur les forces qui, en coulisses, avaient planifié et perpétré les meurtres de masse de l'humanité. J'avais enfin, comme l'a dit un écrivain, "découvert les forces en présence".

J'ai également pu trouver les sources de l'idéologie satanique qui a été constamment utilisée pour tromper l'humanité, et pour l'amener à devenir l'instrument involontaire des programmes sataniques, une idéologie que nous rencontrons aujourd'hui sous diverses formes, telles que le communisme, le fabianisme, l'humanisme laïque, et d'autres idéologies de travestissement.

22 février 1987

CHAPITRE I

LA GUERRE CONTRE SEM

Ils sacrifiaient aux démons, qui n'étaient pas des dieux.
Deut. 32:17

Dans les églises d'Amérique, les chrétiens adorent un Dieu quelque peu paternel : le patriarche barbu que Michel-Ange a représenté sur le plafond de la chapelle Sixtine, une figure autoritaire qui est aussi le Père de notre Maître, et notre Sauveur, Jésus-Christ. Dieu est vénéré comme le Créateur originel de notre univers, et comme le guide moral ultime. Dans ce scénario, l'humanité est un groupe quelque peu inoffensif, placé dans un cadre pastoral, généralement obéissant aux lois de Dieu, et soumis à une punition en cas de désobéissance. L'observance religieuse basée sur ce concept est adéquate jusqu'à ce que cette scène idyllique soit perturbée par des mésaventures ou des calamités. Cela pose également la question du mal inné ou inéluctable. Satan, l'ange déchu, et rebelle contre Dieu (Satan, un mot hébreu signifiant "adversaire") apparaît dans la Bible. On y trouve de fréquentes références à l'avertissement de Dieu, et souvent au châtiment, des malfaiteurs, sur le plan individuel et collectif. Là encore, l'apparition persistante du mal tout au long de l'histoire de l'humanité est traitée au fur et à mesure qu'elle se produit, mais il est difficile d'en fixer les sources ou les causes. Par conséquent, l'humanité a vécu dans une situation très défavorable, incapable de reconnaître ou de comprendre le mal avant d'en être atteinte.

En effet, le grand mouvement de l'histoire moderne a été de dissimuler la présence du mal sur la terre, de l'éclairer, de convaincre l'humanité que le mal doit être "toléré", "traité avec plus de compréhension" devant être l'objet de négociation, mais qu'il ne doit en aucun cas être combattu par la force. C'est le point principal de ce que l'on appelle aujourd'hui le libéralisme, plus connu sous le nom d'humanisme laïque. L'appel populaire, et apparemment sensé, de l'humanisme est que l'humanité devrait toujours placer les intérêts humains en premier. Le problème est que cet humanisme même peut être retracé dans une ligne ininterrompue jusqu'à la "Malédiction de Canaan" biblique. L'humanisme est donc le résultat logique de la démonologie de l'histoire.

Les événements des temps modernes ne peuvent être compris que si nous pouvons en retracer les implications en ligne directe à partir des premiers documents laissés par l'Antiquité. Ces documents concernent l'homme préadamique, une créature hybride dont les origines sont décrites dans les livres anciens. Le livre d'Hénoch (qui fait lui-même partie d'un livre antérieur de Noé, écrit vers 161 av. J.-C.), dit que Samjaza (Satan), le chef d'une bande de deux cents anges, est descendu sur le mont Carmel. Ils avaient convoité les filles des hommes venus de loin, et maintenant ils les ont prises pour femmes. Ces anges déchus, connus sous le nom de l'Ordre des Veilleurs, ont enseigné la magie à leurs femmes. Le fruit de ces unions fut l'apparition d'une race de géants, connue sous le nom de Néphilim.

La Bible ne mentionne pas spécifiquement les Néphilim par leur nom, et les travaux de Strong ne les énumèrent pas non plus. Cependant, les recherches bibliques de Nelson font état de plusieurs listes sous le terme de Néphilim. Les versets de la Bible auxquels il se réfère sont ceux de la Genèse 6:4 : "Il y avait des géants sur la terre en ce temps-là." La Revised Standard Version mentionne le nom des Néphilim, le même verset se lisant comme suit : "Les Néphilim étaient sur la terre en ce temps-là. Ces géants furent plus tard connus sous le nom de "fils d'Anak"." Dans les *Nombres* 13:33, nous lisons : "Et là, nous vîmes les géants, les fils d'Anak, qui sont sa descendance." Ces géants constituaient une puissante menace pour les autres peuples. Dans le *Deutéronome* 9:2, on peut lire la plainte suivante : "Qui peut combattre contre les fils d'Anak ? Néanmoins, ils furent finalement tués ou chassés. Il ne restait plus aucun Anakim dans le pays des enfants d'Israël." (Josué 11:22)

Ces premiers géants seraient considérés comme des mutations par les scientifiques modernes. En raison de leur parenté particulière, ils avaient des habitudes et des convoitises qui horrifiaient leurs voisins. Leur chef, Satan (l'adversaire de Dieu), également connu sous le nom de Satona, était le serpent qui est entré dans Eve et l'a séduite, produisant le premier meurtrier, Caïn.[2] Non seulement les Néphilim représentaient une menace pour les autres, mais leur haine et leur violence incontrôlables les amenaient parfois à s'attaquer et à s'entretuer. Ils mangeaient ensuite leurs victimes, introduisant ainsi le cannibalisme dans le monde. Selon certains récits, Dieu les a massacrés, tandis que l'Archange Michel a emprisonné les anges déchus, l'Ordre des Veilleurs, dans de profonds gouffres sur la terre.

Malheureusement pour l'humanité, ce n'était pas la fin de l'affaire. Satan, à travers ses enfants, les Néphilim, et aussi à travers Caïn, avait maintenant établi une présence démoniaque sur la terre. Sa rébellion contre le monde de Dieu se traduit par des souffrances et des maux continus sur la terre pendant les siècles à venir. L'histoire de l'humanité depuis sa rébellion est l'histoire de la lutte entre le peuple de Dieu et celui de Satan. Grâce à cette compréhension, il est maintenant possible de retracer les événements historiques qui révèlent l'histoire réelle de ces deux adversaires.

Le *Livre du Zohar* met l'accent sur la légende talmudique selon laquelle les démons sont nés d'un commerce sexuel entre les humains et les puissances démoniaques. Cela explique raisonnablement pourquoi toutes les cérémonies occultes mettent l'accent sur trois choses : les drogues, les incantations (qui expriment la haine de Dieu) et les pratiques sexuelles déviantes.

L'étude de la démonologie à travers l'histoire apporte des réponses à des aspects autrement inexplicables de l'histoire de

---

[2] Selon la tradition.

l'homme. La torture et le meurtre d'enfants, les rites obscènes et les massacres d'innocents dans les guerres mondiales, ainsi que d'autres catastrophes, sont des phénomènes qui n'ont eu que peu ou pas de rapport avec la routine quotidienne de l'humanité qui consiste à travailler le sol, à élever des familles et à maintenir les normes de la civilisation. Au contraire, ces types de calamités sont des attaques directes contre l'existence normale de l'humanité. En outre, elles sont l'expression de la rébellion contre Dieu et en dernier ressort, des attaques contre son peuple.

En raison de leurs pouvoirs extraordinaires, les démons ont toujours attiré un certain nombre d'adeptes sur terre. Les organisations "secrètes", qui insistent pour dissimuler leurs rites et leurs programmes à tous les "profanes", doivent le faire afin d'éviter d'être démasquées et d'être inévitablement punies. Pendant qu'ils erraient dans le désert, les tribus juives vénéraient les démons et les monstres. Ils vénéraient leurs monstres mythiques : le Léviathan, Béhémoth et Raheb, qui pourraient bien avoir été des survivants de la tribu des géants, les Néphilim. Ils offraient également des sacrifices au démon du désert, Azazel.

Leur tradition a développé une certaine hiérarchie des démons. Un démonarque, qui était vraisemblablement Satan, régnait sur tous les démons de la terre. Il était également connu sous le nom de Prince du Mal, Bélial (l'hébreu Be'aliah, signifie que Yahvé est Baal). Le prochain dans la hiérarchie des démons était Asmodée, le roi des démons, et sa femme, Lilith, la principale démone des Juifs. Lilith est aujourd'hui bien connue comme la déesse patronne des lesbiennes. Son nom survit dans de nombreuses organisations actuelles, telles que les Filles de Lilith. Ce choix d'une patronne suggère qu'il y a peut-être toujours eu un certain nombre de pulsions démoniaques dans les pratiques homosexuelles. Cette motivation correspondrait aux rites de base de l'occultisme, tels que le défi à Dieu, et au développement de "modes de vie alternatifs". Le châtiment inévitable de ces pratiques est maintenant apparu parmi nous sous la forme du fléau généralisé du sida.

Lilith est l'exemple typique des démons qui ont été créés par les rapports sexuels entre les filles de l'homme et les démons. Ils sont apparus pour la première fois pendant les six jours de la création en tant qu'esprits désincarnés, et ont ensuite pris une forme physique. *Le Livre du Zohar* dit : "Toute pollution du sperme donne naissance à des démons." L'Encyclopédie Judaïque fait référence à "l'impureté du serpent qui a eu des relations sexuelles avec Eve". La kabbale affirme que Lilith a eu des relations sexuelles avec Adam et a produit des démons dans le cadre du dessein cosmique, dans lequel la droite et la gauche sont les courants opposés de pouvoirs purs et impurs, remplissant le monde et le divisant entre le Saint et le serpent Samaël. (Zohar Bereshit 73b., 53 et suiv.)

Le *Webster's Dictionary* dit de Lilith : "Heb. signification de la nuit. 1. Le folklore juif, un démon vampire féminin. 2. Folklore juif, première femme d'Adam avant la création d'Eve. De nombreuses légendes identifient Lilith comme la première femme d'Adam. Ces mythes prétendent que Dieu a formé Lilith à partir de boue et de crasse. Elle s'est bientôt disputée avec Adam. En raison de son orgueil démesuré, elle refusa de le laisser s'étendre sur elle. C'est pour cette raison qu'elle a été adoptée comme patronne des lesbiennes. Elle a quitté Adam et s'est enfuie sur les rives de la mer Rouge, où l'on dit qu'elle se livrait à ses fantasmes sexuels avec des démons, vivant parmi les bêtes sauvages et les hyènes. Sa présence a donné lieu à de nombreuses légendes terrifiantes ; elle est devenue la patronne des démons juifs et on dit qu'elle s'attaquait aux nouveau-nés, leur aspirant la vie. Elle était également connue pour sucer le sang des hommes qui dormaient seuls et est appelée "la sorcière de la nuit" (Isaïe 34:14 - Les bêtes sauvages rencontreront les hyènes, le satyre criera à son prochain, et la sorcière de la nuit s'enflammera et se trouvera un lieu de repos). À l'exception de ce seul verset, son nom a été retiré de toutes les Écritures à cause de sa réputation peu glorieuse.

D'autres légendes prétendent que Lilith et les démons qui l'accompagnaient régnaient sur les quatre saisons, comme Lilith-Naameh, Mentral, Agrath et Nahaloth. On dit qu'elles se rassemblaient au sommet d'une montagne obscure, et qu'elles y célébraient le sabbat des sorcières, lorsqu'elles avaient des rapports sexuels avec Samaël, le prince des démons.

C'est parce que Dieu avait eu un résultat si malheureux avec Lilith, après l'avoir créée de la boue et la crasse, qu'il décida de se rabattre sur la côte d'Adam pour sa prochaine création, Eve. Elle fut ensuite connue sous le nom de "haw wah", "Mère de tous les vivants", et également sous le nom de "Mère serpent" en raison de son association ultérieure avec Satan. Le Prince des Ténèbres avait plusieurs déguisements, mais lorsqu'il incarnait le désir sexuel, comme il le faisait pour Eve, il apparaissait toujours sous la forme d'un serpent.

Parce que le mal était désormais établi sur terre, par la présence des démons et de leurs adeptes, il était nécessaire que Dieu punisse l'humanité. En infligeant cette punition, Il a décidé d'être juste. Pour cela, il lui fallait sélectionner ceux qui étaient sans taches, et qui seraient autorisés à survivre à la punition. Sa méthode de sélection était simple. Il a choisi ceux qui n'avaient pas été contaminés. Son choix s'est porté sur Noé et sa famille. Noé est décrit dans la Genèse 6:9, "Noé était parfait dans ses générations. Le mot "générations" est ici une traduction imparfaite du mot hébreu "to-Ied-aw", qui signifie "ascendance". Une traduction plus ancienne et plus appropriée est "Noé était un homme juste, et parfait, sans défauts dans ses générations". Il était le choix de Dieu parce que lui et sa famille étaient les derniers Adamites de sang pur au monde. (La version standard révisée comporte une erreur encore plus grande dans sa formulation, "Noé était irréprochable dans ses générations", puisqu'elle ne dit pas ce qui lui aurait été reproché).

Le site du déluge, qui était la punition prescrite par Dieu pour l'humanité, ne se trouvait pas dans la région du Proche-Orient, comme on le suppose généralement. Les archéologues sont perplexes depuis des années, car ils n'ont trouvé aucune preuve d'une telle inondation dans cette région. En fait, comme Caïn avait été banni "à l'est d'Eden", Noé et sa famille vivaient dans le bassin de Tarim, situé dans la province du Haut-Sinkiang. Ce bassin était alimenté par la rivière Tarim, et c'est là que le déluge a eu lieu.

Ayant été averti par Dieu de l'imminence de la catastrophe, Noé a réussi à construire l'Arche, l'un des plus grands exploits d'ingénierie de tous les temps. Pesant 36 750 tonnes, elle a été entièrement construite en bois. Elle mesurait 450 pieds de long, 75 pieds de large et 45 pieds de profondeur. Sur cette arche, Dieu a ordonné à Noé d'"embarquer tout être de chair vivant". En raison de l'espace limité sur l'arche, il ne pouvait y avoir aucune possibilité de reproduction de ces espèces pendant leur séjour à bord, et Dieu ordonna qu'aucun rapport sexuel n'ait lieu. Ce commandement a été violé par un habitant de l'Arche, Cham, le deuxième fils de Noé. Cham a eu des rapports sexuels avec une femme préadamite à bord de l'Arche, une personne à la peau foncée. Leur progéniture était un fils noir nommé Koush, qui est devenu le symbole et l'ancêtre du peuple éthiopien.

Noé a été consterné lorsqu'il a appris que son fils avait violé le commandement de Dieu, car il savait que le châtiment viendrait. Après la fin du déluge et le retour de la vie sur terre à sa routine habituelle, Noé continua à être hanté par ses peurs. Les événements qui ont suivi ont depuis eu des conséquences désastreuses pour toute l'humanité. Dans la Bible, cela apparaît comme une sorte d'énigme, puisque les personnages sont tour à tour identifiés et dissimulés dans des versets successifs. Ni la séquence exacte des événements, ni leur explication, ni l'identification des principaux protagonistes ne peuvent être reproduites telles qu'elles apparaissent dans la Genèse, peut-être en raison de mauvaises traductions ou de modifications apportées au fil des siècles.

Bien que la vie sur terre ait repris sa félicité d'avant le déluge, Noé continuait d'être bouleversé par la transgression de Cham. Il était si troublé que s'étant enivré, il révéla sa nudité au cours de son ivresse. Comme le raconte la Genèse 9:24-27, le fils de Cham, Canaan, a vu son grand-père exposé, bien qu'à un moment donné, on l'ait appelé "le plus jeune fils de Noé", au lieu de le désigner correctement comme son petit-fils. Les autres fils de Noé, Sem et Japhet, voyant leur père ainsi dénudé, se sont empressés de le couvrir d'un manteau. Cependant, lorsqu'il se réveilla, Noé fut très irrité par ce qui s'était passé, et il prononça une malédiction sur Canaan, "Maudit soit Canaan ; il sera l'esclave des esclaves de ses frères (Sem et Japhet)". Là encore, il s'agit d'une énigme, car Sem et Japhet étaient les oncles de Canaan, et non ses frères. L'énigme est probablement intentionnelle, car elle vise à évoquer une étude spéciale de ces versets pour parvenir à une compréhension de ces messages très importants, des avertissements pour toutes les générations futures.

Diverses explications ont été avancées pour expliquer l'immense colère de Noé contre Canaan, et sa malédiction à son égard. L'une d'entre elles, qui a été largement écartée, est que Cham a peut-être couché avec la femme de Noé, ou qu'il a tenté de le faire. Aucune base n'a jamais été établie pour cette hypothèse. Une autre explication est que Noé a maudit Canaan parce qu'il était encore vexé par la violation par Cham du commandement de Dieu aux habitants de l'Arche, selon lequel ils devaient s'abstenir de tout rapport sexuel pendant qu'ils étaient à bord. Parce que Cham avait couché avec la femme préadamite de l'arche, Noé a finalement évacué sa colère dans la malédiction de Canaan. Cela ne sonne pas vrai non plus ; les hommes de l'Ancien Testament étaient très directs dans leurs relations ; si Noé était vexé par Cham, il aurait maudit Cham, et non Canaan. Aucune de ces explications n'offre une raison valable pour la véhémence de la malédiction proférée par Noé, une malédiction qui frappe l'humanité depuis trois mille ans. La seule explication rationnelle de la malédiction est la colère de Noé contre Canaan, qui a fait quelque chose qui a profondément indigné son grand-père. Le fait de le regarder pendant qu'il était dénudé n'aurait guère provoqué une telle réaction. Les érudits ont finalement conclu que Canaan avait fait quelque chose de si dégradant que Noé a dû lui jeter une malédiction. Qu'est-ce que cela aurait été ? La Bible telle qu'elle est traduite actuellement ne nous donne pas vraiment d'indice. Ces érudits ont décidé que Canaan, étant de race mixte, et donc non liée par le code moral rigide des Adamites, avait probablement commis un acte homosexuel sur son grand-père. Étant de pure souche, Noé aurait été extrêmement fâché d'un tel acte, et aurait réagi comme il l'a fait.

La malédiction de Canaan fut étendue à la terre qui porte son nom, la Terre de Canaan. Les Cananéens eux-mêmes, le peuple de cette terre sont devenus la plus grande malédiction de l'humanité, et c'est ainsi qu'ils le sont toujours aujourd'hui. Non seulement ils sont à l'origine des pratiques d'adoration des démons, des rites occultes, des sacrifices d'enfants et du cannibalisme, mais en se disséminant à l'étranger, ils ont introduit ces pratiques obscènes dans chaque pays où ils ont pénétré. Non seulement ils ont apporté leur culte démoniaque en Égypte, mais, connus sous leur nom ultérieur, les Phéniciens, comme ils ont été appelés après 1200 avant J.-C., ils sont devenus les corrupteurs de la civilisation à travers les époques successives, étant connus dans l'histoire médiévale comme les Vénitiens, qui ont détruit la grande civilisation chrétienne byzantine, et plus tard comme "la noblesse noire", qui a infiltré les nations d'Europe et a progressivement pris le pouvoir par la ruse, la révolution et leurs tours de passe-passe financiers.

La réputation de Canaan se retrouve dans de nombreux documents anciens, bien que son histoire fétide ait été soigneusement effacée d'un plus grand nombre encore d'archives et de bibliothèques historiques. En 1225 avant J.-C., le pharaon Merneptah, qui, en raison de ses victoires dans la région cananéenne, était connu sous le nom d'"unificateur de Gezer", fit ériger une stèle pour commémorer ses succès. Parmi les inscriptions qui y sont apposées, on trouve celle-ci : "La terre de Canaan a été purgée de tous les maux ; tout le territoire est uni et pacifié."

Cette inscription ne signifiait pas que Merneptah avait eu recours à tous les maux pour piller Canaan ; elle signifiait qu'il avait rencontré tous les maux pratiqués par cette tribu notoire pendant son séjour en son sein.

Cham avait quatre fils : Koush, qui fonda la terre d'Éthiopie ; Mizraïm, qui fonda l'Égypte ; Put, qui fonda la Libye ; et Canaan, qui fonda la terre des Cananéens, la région aujourd'hui administrée par l'État d'Israël. Dans l'*Aggada*[3] on dit que Koush a la peau noire pour punir Cham d'avoir eu des relations sexuelles sur l'Arche. Les trois qui ont copulé dans l'Arche ont

---

[3] Désigne les enseignements non législatifs de la tradition juive ainsi que le corpus de ces enseignements pris dans son entièreté. NDT.

tous été punis : le chien, le corbeau et Cham. Le chien fut condamné à être attaché, le corbeau doit se nourrir en s'emparant des graines dans le bec de son compagnon, et Cham a été frappé dans sa chair par l'assombrissement de sa couleur de peau. Note 9, San. 108b. c'est-à-dire que de lui descendait Koush, le nègre, qui a la peau noire.

Dans la littérature talmudique, Koushi signifie toujours une personne noire ou la race noire. Koushite est synonyme de noir. (Yar Mo'ed Katan 16b).

La Bible telle qu'elle est actuellement traduite ne fait aucune référence à la couleur de Koush. La référence à ses descendants, les Koushites, n'apparaît que dans les *Nombres* et dans le livre 2 de Samuel. Les Nombres 12:1 révèlent que "Miriam et Aaron parlèrent contre Moïse à cause de la femme Koushite qu'il avait épousée, car il avait épousé une femme Koushite." Ici encore, aucune explication n'est donnée quant à la raison pour laquelle Miriam et Aaron se sont retournés contre Moïse, mais la question est évidemment d'une certaine importance, car le même verset souligne par la répétition qu'il avait épousé une femme Koushite. Nous trouvons l'explication en nous tournant vers le Talmud, qui nous dit que "Koushite" signifie toujours "noir". Le verset dans les *Nombres* devrait se lire, et à l'origine, il se peut qu'il se soit lu de cette façon : "Miriam et Aaron se sont prononcés contre Moïse à cause de la femme noire ou Koushite qu'il avait épousée." Le second livre de Samuel contient sept références à des Koushites, mais là encore, aucune description n'est donnée.

Le professeur Sayee, le célèbre érudit égyptien, qui fait autorité dans le domaine du Proche et du Moyen-Orient antique, explique que Canaan signifie "bas" et Élam "haut". Les Cananéens étaient ceux qui habitaient les lieux bas ; les Élamites occupaient les lieux élevés. Le colonel Garnier, dans son grand ouvrage *Le culte des morts*, cite l'observation de Strabon selon laquelle "les Koushites habitent les régions côtières de toute l'Asie et de l'Afrique". Ils n'ont jamais été assez agressifs pour se battre ou rester sur les hauteurs, et ont été contraints de rester dans les zones basses et marécageuses, exposées aux éléments, dans des zones au sein desquelles les autres peuples ne les chasseraient pas.

Garnier poursuit, p. 78 de *The Worship of the Dead* :

"Nous avons également vu qu'Osiris était noir, ou de race Koushite, ce qui était caractéristique des Égyptiens. Hérodote parle des Égyptiens comme étant généralement noirs et à poils laineux. Il y avait deux races en Égypte, les Mizraimites, qui ont été les premiers à coloniser le pays, et les Égyptiens noirs, ces derniers recevant leur nom d'Égypte, le fils de Bélus, c'est-à-dire de Koush. Il ne fait donc guère de doute qu'Aegyptus, le père des Égyptiens noirs et fils de Bélize, est le même que l'Osiris noir."

Le p. 92 Garnier nous informe :

"L'immigration aryenne et l'apparition du brahmanisme ont été postérieures à ceux d'une race de Koushite plus ou moins hostile à eux et à leur religion. On trouve des traditions aryennes qui se disent blanches et les Dasyns noirs, c'est-à-dire Koushites."

Garnier cite une description des Koushites comme suit :

"Ils les appellent des démons et des adorateurs du diable, et des misérables lascifs qui font un dieu du Sisna, du Lingam et du Phallus."

Garnier poursuit (p. 131) en observant que :

"Bouddha doit être identifié avec ces dieux dont l'origine humaine est Koushite, de Koush, le grand prophète et maître du paganisme ancien, le père de la race noire ou éthiopienne. Bouddha, bien qu'il soit le dieu principal de la race jaune, est constamment représenté, en tant que noir avec des cheveux crépus et des traits nègres, le nez plat et les lèvres épaisses de nombreuses statues anciennes qui se trouvent en Hindoustan, car ce sont clairement les traits bien connus du véritable nègre africain ; l'origine humaine de Bouddha était Koush."

Les actes ultérieurs de Cham n'ont rien fait pour blanchir sa réputation. Il a volé les vêtements que Dieu avait faits pour Adam et Eve avant de les expulser du jardin d'Eden. Koush hérita de ces vêtements de Cham et les transmit à son fils, Nimrod. À cause de ces vêtements, Nimrod fut connu comme "le puissant chasseur". Il était considéré comme invincible tant qu'il portait ces vêtements, qui sont décrits dans la Genèse 3:21. Les animaux et les hommes se pliaient devant l'assaut de Nimrod à cause de ces vêtements qui lui conféraient de grands pouvoirs (*Encyclopaedia Judaica*). Nimrod, qui est né le 25 décembre, durant le haut sabbat de Babylone, est le fondateur de Babylone et de la ville de Ninive.

Dans l'histoire de l'humanité, Nimrod est inégalé pour son symbolisme du mal et ses pratiques sataniques. On lui attribue la fondation de la franc-maçonnerie et la construction de la légendaire tour de Babel, au mépris de la volonté de Dieu. Dans la littérature talmudique, il est noté comme "celui qui a fait que tout le peuple se rebelle contre Dieu". Pes. 94b. La légende du Midrash raconte que lorsque Nimrod a été informé de la naissance d'Abraham, il a ordonné de tuer tous les enfants mâles, pour être sûr de l'éliminer. Abraham était caché dans une grotte, mais plus tard, il fut découvert par Nimrod, qui lui ordonna alors d'adorer le feu. Abraham refusa et fut jeté dans le feu.

Le symbole légendaire de Nimrod est le "X". L'utilisation de ce symbole dénote toujours la sorcellerie. Lorsque "X" est utilisé comme forme abrégée signifiant Noël[4], il signifie en fait "pour célébrer la fête de Nimrod". Un double X, qui a toujours signifié trahir ou doubler[5], indique dans sa signification fondamentale la trahison d'une personne entre les mains de Satan. Lorsque des sociétés américaines utilisent le "X" dans leur logo, comme "Exxon", la société historique de Rockefeller sa Standard Oil du New Jersey, cette signification cachée ne fait guère de doute.

On ne saurait trop insister sur l'importance de Nimrod dans toute étude de l'occultisme. Grâce aux pouvoirs que lui confèrent les vêtements d'Adam et Eve, Nimrod est devenu le premier homme à régner sur le monde entier. Il s'est laissé aller à ce pouvoir en se livrant à des excès et des horreurs qui n'ont jamais

---

[4] Comme dans Xmas, NDT.

[5] Trahir se dit : "double cross" en anglais, NDT.

été égalés. Depuis l'époque de Nimrod, Babylone est le symbole de la dépravation et de la luxure.

Nimrod a également introduit la pratique du génocide dans le monde. Son grand-père, Cham, qui s'était associé à d'autres races et avait mis au monde des enfants métis, a été persuadé par son épouse, la diabolique Naamah, de pratiquer le meurtre rituel et le cannibalisme. Elle informa Cham qu'en tuant et en mangeant des personnes à la peau claire, ses descendants pourraient retrouver leurs qualités supérieures.

Au cours des siècles suivants, les descendants à la peau claire de Sem, le fils aîné de Noé, ont été rituellement massacrés par les descendants plus sombres de Cham et Nimrod, dans le cadre de la campagne de persécution raciale et religieuse la plus persistante au monde.

Non seulement Nimrod a tué et mangé les descendants à la peau claire de Sem, mais dans sa fureur et sa haine, il les a souvent brûlés vifs. Le type de sacrifice humain qui consiste à manger les victimes humaines massacrées tire son nom de la combinaison des noms de son oncle, Canaan, et du dieu démon Baal, les deux noms étant combinés pour former le mot "cannibale". Nimrod était également connu dans l'histoire ancienne sous les noms de Marduk, Bel et Merodach. En raison de son importance dans son histoire, Babylone était connue comme le pays de Nimrod. Nimrod est également cité dans les plus anciennes constitutions maçonniques comme le fondateur de la franc-maçonnerie.

La chute de Nimrod se serait produite lorsqu'il a commencé à construire la Tour de Babel, une ziggourat, ou tour surmontant un temple, qui devait s'élever jusqu'aux cieux. À cause de cette offense contre Dieu, Sem, le fils aîné de Noé, prononça un jugement contre Nimrod, et l'exécuta.

Josèphe dit que "le petit-fils noir de Cham, Nimrod, a été décapité par Sem." D'autres récits ajoutent que Sem a ensuite coupé le corps de Nimrod en morceaux et les a envoyés aux temples païens de Babylone, pour avertir les prêtres que leurs orgies sexuelles et leurs sacrifices d'enfants entraîneraient un jugement et une exécution similaire. Au lieu d'abandonner leurs hideuses cérémonies à cause de cet avertissement, les prêtres sont littéralement entrés dans la clandestinité. Leurs autels ne "fumaient plus de sang humain", comme l'a décrit Kitto, la grande autorité palestinienne. Les prêtres ont emporté les morceaux de Nimrod comme reliques dans leurs lieux de rencontre secrets, cachés dans des "bosquets" et des "sanctuaires". Ce fut l'origine des cultes secrets à Mystères, dont les orgies ne pouvaient plus être exécutées dans les temples publics. En raison du pouvoir de Sem, les prêtres de cette époque ont désormais mené leurs orgies interdites dissimulées à la lumière du jour, dans leurs cachettes secrètes. Leurs réunions étaient limitées à des rites secrets, que personne en dehors de leur ordre n'était autorisé à connaître, sous peine de mort. Ce fut l'origine des Gnostiques, les Connaisseurs, qui connaissaient ces secrets. C'est peut-être pour cette raison que Nimrod est révéré comme le fondateur de la franc-maçonnerie, car ses rites fondamentaux ont été établis et invoqués après sa mort, afin de poursuivre son œuvre maléfique.

L'histoire de l'humanité depuis trois mille ans est l'histoire de la lutte entre les descendants à la peau claire de Sem et les descendants à la peau plus sombre de son frère, Cham, pourtant vous ne trouverez cette lutte décrite dans aucun ouvrage historique. Les traces du génocide contre le peuple de Sem sont visibles dans toutes les archives de l'histoire, mais il n'y a pas une seule école ou université dont la faculté informe ses étudiants de ce simple fait. Cela explique en soi beaucoup de choses qui sont généralement considérées comme "inexplicables". La raison de cette étrange dissimulation est que les descendants de Cham ont traditionnellement usurpé le processus éducatif, par leur usurpation antérieure du sacerdoce pour poursuivre leur travail satanique. Depuis lors, ils ont contrôlé le système éducatif, le convertissant à leurs propres fins maléfiques. Il est d'autant plus intéressant qu'aucune école de théologie dans le monde ne prend note de ce fait central de l'histoire, un fil rouge qui parcourt continuellement le récit des événements.

Dans la langue grecque, Sem apparaît sous le nom de Éhu ; dans la mythologie égyptienne, il est Shou, le fils de Râ, le Dieu Soleil. C'est par une prétendue descendance de Sem que Louis, roi de France, s'est fait appeler le "Roi Soleil". Cependant, un point beaucoup plus important, qui a été à nouveau occulté ou caché par les prêtres qui ont contrôlé le système éducatif tout au long des trois derniers millénaires, est le fait que c'est Sem qui a fondé et construit la grande civilisation de l'Égypte.

Les dirigeants de l'Égypte étaient appelés Pharaons, du mot hébreu pira, qui signifie "cheveux longs". Les Égyptiens de souche avaient les cheveux courts. Non seulement Sem avait les cheveux longs, mais il était aussi blond. Dans leurs registres, les prêtres appellent Sem "Shufu" ou "Khufu", ce qui signifie "longs cheveux". En tant que grand guerrier, Sem a facilement mené son peuple à la conquête des Égyptiens de souche. Il a immédiatement entrepris de commémorer son règne en construisant la Grande Pyramide de Gizeh. Babylone fut ensuite conquise par le fils de Sem, Élam ; un descendant ultérieur, Cyrus de Perse, un Élamite, acheva la conquête finale de Babylone et construisit le grand Empire perse. C'est pour signifier ses grands succès militaires que Sem adopta comme symbole le lion, qui est encore aujourd'hui le symbole des souverains. La Grande Pyramide fut plus tard appelée Khiut, l'Horizon, dans lequel Khufu avait été englouti, comme l'horizon occidental engloutissait le soleil chaque soir.

Après des recherches archéologiques approfondies, l'astronome royal d'Écosse a conclu que les preuves étaient irréfutables que la Grande Pyramide de Gizeh avait été construite par Sem. Il a trouvé le nom de Shufu à l'intérieur de la pyramide, peint en rouge, qui signifiait les cheveux blonds de Sem. À l'intérieur de la pyramide se trouve également une inscription placée après la mort de son descendant, Amenhotep IV :

> "Il a mis fin aux pratiques barbares des prêtres qui avaient été introduites par Naama et ses disciples de Babylone, dont Nimrod."

Les prêtres ont assassiné Amenhotep IV, pour qu'ils puissent reprendre leurs orgies de luxure et leurs sacrifices d'enfants. Ils avaient admis à Hérodote que la Grande Pyramide avait été construite par "un berger errant", une observation étrange, car les bergers n'ont pas l'habitude de créer des monuments aussi grandioses pour eux-mêmes. Cependant, c'était l'un des termes de dérision par lesquels ils se référaient toujours à Sem après sa mort. D'autres inscriptions des prêtres à travers les siècles de l'histoire égyptienne insultent Sem en l'appelant "cochon", "nain" et d'autres termes signifiant leur haine envers lui, peut-être parce qu'il a tué leur mentor, Nimrod. Dans les mêmes régions, d'autres inscriptions exaltent le dégénéré Cham, qui avait été corrompu par sa compagne, la maléfique Naamah, et initié aux pratiques des sacrifices humains et du cannibalisme.

La civilisation égyptienne a atteint son apogée sous le règne de Sem. Le Sphinx est aujourd'hui reconnu comme étant son portrait. Après sa mort, les prêtres ont non seulement repris leurs mauvaises pratiques, mais ils se sont lancés dans une propagande réussie pour effacer son nom de l'histoire, une campagne qui a largement abouti au cours des trois mille ans qui ont suivi. Ils ont également lancé de terribles actions punitives contre les descendants de Sem, souvent en les assassinant ou en les faisant brûler vifs. Non seulement les prêtres ont falsifié les archives de Sem, mais ils ont également réussi à éliminer la plus grande partie de l'histoire ultérieure de ses descendants blonds, les Sémites.

Le savant arabe Murtadi a noté que Num et Khufu (Shufu), les constructeurs des pyramides, vivaient avec Noé. (Catalogue du British Museum, 1909). Sem était également désigné par le nom de Ménès, de l'hébreu Meni, ou homme, qui apparaît dans le Livre des Morts égyptien, en référence à Ouranos et ses trois fils, une référence évidente à Noé. Cham fut par la suite désigné sous le nom du Dieu égyptien Amon.

Hérodote écrit qu'Eusèbe le premier roi d'Égypte, qui a régné jusqu'en 2320 avant J.-C. déclare que trois cents souverains successifs sont descendus de lui : les rois thinites, qui avaient succédé aux demi-dieux. L'historien Murtado appelle Sem Ménès. En tant que fils le plus habile de Noé, Sem illustre les qualités sur lesquelles toutes les civilisations ultérieures ont été construites : le courage, le désir de construire et la volonté de soumettre ceux qui ont adopté une forme de vie inférieure.

Sem est l'adamite[6] qui a créé les civilisations telles que nous les connaissons. D'autre part, les descendants de Cham, les Cananéens, illustrent leur envie satanique de détruire ces civilisations et leur rébellion contre Dieu. J. Hewlitt souligne que l'adamite signifiait "penseur" et que Mena ou l'homme a produit Ménès, l'homme qui pense. Ce phénomène survit aujourd'hui dans la société intellectuelle Mensa[7]. Cette distinction a été faite pour différencier la lignée d'Adam des préadamites, ou hommes non pensants. (Races de l'homme préhistorique, v. 2 p. 364). L'encyclopédie juive dit que Sem est devenu roi de Jérusalem en tant que représentant de YHWH, afin de pouvoir poursuivre la bataille contre le peuple esclave, les Cananéens.

Dans la Genèse, on trouve ce verset : "Béni soit le Seigneur, le Dieu de Sem !" Genèse 9:26. Sem avait cinq fils : Élam, de qui provint l'Empire perse ; Asshur, qui devint l'empire assyrien ; Arpachshad, Lud, et Aram. Le nom de Sem était tellement vénéré dans le monde antique que son nom est devenu synonyme de YHWH dans de nombreux documents. Yahweh, ou, dans une version ultérieure, Jéhovah, dérive directement du verbe hébreu Hava (h), qui signifie "Je suis". Historiquement, ce verbe était désigné comme l'ancien Khufu, ou HWFW, au lieu de YHWH, et il fait donc référence à Kufu, ou Sem, le constructeur de la Grande Pyramide. C'est à cause des persécutions des peuples à la peau claire par les prêtres que Kheops, qui est phonétiquement presque identique à la Hava hébraïque (h), est devenu YHWH, le Dieu de l'Exode d'Égypte. L'*Encyclopaedia Britannica* note que dans le terme "Jéhovah", la prononciation "J" est une erreur résultant chez les chrétiens de la combinaison des consonnes YHWH avec les voyelles du Seigneur "adhonay", (Adonis) qui a

---

[6] Fils d'Adam, NDT.

[7] Mensa est une organisation internationale fondée à Oxford en 1946, dont le seul critère d'admissibilité est d'obtenir des résultats supérieurs à ceux de 98 % de la population à des tests d'intelligence (homologués par Mensa International, le plus souvent, un test de QI). Elle fait donc partie de la catégorie des sociétés à QI élevé. (Wikipédia) NDT.

été substitué par les Juifs au nom sacré YHWH, communément appelé le tétragramme, ou quatre consonnes. Le nom "Jéhovah" apparaît pour la première fois dans le manuscrit du Pogio de Martin au quatorzième siècle. Ainsi, le nom de Jéhovah, qui est couramment utilisé dans nos églises, n'a que cinq cents ans !

Afin de comprendre pourquoi le nom de Sem a été systématiquement injurié et dissimulé dans les archives de l'histoire, nous devons revenir aux archives de son neveu complètement dégénéré et malfaisant, Canaan. Canaan était si méchant que ses dernières volontés et son testament à ses enfants étaient une formule de vice. Il préconisait : "Aimez-vous les uns les autres (c'est-à-dire seuls les membres de cette tribu), aimez le vol, aimez les obscénités, haïssez vos maîtres et ne dites pas la vérité." Ce document remarquable, la Volonté de Canaan, ne se trouve qu'à un seul endroit dans toute la littérature théologique du monde, le Talmud de Babylone, où il est présenté ainsi : "Canaan chargea ses fils de cinq choses : s'aimer les uns les autres, aimer le vol, aimer les obscénités, haïr ses maîtres et ne pas dire la vérité." Pes. 113b.

La volonté de Canaan a été la prescription des Cananéens pour toutes leurs opérations au cours des trois mille ans qui ont suivi. Pendant ce temps, le peuple de Sem, ne connaissant rien de ce document, a vainement essayé de "convertir" les Cananéens et de les détourner de leurs mauvaises voies. Si les descendants de Sem avaient été avertis des préceptes transmis par ce document, l'histoire des trois mille dernières années aurait pu être très différente. La volonté de Canaan reste aujourd'hui le mode d'emploi des héritiers cananéens, qui contrôlent actuellement l'Ordre Mondial. En même temps, les peuples demeurent ignorants du fait que les Cananéens continuent à les voler, les asservir et parfois les massacrer. Le Testament de Canaan contient les instructions nécessaires pour résister aux résultats de la Malédiction de Canaan, qui les condamnent à l'esclavage. Les instructions de "haïr vos maîtres", c'est-à-dire Sem et Japhet et leurs descendants, sont un ordre de commettre un génocide contre le peuple de Sem. Pour cette raison, tous les rites cananéens ultérieurs sont basés sur ces exhortations à lutter et à commettre des actes de violence contre le peuple de Sem. Ce n'est pas seulement la base de toutes les révolutions et de tous les "mouvements de libération" depuis cette époque, c'est aussi une incitation fondamentale à commettre des génocides et à mener des guerres raciales. En raison de ce black-out historique de trois mille ans, les descendants de Sem n'ont jamais compris le péril auquel ils font face et ont souvent été victimes de massacres parce que leur bonté essentielle les empêchait de croire à la vilenie des Cananéens. La volonté de Canaan leur a toujours été cachée parce que c'est le programme de base de la conspiration et des rites secrets qui permettent aux Cananéens d'exprimer leur haine envers les descendants de Sem.

Une grande partie de l'hostilité permanente entre ces deux forces est mentionnée dans la Bible, mais jamais sous la forme fondamentale qui a été énoncée ici pour la première fois. Dans son livre, *Le mystère des âges*, Herbert Armstrong commente :

> "Les Cananéens, qui étaient de race sombre, avaient colonisé la terre ; Dieu ordonne aux israélites de les chasser" (p. 172).

Armstrong cite le nombre 33 comme base de référence.

Pendant les siècles d'oppression et de massacre, Dieu ne s'est pas tenu à l'écart de son peuple. Au contraire, il l'a souvent exhorté à attaquer et à se débarrasser du péril des Cananéens. Dans les premières années de cette lutte, il était encore possible pour ses enfants d'entendre et d'obéir. La vision d'Obadiah est racontée dans Obadiah 20 :

> "Et la capacité de cette armée des enfants d'Israël surpassera celle des Cananéens, jusqu'à Sarepta ; et cette capacité d'Israël qui est à Sépharade leur permettra de s'emparer des villes du sud."

Il est significatif que la version standard révisée omette entièrement la mention des Cananéens.

La bataille s'est poursuivie pendant plusieurs siècles. Dans Josué 17:13, nous lisons :

> "Mais il arriva, lorsque les enfants d'Israël eurent acquis une grande force, qu'ils prélèvent un tribut sur les Cananéens sans les chasser complètement."

Dieu a exprimé Sa volonté dans les termes les plus forts à Ses enfants dans ce passage des *Nombres* 33:52-56 :

> "Vous chasserez tous les habitants du pays [Canaan] devant vous... Vous déposséderez les habitants du pays et vous y habiterez, car je vous ai donné le pays pour que vous le possédiez... Mais si vous ne chassez pas les habitants du pays devant vous, ceux que vous laisserez rester seront des épines dans vos yeux et dans vos flancs, et ils vous tourmenteront dans le pays où vous habitez... Il arrivera que je vous traite comme j'ai pensé le faire pour eux."

Les enfants d'Israël, c'est-à-dire les descendants de Sem, obéirent à Dieu et firent la guerre aux Cananéens, mais au cours des générations suivantes, ils perdirent le sens de cette lutte, permettant aux Cananéens de vivre au milieu d'eux. Au cours de cette période de l'histoire, il y eut de grandes victoires contre leur ennemi historique, comme le raconte le *livre des Juges* 1:17 :

> "Et Juda alla avec Siméon, son frère, et ils tuèrent les Cananéens qui habitaient Sophat, et ils la détruisirent complètement."

Cette victoire a été obtenue parce que les enfants d'Israël étaient désemparés et qu'ils ont cherché à se guider auprès du Seigneur. Le *livre des Juges* 1:1-5 :

> "Après la mort de Josué, les enfants d'Israël demandèrent à l'Éternel : "Qui montera le premier pour nous contre les Cananéens, pour les combattre ? L'Éternel répondit : "Juda montera. Voici que je livre le pays entre ses mains. Et Juda dit à Siméon, son frère : "Monte avec moi dans le pays que le sort m'a assigné, pour que nous combattions les Cananéens. Et Juda monta ; et le Seigneur livra entre leurs mains les Cananéens et les Perizzites... et ils tuèrent les Cananéens et les Perizzites."

Plus tard, les vainqueurs tombèrent à nouveau dans les mauvaises pratiques de ceux qu'ils avaient conquis, et ils furent à nouveau punis par le Seigneur. *Livre des Juges* 4, 1-2 :

> "Les enfants d'Israël habitaient au milieu des Cananéens. Et les enfants d'Israël firent encore du mal aux yeux de

l'Éternel, et l'Éternel les vendit entre les mains de Jabin, roi des Cananéens."

Un verset ultérieur du *Livre des Juges* note que les israélites ont vaincu Jabin et l'ont détruit, lui et les Cananéens.

L'*Exode* 15:15 dit :

"Déjà les princes d'Édom sont dans l'épouvante ; l'angoisse s'empare des forts de Moab ; tous les habitants de Canaan ont perdu courage."

La Concordance de Nelson énumère plus de quatre-vingt-cinq versets bibliques faisant référence aux Cananéens. La plupart des références sont défavorables et révèlent invariablement la détermination de Dieu à punir son peuple pour ses méfaits. *Ézéchiel* 16, 1-3 :

"Les paroles de l'Éternel me sont revenues : "Fils d'homme, fais connaître à Jérusalem ses abominations... Ton origine et ta naissance sont du pays de Canaan."

Compte tenu de la fréquence des références aux Cananéens dans la Bible, il est surprenant que les chefs religieux n'en fassent que rarement mention. En fait, beaucoup de chefs religieux riches d'aujourd'hui sont activement de mèche avec les Cananéens, ce qui leur permet de récolter des millions de dollars de contributions de la part des chrétiens crédules.

Il est certain que les pratiques barbares des Cananéens n'ont jamais été secrètes ni inconnues dans l'Antiquité, comme en témoigne le nombre de références disponibles. Par exemple dans les *Psaumes* 106:37-38 :

"Ils sacrifièrent leurs fils et leurs filles au démon ; ils répandirent le sang innocent, le sang de leurs fils et de leurs filles, qu'ils sacrifièrent aux idoles de Canaan."

En raison de ce témoignage bien documenté de leurs pratiques diaboliques, Dieu a prodigué de nombreuses instructions pour que les autres tribus ne se marient pas avec ce peuple. Isaac a transmis l'un de ces ordres à Jacob dans la *Genèse* 28:1 :

"Isaac appela Jacob, le bénit et lui ordonna : tu n'épouseras pas une des femmes cananéennes."

Nous avons déjà noté que Miriam et Jacob se sont retournés contre Moïse pour avoir épousé une Koushite, ou noire. Les hommes d'autrefois étaient conscients de la nécessité de protéger leur patrimoine génétique, et ils étaient également conscients qu'il pouvait disparaître en une seule génération, si de mauvais mariages avaient lieu.

L'interdiction de se mêler aux Cananéens adorateurs de démons est restée l'un des plus forts commandements de Dieu. Dieu a dit :

"Ainsi nous serons séparés, moi et tout ton peuple, de tous les peuples qui sont sur la face de la terre" (*Exode 3:16*).

Dieu caractérisa ainsi les Cananéens :

"Et je ferai d'eux une terreur et un malheur pour tous les royaumes de la terre [en référence à la diaspora], comme un reproche et un proverbe, une raillerie et une malédiction dans tous les lieux où je les disperserai" (*Jérémie 24:9*).

Ainsi, nous vîmes les Cananéens, nouvellement nommés les Phéniciens, se disperser le long de toutes les routes et voies commerciales de la terre. Comme Dieu l'a prophétisé, ils répandent la corruption, la terreur et la dévastation partout où Il les disperse. Connus plus tard sous le nom de Vénitiens, ils ont dominé les voies commerciales ; lorsqu'ils se sont installés à l'intérieur des terres, ils se sont spécialisés comme marchands, puis comme banquiers, formant enfin un groupe connu aujourd'hui sous le nom de "noblesse noire", qui détient aujourd'hui un pouvoir apparemment irrésistible.

Dieu a également mis en garde son peuple contre les Cananéens dispersés dans le *Deutéronome 7:2-5* :

"... tu les frapperas et tu les désavoueras par interdit ; tu ne feras pas d'alliance avec eux [comme la Société des Nations ou les Nations Unies] et tu ne leur feras pas miséricorde. Tu ne contracteras pas de mariages avec eux ; tu ne donneras pas ta fille à son fils, et tu ne prendras pas sa fille pour ton fils. Car ils détourneront ton fils de moi, pour servir d'autres dieux ; ainsi la colère de l'Éternel s'enflammera contre toi, et te détruira soudainement. Mais voici comment vous les traiterez : vous détruirez leurs autels, vous briserez leurs images, vous abattrez leurs bosquets, et vous brûlerez au feu leurs images taillées."

Il s'agissait d'un ordre direct de détruire les bosquets et les sanctuaires des cultes mystérieux vénérant les démons, aujourd'hui connus sous le nom de franc-maçonnerie. L'interdiction des "images gravées" a été mal comprise par de nombreux chrétiens bien intentionnés. Dieu n'a pas interdit les images gravées ; Il a interdit les images obscènes des cultes de Baal et d'Ashtoreth, qui étaient faites pour créer une excitation sexuelle dans le cadre de leurs rites obscènes. La lutte contre l'obscénité se poursuit aujourd'hui, bien qu'il semble souvent que les chrétiens américains la perdent.

En formulant ces demandes (ce n'étaient pas des requêtes), Dieu ne proposait pas un programme de pique-nique scolaire ; il établissait le seul programme qui permettrait à son peuple de survivre sur cette terre. Sinon, Il a averti :

"Et une race de bâtards habitera à Ashdod" (*Zacharie* 9:6).

Si son peuple n'exécute pas ses instructions, Dieu a spécifiquement décrit ce qui se passerait, et ce faisant, il a décrit avec précision le monde d'aujourd'hui.

"Mais si tu n'obéis pas à la voix de l'Éternel, ton Dieu, si tu n'observes pas et ne mets pas en pratique tous ses commandements et toutes ses lois que je te prescris aujourd'hui, toutes ces malédictions viendront sur toi et te surprendront... L'étranger qui sera dans tes portes [les Cananéens ou leurs descendants] montera très haut au-dessus de toi, et tu descendras très bas. Il te prêtera, et tu ne lui prêteras pas ; il sera la tête et tu seras la queue" (*Deutéronome* 28 : 15, 43-44).

C'est certainement la situation qui existe aux États-Unis aujourd'hui. Les Vénitiens contrôlent le système de la Réserve Fédérale ; ils nous prêtent, mais nous ne leur prêtons pas ; ils sont la tête, et nous sommes la queue.

Devenus les instruments de la malédiction de Satan sur l'humanité, les Cananéens se répandent maintenant sur la terre comme un fléau maléfique. *Genèse* 10:18 :

"Les familles des Cananéens se répandirent à l'étranger. Cette diaspora a apporté des troubles à toutes les nations dans lesquelles ce peuple a débarqué."

Ézéchiel 16:3, 45 et 46 énumèrent les tribus raciales des Cananéens, les dénonçant individuellement :

"Ton père est amorite, leur mère est hittite, leur sœur aînée Samarie, leur sœur cadette Sodome.

Jésus, le ministre de la compassion, lorsqu'on lui a demandé de guérir un Cananéen, a qualifié les membres de ce peuple de chiens. *Matthieu* 15:22 :

"Et voici qu'une Cananéenne de cette région sortit et s'écria : "Aie pitié de moi, Seigneur, fils de David ; ma fille est gravement possédée par un démon. Mais Il ne lui répondit pas un mot. Enfin, Il lui répondit, verset 26 : "Il n'est pas juste de prendre le pain des enfants et de le jeter aux chiens."

Par enfants, Il voulait dire les enfants d'Israël, et que les Cananéens étaient des chiens. Elle persista et il finit par guérir sa fille.

Les partis politiques cananéens étaient les Pharisiens, les Sadducéens, les Zélotes, les Essains, les Assissins, les Hérodiens et les Scribes. Un groupe plus tardif, les Édomites, descendants d'Ésaü se marièrent plus tard avec les Turcs, produisant un mélange turco-édomite qui devint plus tard connu sous le nom de Khazars, les actuels occupants d'Israël, selon le grand érudit juif, Arthur Koestler.

Les Cananéens étaient divisés en Amorites, Hittites, Moabites, Madianites, Philistins, Ammonites, Édomites, Zidoniens, Sepharvaims, Perizzites, et des tribus affiliées, tous ces groupes étant régulièrement dénoncés dans la Bible. *Genèse* 3:17 : "Les Perizzites sont les ennemis de Dieu ; les Ammonites adoraient Moloch Chemos et étaient possédés par des démons. Les Ashodites adoraient le poisson et le dieu Dagon, ils étaient des voleurs et détestaient Dieu" (comme l'indique le British Museum). Les Égyptiens étaient connus comme des adorateurs de la magie noire, ce qui entraînait le rejet de Dieu sur Agar. Les Amorites étaient maudits par Dieu (*Ezra* 9:1). Le terme hittite signifiait détruire ou terrifier ; Perizzite en est venu à représenter les conflits et le désordre ; les Sépharvaïm (plus tard Sépharades) étaient des révolutionnaires ; Jébusite signifie piétiner.

Dans son ouvrage monumental, *L'histoire des Juifs*, Joseph Kastein écrit, p. 19 :

> "Les cultes cananéens étaient étroitement liés au sol et exprimaient les forces de la nature, en particulier la force de la fécondation... Cette force ou divinité était appelée Baal... Chaque fois qu'une question se posait concernant leur existence en tant que nation, ils ne connaissaient qu'un seul Dieu, et ne reconnaissaient qu'une seule idée : la théocratie."

Ainsi, Kastein admet que les Cananéens se consacraient aux cultes de la fertilité, mais il n'explique pas que le culte de Baal comme dieu de la fertilité, avec les rites obscènes de sa reine, Ashtoreth, était si abominable dans le monde antique que chaque fois que Baal était utilisé dans ce contexte, en se référant aux noms propres, le suffixe de Baal était "bosheth", ou honteux ; ainsi nous obtenons les noms Ishbosheth, Mephibosheth, etc.

La nature destructrice des Cananéens sur les autres nations dans lesquelles ils se sont installés n'est nulle part plus fortement démontrée qu'en Égypte, première terre à être corrompue par leurs pratiques barbares. À l'origine, "Baal" signifiait simplement "Seigneur" dans la langue cananéenne. L'obscénité des rites a rapidement développé une image populaire de Baal qui avait trois têtes, la tête d'un chat, la tête d'un homme et la tête d'un crapaud. Son épouse, Ashtoreth, également connue sous le nom d'Astart et d'Ishtar, était la principale déesse des Cananéens. Elle représentait également le principe de reproduction dans la nature, et au cas où quelqu'un pourrait l'ignorer, tous ses rites étaient définis par des observances sexuelles. À Babylone, les temples de Baal et d'Ashtoreth étaient généralement conjoints. Ils servaient principalement de maisons de prostitution, dans lesquelles les prêtresses étaient des prostituées, et les prêtres masculins étaient des sodomites qui étaient à la disposition des adorateurs de cette confession. Le culte des dieux cananéens consistait en des orgies, et tous leurs temples étaient connus comme des centres de vice. Ils sont également à l'origine des cérémonies vaudou, qui sont devenues les rites d'observance en Éthiopie grâce au Jethro éthiopien, le tuteur de Moïse. Ces mêmes rites passionnent aujourd'hui les touristes dans les Caraïbes.

Il ne fallut pas longtemps pour que les simples cérémonies du vice commencent à faire pâlir les adorateurs de Baal. Ils recherchaient une plus grande excitation dans les rites de sacrifice humain et de cannibalisme, dans lesquels la torture et le meurtre de jeunes enfants étaient mis en scène. Pour consolider leur pouvoir sur le peuple, les prêtres des Cananéens affirmaient que tous les premiers-nés devaient être sacrifiés à leurs dieux-démons. Cette pratique obscène et barbare a été notée dans *Isaïe* 57:3-5 :

> "Mais vous, approchez ici, fils de la sorcière, race de l'adultère et de la prostituée. De qui vous moquez-vous ? Contre qui ouvrez-vous la bouche, et tirez-vous la langue ? N'êtes-vous pas des enfants de la transgression, une race de mensonge ? Vous vous enflammez devant les idoles sous chaque arbre vert, vous égorgez les enfants dans les vallées sous la fente des rochers ?"

C'est ainsi qu'Isaïe s'opposa non seulement aux expressions obscènes des orgiastes sanguinaires, à leurs pratiques salaces, mais aussi à leur coutume désormais bien établie de pratiquer leurs horribles rites dans des "bosquets" et des "sanctuaires", où ils pouvaient assassiner des enfants sans être vus et punis par les descendants de Sem.

Le roi Salomon, sous l'influence des meurtriers d'enfants, éleva un autel à Milcom (Molech, de l'hébreu melekh, signifiant roi). Ier livre des Rois 11:5-8. Molech, ou Moloch fut honoré par ses adorateurs par la construction d'un grand feu sur son autel. Les parents étaient alors forcés par les prêtres de jeter leurs enfants dans le feu. Lors de fouilles à Gezer (le pharaon Merneptah s'était appelé l'unificateur de Gezer après avoir mis fin aux rites obscènes pratiqués par les Cananéens à Gezer), Macalister, sous les auspices du Fonds d'exploration de la Palestine, de 1904 à 1909, a trouvé dans la strate cananéenne d'environ 1500 avant J.-C, les ruines d'un lieu de culte, un temple d'Ashtoreth, contenant dix piliers de pierre brute, de cinq à onze pieds de haut, devant lesquels des sacrifices humains étaient offerts. Sous les débris de ce "lieu de culte", Macalister a trouvé un grand nombre de jarres contenant les restes d'enfants qui avaient été sacrifiés à Baal. Une autre pratique horrible était ce qu'ils appelaient le "sacrifice de fondation". Lorsqu'une maison devait être construite, un enfant était sacrifié et son corps était incorporé dans le mur, pour porter chance au reste de la famille. Beaucoup d'entre eux ont été retrouvés à Gezer. Ils ont également été retrouvés à Megiddo, Jéricho, et dans d'autres endroits. (Manuel de la Bible de Halley)

Halley note également que dans ce "haut lieu", Macalister a trouvé de grandes piles d'images et de plaques d'Ashtoreth avec des organes sexuels grossièrement exagérés, conçus pour stimuler les actes sexuels. Les images d'Ashtoreth trouvées dans de nombreuses régions de l'influence cananéenne mettent l'accent sur les seins surdimensionnés, les sourires sensuels, les yeux fortement accentués et la nudité. La nature démoniaque de ce culte du sexe est directement liée aux rapports sexuels de Cham avec la sorcière Naamah sur l'Arche. Le colonel Garnier, dans son *Culte des morts*, écrit :

> "Naamah était célébrée pour sa beauté, son talent, son énergie, sa lubricité et sa cruauté, et elle était de la famille des Néphilim (anges déchus)."

L'*Encyclopaedia Judaica* décrit la démonologie cananéenne comme mettant en scène Lilith, le vampire ; Reseph, le dieu de la peste ; Dever, le dieu de la peste ; et le dieu des enfers, Mot, de mavet, le mot hébreu pour la mort.

En dépit de leur importance comme influences destructrices dans le monde antique, les Cananéens et leur dieu-démon Baal apparaissent rarement dans les ouvrages faisant autorité sur l'ancien Proche-Orient. La grande histoire de l'Égypte de Gaston Maspero, *L'aube de la civilisation*, publiée en 1894 et rééditée en 1968, ne mentionne ni Baal ni Canaan. *L'Histoire ancienne du Proche-Orient* de H. R. Hall ne mentionne ni Sem ni Canaan dans l'index. Baal n'y est mentionné qu'une fois. Il est impossible de déterminer dans quelle mesure cette situation est due à la falsification et à la destruction délibérées de documents historiques par les prêtres égyptiens, mais les résultats sont évidents. La disparition soudaine des noms "Canaan" et

"Canaanite" de toutes les archives historiques après 1200 avant J.-C. est un autre facteur qui a contribué à cette situation. C'était pourtant très simple. Ils ont simplement changé de nom.

L'encyclopédie Chambers note qu'après 1200 avant J.-C., le nom des Cananéens a disparu de l'histoire. Ils ont changé leur nom en celui de Phénicien. Ainsi, le peuple le plus célèbre et le plus détesté de la terre a reçu une nouvelle vie. Les Cananéens barbares avaient disparu. Les Phéniciens plus civilisés, des marchands apparemment inoffensifs, prirent leur place. Ayant obtenu le monopole de la teinture pourpre, très prisée dans le monde antique, les Cananéens ont fait la publicité de leur contrôle sur ce produit en se faisant appeler Phéniciens, du mot grec phoenicia (phoenikiea), qui signifie pourpre. Dès le début de leur histoire, les Cananéens phéniciens ont toujours réussi à obtenir un monopole sur un produit essentiel. Ils ont ensuite eu le monopole de l'étain pendant quelques siècles, jusqu'à ce que les Grecs découvrent l'étain en Cornouailles en 233 avant J.-C. On dit que Joseph d'Arimathie, l'oncle de Jésus, était propriétaire de grandes mines d'étain en Cornouailles.

Ce changement de nom ne signifiait pas pour autant que les Cananéens avaient abandonné leur culte de Baal et d'Ashtoreth. Ils étaient cependant devenus plus prudents dans la pratique du culte de Baal, et dans les colonies qu'ils établirent le long de la Méditerranée, ils construisirent des temples dédiés à la partie féminine de leur croyance : Ashtoreth. Dans la ville égyptienne de Memphis, le temple phénicien d'Ashtoreth était le plus grand édifice religieux. Elle y était connue comme l'épouse du dieu suprême, El, et de ses soixante-dix divinités. Dans leurs rituels, Ashtoreth était parfois vénérée comme le démon mâle, Astaroth, qui survécut dans les rites européens sous le nom d'Astara ou Ostara. Sous cette forme, il est devenu le dieu patron du mouvement nazi en Allemagne.

L'avant-poste le plus occidental des Phéniciens était Cadix, une colonie phénicienne qui tire son nom du gadir sémitique, ou forteresse. Leur plus importante colonie, qui devint bientôt une rivale de Rome elle-même, était Carthage, qu'ils établirent vers 900 avant J.-C. Le nom dérive de l'hébreu, Kart-hadshat, ou ville nouvelle. Les Phéniciens donnaient souvent à leurs villes le préfixe "nouvelle". Au cours du cinquième siècle, les Carthaginois ont combattu les Grecs et ont survécu, mais en 264 avant J.-C., Rome les a attaqués avec force. Une série de guerres s'ensuivit : les Guerres puniques, car les Carthaginois s'appelaient eux-mêmes les Puniques. Saint Augustin a noté que les Puniques se référaient à leur peuple entre eux comme "Chanani" ou Cananéens, mais ce nom était comme un code secret ; ils ne l'utilisaient jamais pour traiter avec d'autres personnes.

Que ce soit pour des raisons purement commerciales, ou par crainte d'une puissance militaire à cheval circulant sur leurs voies de commerce en Méditerranée, les Romains ont décidé de détruire totalement Carthage. Ils y sont parvenus de manière si absolue que les archéologues actuels ne savent même pas exactement où se trouvait Carthage. De 264 à 201 avant J.-C., Rome a mené trois guerres puniques contre Carthage, dont le point culminant a été la défaite de leur chef, Hannibal, par les armées romaines sous le commandement de Scipion l'Africain. Les Romains ont tué ou réduit en esclavage tous les Carthaginois et ont rasé la ville. Ils ont achevé leur tâche en recouvrant la terre avec du sel, afin que plus rien n'y fleurisse jamais, ce qui fut bien le cas.

Cette défaite, bien qu'elle ait constitué un revers majeur, n'a pas détruit les opérations mondiales des Cananéens, mais elle leur a inculqué une haine féroce de tout ce qui est romain, que l'école de propagande cananéenne a depuis lors qualifié de "fascisme", terme forgé à partir des bâtons ou des fasces romains, que le magistrat portait pour symboliser sa détermination à maintenir l'ordre. L'assaut maçonnique ultérieur contre l'Église catholique a été largement dicté par le fait qu'elle avait son siège dans la ville de leur plus ancien ennemi, Rome, et la papauté est donc devenue pour les Phéniciens l'incarnation moderne de la force qui avait détruit leur plus important quartier général. Peu d'Américains se rendent compte que lorsque la New School of Research de New York dénonce le "fascisme", rejoints en cela par les chroniqueurs du *New York Times* et du *New York Post*, ils ne font que se faire l'écho de leur ancienne colère à l'égard de la destruction de Carthage. Là encore, nos historiens n'ont qu'un seul but, obscurcir le passé et nous empêcher de réaliser la nature des forces en présence.

Il n'y a pas que les Cananéens qui se sont répandus sur la terre. Les descendants de Sem se sont également multipliés et ont voyagé pour trouver de plus grandes opportunités pour leurs familles. Ils se sont déplacés de pays en pays, fondant de grands royaumes et dynasties, qui ont survécu jusqu'à nos jours. Nombreux sont ceux qui peuvent admettre que les rois et les dirigeants des nations occidentales descendent de la tribu de Juda, mais ils ne reconnaissent pas un fait important, qui est entièrement omis dans les versions modernes de la Bible, à savoir qu'il y avait trois branches de la tribu de Juda. Ceux qui regroupent tous les descendants de la tribu de Juda ne se rendent pas compte qu'elle comprenait une branche souillée. Il y avait les familles de Pharez et de Zarah, les fils de pure race de Juda issus de Tamar, et il y avait une troisième branche, les descendants de Juda d'une mère cananéenne, Shuah, qui furent connus par la suite comme "les maudits Shelanites". Tamar était la fille d'Aram, le plus jeune fils de Sem. Shuah appelait les fils de Tamar des bâtards parce qu'ils étaient nés hors mariage, tandis que les jumeaux prétendaient être les héritiers légitimes de Juda parce qu'ils étaient de sang pur, la souche adamite. Des Shelanites descendaient trente et une tribus maudites de Cananéens de Judée et de Samarie, dont les Sépharvaïm, nom que les Cananéens avaient adopté à des fins trompeuses.

À la naissance de Pharez et Zarah, la sage-femme, voyant qu'il y avait des jumeaux dans l'utérus, a réalisé qu'il faudrait marquer le premier né, qui aurait la primogéniture. Elle a rapidement enroulé un fil rouge autour du poignet de Zarah, mais c'est Pharez qui est sorti le premier de "la brèche". Le Messie descendait de Pharez, et il aurait été envoyé par Dieu pour guérir "la brèche" qui existait depuis la naissance de Pharez et de Zarah.

Tamar, mère de Pharez et Zarah, avait une descendante nommée Tamar Tephi, connue dans la légende irlandaise comme "la fille du pharaon". Elle a épousé Eochaidh, roi d'Irlande, qui était connu comme le Prince du Fil Écarlate. Ainsi, les deux lignées de Pharez et de Zarah furent à nouveau réunies.

Le fil rouge est ensuite devenu une partie intégrante de l'histoire britannique. Un fil rouge est symboliquement tissé dans chaque corde utilisée par la Royal Navy ; et chaque monarque britannique lorsqu'il remet des documents officiels, ils sont systématiquement enveloppés d'une corde rouge. Le terme survit également dans la "paperasserie"[8], c'est-à-dire le cordon rouge officiel qui doit être déroulé avant toute transaction d'État. Il y a aussi le tapis rouge que la tradition exigeait de dérouler avant que la royauté entre dans un lieu.

Avant de donner Tamar en mariage, Heremon, le père de Tamar, a exigé que l'on renonce au culte du serpent et aux rites de Bel, qui étaient alors pratiqués en Irlande. Les serpents ont alors disparu d'Irlande, et il n'y a plus de serpents venimeux aujourd'hui. Une légende plus récente veut que Saint Patrick ait expulsé les serpents d'Irlande. Ces deux légendes attirent l'attention sur les pratiques démoniaques des Cananéens, ainsi que sur leur descendance issue de la lignée du serpent ; son bannissement a fait de l'Irlande une terre de la vraie religion de YHWH, ou des descendants de Sem. La disparition des serpents signifiait également que les pouvoirs maléfiques des Cananéens avaient disparu d'Irlande.

L'Espagne et l'Irlande montrent toutes deux dans leur nom leur lien direct avec les descendants de Sem. L'Espagne occupe la péninsule ibérique, de Iber, ou Hébreu ; l'Irlande est connue sous le nom d'Hibernia, le pays des Hébreux, tout comme les îles Hébrides. Dans son Histoire de l'Irlande, Roger Chauvire dit que l'Irlande est la dernière partie de l'Atlantide qui se trouve encore au-dessus de la surface de la mer. Dans son *Histoire de l'Irlande*, A. M. Sullivan écrit sur l'origine légendaire de la race irlandaise actuelle :

> "La colonie de Milésiens a atteint l'Irlande depuis l'Espagne, mais elle n'était pas espagnole. C'était un peuple de l'Est qui s'était attardé dans ce pays en allant vers l'Ouest, cherchant

---

[8] Red tape, le cordon rouge, terme anglais signifiant en général les démarches administratives. NDT.

une île promise à la postérité de leur ancêtre Gadelius. Gadelius était le fils de Niul, qui était le plus jeune fils du roi de Scythie. Enfant, Gadelius avait été mordu par un serpent venimeux. Il était proche de la mort lorsque son père persuada Moïse d'utiliser son bâton pour le guérir. À partir de ce jour, les Milésiens portèrent à l'ouest leur bannière, qui était ornée d'un serpent mort et de la verge de Moïse, jusqu'à ce qu'ils trouvent une île dépourvue de serpents venimeux.

Les fils de Milesius, les descendants de Gadelius, qui naviguèrent d'Espagne en Irlande étaient Heber le blanc, Amergin, Colpa, Heber le foncé, Ir et Heremon. Leurs descendants ont régné sur l'Irlande pendant mille ans, la dynastie étant établie par Niall (Niul), qui a régné à Tara de 310 à 405. Il est décrit par Sullivan comme "un splendide héros de sang gaélique, grand, blond et aux yeux bleus, un grand et noble guerrier, "gentil à la cour et féroce dans la mêlée" ; de lui descendent les rois d'Irlande, les Neill."

Ces conquérants de l'Irlande, les Milésiens, tirent leur nom de Milesius, le soldat (du latin miles, d'où vient le mot milice). Gadelius, le fondateur de la lignée, tire son nom de l'hébreu "gadil", qui signifie "devenir grand", ou au pluriel "les exaltés", les "chercheurs de fortune", ou les "chanceux". En raison de leur grande fierté et de leurs capacités naturelles, les Irlandais ont plus tard été désignés comme étant originaires du "pays des rois". De presque tous les Irlandais, on pourrait dire avec vantardise : "Bien sûr, et il est le descendant des rois."

Dès l'origine, les Irlandais et les Britanniques sont considérés comme des ennemis historiques. Apulée a écrit en 296 après J.-C. que les deux races, les Britanniques et les Iberniens, étaient des ennemis historiques. Eumenius a toujours écrit qu'Hibernia était l'ennemi des Britanniques. Les Notes de César sur les guerres gauloises, 58-50 av. J.-C., parlent d'"Hibernia, à l'ouest de la Grande-Bretagne".

Le monde était désormais balayé par deux courants historiques diamétralement opposés. D'une part, les descendants de Sem, très créatifs et productifs, qui sont depuis connus sous le nom de Sémites, et d'autre part, les Cananéens maudits, qui étaient historiquement les antisémites, les ennemis des grands descendants de Sem, les blonds aux yeux bleus. Parce que les Sémites ont toujours été connus comme de grands guerriers, ils ont vaincu les Cananéens à chaque rencontre militaire, et dans de nombreux cas, ils ont obéi au commandement de Dieu de les chasser et de les détruire complètement. Mais les antisémites semblaient avoir une grande endurance ; lorsqu'ils étaient chassés d'un pays, ils apparaissaient dans un autre pour continuer leur même type de corruption et de trahison. Alors que les Sémites s'affairaient à établir un grand empire après l'autre, que l'Assyrien construisait l'empire assyrien, que Cyrus le Grand bâtissait l'Empire perse et que Sem lui-même créait la grande civilisation égyptienne, les antisémites développaient leurs propres talents. Ils avaient notamment un talent pour le commerce et les échanges, pour les voyages, pour se faire une place dans n'importe quel pays et parmi n'importe quelle race de personnes. En général, ils établissaient leurs colonies de commerce le long des côtes, car ils n'avaient pas le courage de s'aventurer dans les grandes régions sauvages d'Europe, où les Sémites se sentaient toujours chez eux. Les Cananéens sont toujours restés fidèles aux préceptes de la volonté de Canaan ; ils étaient fidèles les uns aux autres, quelles que soient les circonstances ; ils étaient constants dans leur amour du vol, leur amour de l'obscénité et leur haine des maîtres, c'est-à-dire de quiconque essayait de s'immiscer dans leur mode de vie corrompu. Et ils ont toujours refusé de dire la vérité. En restant fidèles à ces préceptes inchangés, les antisémites avaient à leur disposition des armes imparables pour leur guerre contre le peuple de Sem. Les Sémites, en revanche, étant farouchement individualistes, n'hésitaient jamais à dresser leurs empires les uns contre les autres, ou même famille contre famille, leur orgueil démesuré prenant toujours le pas sur tout impératif racial ou historique.

Au Moyen-Âge, les membres du peuple de Sem ont trouvé leurs caractéristiques typiques mieux exprimées dans des organisations telles que les Chevaliers Teutoniques, un groupe de guerriers invincible pendant des centaines d'années. À la même époque, les antisémites s'affairaient à développer les routes commerciales et à amasser les bénéfices du commerce (jusqu'à ce jour, l'aristocratie britannique professe son mépris pour quiconque se souille les mains par le commerce, ce qui témoigne du préjugé ancien à l'égard des Cananéens) ; grâce à leurs gigantesques bénéfices, ils ont fini par devenir les banquiers du monde. En poursuivant cet objectif, ils trouvèrent une grande opportunité pendant les Croisades. Non seulement les Croisades ont ouvert des routes commerciales à travers le monde connu, mais elles ont également ouvert de nouvelles voies de corruption, ce qui a permis aux Cananéens d'amasser des profits encore plus importants. Lorsque les chevaliers chrétiens partirent pour les Croisades, se consacrant au service du Christ, les Cananéens, qui restaient prudemment chez eux, mirent au point divers stratagèmes pour voler aux chevaliers leur argent et leurs biens pendant leur absence. Dans *L'ancienne chevalerie et les croisades*, nous trouvons que certains des croisés

"trouvèrent refuge et protection auprès des chevaliers teutoniques, qui se mirent à la recherche des fraudes perpétrées par les moines et le clergé rapaces, qui avaient forgé des titres de propriété et des hypothèques sur les terres et les biens des croisés absents ou de ceux qui étaient tombés pour défendre la Croix en Terre Sainte .... un temps de réflexion et d'étude des causes des Croisades dans le pays et à l'étranger, alors que, hormis la racaille de l'Europe qui s'était installée sur sa lie, les meilleurs éléments avaient été presque entièrement effacés de la face du continent. La rapacité des papes et du clergé jusqu'aux moines les plus bas était épouvantable pour ces guerriers de la Croix qui s'étaient sacrifiés et qui étaient revenus et avaient trouvé de parfaits étrangers dans les lieux et les maisons de leurs semblables, mais après enquête, on découvrit que des fraudes, des falsifications de titres de propriété et des confiscations sous prétexte d'hérésie avaient dépouillé leurs semblables, et les quelques rares survivants étaient des mendiants qui périssaient comme des clochards sur le bord des routes."

Les Chevaliers de l'Ordre Teutonique ont construit la ville de Riga en Lettonie en 1201 ; ils ont conquis l'Estonie en 1220 ; ils ont conquis la Prusse en 1293, y établissant une tradition militaire qui n'a pris fin qu'après la Seconde Guerre mondiale. Bien qu'ils aient été dissous en 1809, les Chevaliers Teutoniques sont restés l'inspiration de l'establishment militaire allemand, qui a guidé l'Allemagne pendant les deux guerres mondiales. C'est Hitler lui-même qui a mis un terme à leurs fières traditions, lorsqu'il a conclu le pacte Molotov-Ribbentrop en 1939. Non seulement ce pacte cédait les nations d'Estonie, de Lettonie et de Lituanie, anciens bastions de l'ordre Teutonique, aux communistes et donc aux Cananéens, mais par la suite, tous les grands domaines des derniers héritiers de la tradition prussienne, les derniers survivants de l'ordre Teutonique, tombèrent aux mains des hordes soviétiques qui s'étaient ruées sur ces contrées.

Nous supposons qu'à ce stade le lecteur doit être complètement désorienté. Les "Sémites" sont en réalité les "antisémites" ou Cananéens, les héritiers de la malédiction de Canaan, dont les actes de corruption sont dictés par la volonté de Canaan ; les vrais Sémites sont les guerriers aux cheveux blonds qui ont construit une grande civilisation après l'autre - alors comment reconnaître ces différentes forces dans le monde d'aujourd'hui ? Par leurs actes, vous les reconnaîtrez. Ceux qui sont engagés dans des conspirations meurtrières, ceux dont la seule loyauté est envers les organisations internationales secrètes, ceux qui encouragent l'usage de la drogue, les pratiques sexuelles bizarres et les entreprises criminelles, en bref, ceux qui continuent la rébellion contre Dieu, ce sont les Cananéens, les antisémites. Ceux qui restent fidèles au Christ sont les Sémites. Malgré les grandes calamités et l'action de puissantes forces historiques, les pools génétiques des premiers descendants de Sem, ainsi que ceux des Cananéens, restent assez cohérents. Comment reconnaître un groupe par rapport à l'autre ? Vous ne devriez avoir aucun problème à regarder autour de vous et à décider qui sont les véritables descendants de Sem. Souvent blonds, à la peau claire, aux yeux principalement bleus, en bonne santé, créatifs, productifs, fiers, dédaigneux de s'engager dans toute activité malhonnête, et toujours farouchement individualistes, ce sont ces personnes qui restent fidèles à la tradition du peuple de Sem. Les Cananéens, en revanche, sont généralement plus petits, plus sombres, plus furtifs et presque toujours engagés dans un type d'activité criminelle, généralement avec une autorisation ou une licence spéciale du gouvernement. Roget assimile la licence à "l'anarchie, l'interrègne, la loi de la foule, la loi du lynchage, le nihilisme, le règne de la violence", en d'autres termes, les actes des Cananéens. Il est tout à fait révélateur qu'aux États-Unis aujourd'hui, soient imposées aux citoyens des licences pour avoir le droit de faire toutes les choses que les hommes libres devraient pouvoir faire : conduire ou posséder une voiture, exercer une profession, et bien d'autres intrusions dans l'individualité des descendants de Sem qui constituent autant de violation de ses droits naturels. La "licence", qui n'apparaît pas dans la Constitution écrite par et pour le peuple de Sem, signifie l'établissement d'exigences que seuls les Cananéens peuvent remplir, ou une licence que seuls les clubs secrets des Cananéens accorderont aux leurs ; à l'exclusion des profanes. C'est la cohésion requise par la volonté de Canaan dans tout ce qu'ils font, socialistes et communistes, où l'individu immergé dans la masse est engagé dans des pratiques sociales et commerciales conspiratrices. Ils sont aussi fréquemment impliqués dans une sorte d'activité sexuelle qui peut être directement liée aux orgies de Baal, aux sacrifices humains et aux rites sexuels obscènes. Dans le même temps, ces "antisémites" se donnent beaucoup de mal pour dissimuler leur véritable identité et leur allégeance réelles. Dans leurs communautés, ils sont souvent considérés comme des leaders dans des activités annoncées comme "caritatives" et "bénévoles" ; on les trouve souvent dans les bureaux du gouvernement, dans les médias et dans les établissements d'enseignement. Dans ces domaines, ils promeuvent impitoyablement les intérêts de leur propre espèce, tout en présentant une solide phalange d'opposition à tout descendant individualiste de Sem qui intègre ces professions. Le grand atout des Cananéens est que le peuple de Sem n'a aucune idée de ce qui se passe ; ils rencontrent rarement le succès dans une profession malgré leurs grands talents naturels et leur grande capacité de travail. Tout au long de leur carrière, la "chance" ne semble jamais les favoriser alors que d'autres rencontrent une promotion presque automatique, s'ils sont membres de leurs rivaux, les Cananéens. Maintenant, le temps presse. L'histoire ne permettra pas aux descendants de Sem de revenir à la raison pendant des siècles, voire des décennies, et de réaliser ce qui se passe. Tout comme ils ont été victimes de massacres et de génocides pendant des siècles, le peuple de Sem doit maintenant faire face à la détermination des Cananéens de les exterminer totalement et définitivement, un objectif qu'ils espèrent atteindre d'ici la fin de ce millénaire.

CHAPITRE 2

LA TRANSGRESSION DE CAÏN

*"Pas comme Caïn, qui était du malin, et qui a tué son frère.
Et pourquoi l'a-t-il tué ? Parce que ses propres œuvres
étaient mauvaises, et celles de son frère justes"*

(I Jean 3:12).

La transgression de Caïn, le premier meurtrier, est d'une importance incontournable pour retracer le développement des organisations occultes dans l'histoire. Le mot hébreu pour Caïn est Kajin, de Koon, qui signifie chanter ou psalmodier, et dont nous tirons les termes argotiques pour les personnes de race mixte, les Kajuns et les Coons. De Caïn descend Tubal Caïn, dont le nom est utilisé comme mot de passe secret de la franc-maçonnerie. Tubal Caïn était le fils de Lamech, et le frère de Noé, mais il est né d'un mariage bigame. Tubal Caïn est devenu forgeron, et plus tard, il s'est rendu plus tard célèbre comme père de la sorcellerie et de l'enchantement. Son père, Lamech, était le fils de Mathusalem, de la lignée de Caïn.

On pourrait supposer que les deux fils d'Adam, Caïn et Abel, ayant le monde entier devant eux, n'auraient pas de raison de se disputer, mais Caïn, étant du Malin, chercha à se quereller avec son frère. La Bible raconte qu'ils firent des offrandes à Dieu, et que Dieu accepta l'offrande d'Abel, mais rejeta celle de Caïn parce qu'il était indigne, c'est-à-dire qu'il était du serpent. Caïn, accablé par la colère et la jalousie, a alors tué Abel. Le midrash donne une version un peu plus étendue selon laquelle Caïn a persuadé Abel qu'ils devraient se partager le monde. Caïn obtiendrait toutes les terres et Abel tous les biens meubles.

Caïn a alors informé Abel qu'il se trouvait sur ses terres et qu'il devait s'en aller. Abel a rétorqué que Caïn portait des vêtements en peaux d'animaux, qui appartenaient à Abel. Ils se sont ensuite battus et Caïn a tué Abel.

Dieu a alors banni Caïn "à l'est de l'Eden", dans "le pays de Nod". Il épousa une femme d'origine préadamite, et aggrava ainsi sa faute. *Genèse* 4:17 dit, "Caïn connaissait [c'est-à-dire qu'il avait des relations avec] sa femme." Le fait que la femme de Caïn était de chair interdite ou étrangère est confirmé plus tard, dans Jude 11, en parlant des hommes de Sodome et Gomorrhe, "Malheur à eux ! car ils ont pris le chemin de Caïn," c'est-à-dire, la recherche de la chair étrangère. Les préadamites étaient désignés par le mot hébreu Nachash, qui signifie siffler, comme le serpent. Le mot arabe Chanas vient de ce mot hébreu, ainsi que Khanoos, ou Singe, et le mot arabe pour diable, Khanas. Ainsi, le mélange des races et l'apparition du diable dans l'histoire se conjuguent dans les méfaits de Caïn. Caïn est également réputé pour avoir célébré la première messe noire, ou messe satanique, sur terre.

Le nom de Caïn survit aujourd'hui dans la franc-maçonnerie sous deux formes, qui font partie intégrante des principes les plus cruciaux de cette association. Tout d'abord, le meurtre, la menace de meurtre et la reconstitution constante du meurtre sont à la base des rituels maçonniques les plus importants, comme Stephen King l'a souligné dans son livre, *The Brotherhood*, peu avant sa mort prématurée. Ainsi, un lien direct avec le premier meurtrier, Caïn, est établi par ces rituels. L'importance de la légende de Caïn pour la franc-maçonnerie est également révélée par le fait que Caïn a tué son frère. En franc-maçonnerie, si l'on vous demande d'agir contre votre propre frère au nom d'un confrère maçon, vous devez le faire, sous peine de mort. Il y a eu de nombreux cas où un homme qui poursuivait un maçon a été stupéfait de voir son propre frère, qui serait maçon, venir au tribunal et commettre un parjure contre lui pour aider son frère maçon. Cette coutume survit également dans d'autres organisations (qui peuvent être liées à la franc-maçonnerie).

Dans La Cosa Nostra, les dirigeants demandent souvent à un membre d'assassiner un proche parent sur lequel la peine de mort a été prononcée, comme test ultime de sa loyauté.

Le nom de Caïn survit également dans un deuxième élément important de la franc-maçonnerie. Le mot de passe secret de la franc-maçonnerie est "Tubal Caïn" (Heckethorn, *Sociétés secrètes*, p. 26). Tubal Caïn, un descendant de Caïn, était le fils de Lamech, le père de Noé, qui avait deux épouses, Adah et Zillah. Zillah a porté Tubal Caïn ; il était le forgeron de tous les instruments de bronze et de fer. La sœur de Tubal Caïn était Naama (*Genèse* 4:22). Les réjouissances de Naama avec son parent de sang, Cham, ont entraîné la malédiction de Canaan ; elle est également connue comme la personne qui a apporté le sacrifice humain et le cannibalisme dans le monde. Tubal Caïn, petit-fils de Mathusalem par Lamech, était de la lignée de Caïn, d'où son nom. Il est considéré comme le père de la sorcellerie, d'où son importance pour la franc-maçonnerie et l'utilisation de son nom comme mot de passe.

Le descendant de Cham par le nègre Koush, Nimrod, fils de Koush, est devenu le dirigeant le plus démoniaque du monde, et le premier dirigeant à vouloir unifier le monde sous sa propre égide. Il utilisa son pouvoir pour se livrer à des orgies sexuelles et à des sacrifices d'enfants, jusqu'à ce que Sem le décapite pour ses offenses contre Dieu. Sem coupa son corps en morceaux et envoya ces reliques aux prêtres comme avertissement pour qu'ils cessent et renoncent à leurs viles pratiques d'adoration démoniaque. Au lieu de cela, les prêtres ont caché les morceaux, les vénérant comme des objets de culte, les dissimulant dans leurs "bosquets" et "sanctuaires" comme les premiers "mystères". Le secret des reliques, ou Mystère, n'était connu des initiés qu'après une longue période d'endoctrinement, lorsqu'on pouvait leur faire confiance pour ne pas trahir les adorateurs de Baal. Ce fut la véritable origine des "Mystères", dont, comme le note Albert Pike dans *Morale et Dogme*, tous les rites maçonniques sont originaires.

Les pratiques sataniques dans le monde entier peuvent être retracées en ligne directe avec le gnosticisme, la gnose ou la connaissance. La gnose fait référence à la connaissance des secrets des Mystères, c'est-à-dire l'endroit où sont cachées les reliques, les morceaux du corps de Nimrod. Le "G", qui figure en bonne place dans les symboles maçonniques, indique non seulement ses origines dans le gnosticisme, mais aussi la "génération", c'est-à-dire les rites de fertilité du culte sexuel de Baal et d'Ashtoreth. Ce "G" figure également dans le logo de la chaîne Gannett, un groupe qui a racheté des journaux et des chaînes de télévision dans toute l'Amérique, ainsi que la publication du journal *USA Today*, qui perd plus de 100 millions de dollars par an. C'est sans doute un petit prix à payer pour contrôler l'esprit des Américains.

Le destin de Nimrod survit également sous forme de mythe dans le nom d'Osiris et de sa sœur Isis. Osiris, autre nom du dieu cananéen Baal et de sa consœur Ashtoreth ou Isis, dont les Cananéens ont introduit les rites en Égypte, étaient vénérés comme des dieux de la fertilité. La légende égyptienne veut que le frère d'Osiris, Seth (ou Sem), l'ait disséqué en quatorze morceaux. Isis rassembla les morceaux, mais la partie la plus importante, le phallus, était manquante ; la légende dit qu'un crabe l'avait mangé. Isis a fabriqué un phallus de substitution en bois, et a ainsi pu ressusciter son frère.

En raison de son origine dans les temples de Baal, qui étaient dédiés à la prostitution masculine et féminine, la franc-maçonnerie a été la force invisible derrière la volonté de faire des États-Unis une nation bisexuelle. Son directeur philosophique, Albert Pike, l'explique clairement dans son livre qui fait autorité, *Morale et Dogme*, p. 849 : "Inverser les lettres du nom ineffable, et le diviser, c'est devenir bisexuel". C'est du pur kabbalisme, et cela nous renvoie directement au culte de Baal et d'Ashtoreth. Pike précise ce point à la page 741 :

> "La maçonnerie est une quête de la lumière. Cette recherche nous ramène directement, comme vous le voyez, à la Kabbale. Toutes les religions véritablement dogmatiques sont issues de la Kabbale et y reviennent ; tout ce qui est grand dans les rêves religieux des Illuminati, de Jacob Boehm, de Swedenborg, de Saint-Martin et d'autres, est emprunté à la Kabbale ; toutes les associations maçonniques lui doivent leurs secrets et leurs symboles."

C'est la révélation la plus définitive des véritables origines et des buts de la franc-maçonnerie. Issue de la Kabbale, elle accomplit ses desseins sournois par le biais de l'organisation encore plus secrète des Illuminati, le cercle intérieur qui contrôle les six millions de francs-maçons du monde.

Dès leur création, les "Mystères" ont toujours été bisexuels ; ils cherchaient plutôt à assouvir toute passion dans leur dévouement au plaisir, ce qui impliquait la recherche constante de sensations nouvelles et peut-être plus excitantes. Nos psychologues modernes expliquent ces diversions comme un "mode de vie alternatif". Le symbole des rites obscènes est le Delta, ou triangle (la grande collection de pornographie de la Bibliothèque du Congrès s'appelle la collection Delta ; chaque carte du catalogue énumérant un livre de cette collection comporte le triangle symbolique dans le coin supérieur gauche). Le Delta représente les cercles trinitaires de l'éternité, le Yod hébreu. Le double Delta, ou symbole à six pointes du judaïsme, représente le triangle masculin suprême superposé sur le triangle féminin en dessous, et qui le pénètre. Le triangle inversé dans le rite de la franc-maçonnerie Kadosch représente Lucifer en tant que Grand Patriarche et Grand Empereur. Ce triangle comprend la Trinité indivisible à laquelle le Kadosch prête le serment d'obéissance aveugle. Le Delta est également le symbole du Chapitre de l'Archimaçonnerie royale. Ce triangle représente la Maçonnerie Indivisible.

Le Delta, ou Triade est désormais le nouveau symbole de centaines d'organisations commerciales américaines, peut-être pour informer les élus que cette entreprise fait désormais partie de l'Empire maçonnique. L'auteur actuel a rassemblé de nombreuses pages que des chercheurs ont compilées pour montrer la prédominance de ce symbole dans les affaires américaines. Les Triades sont également le nom des anciens gangs de la pègre chinoise, pour qui le meurtre est une méthode habituelle de faire des affaires.

Dans le monde entier, la Triade est devenue le symbole des conspirations commerciales internationales. Lorsque Kashoggi, le marchand de munitions dont les transactions d'armes ont abouti aux scandales des années 1980 en Iran, a créé une branche américaine de ses opérations, il l'a appelée Triad America. Symboliquement aussi, elle a maintenant fait faillite, après avoir incité de nombreux Américains à conclure des accords de plusieurs millions de dollars dans de nombreux domaines.

Le capitaine William Morgan, qui a été assassiné pour avoir écrit sur les rituels maçonniques, et qui a ainsi donné naissance au parti antimaçonnique en Amérique au cours du XIXe siècle, a noté dans son livre historique, *Freemasonry Exposed*, que lorsqu'un compagnon maçon était interrogé (l'interrogatoire est depuis devenu une technique de premier ordre des avocats dans leur manipulation d'un projet de loi ou pour faire état d'un vice de procédure), il répondait qu'il travaillait à la construction du temple du roi Salomon.

"Qu'est-ce qu'une loge de maître représente ? Le Sanctum Sanctorum, ou le saint des saints, le temple du roi Salomon."

L'Encyclopédie de la Franc-maçonnerie d'Albert Mackey mentionne sous la rubrique "Orient" :

"Le lieu où se trouve une Loge est parfois appelé son "Orient", mais plus exactement son "Orient". Le siège d'une Grande Loge est aussi parfois appelé son "Grand Orient", mais ici "Grand Est" serait peut-être mieux. Le terme "Grand Orient" a été utilisé pour désigner certains des organes suprêmes sur le continent européen, ainsi qu'en Amérique du Sud, comme le Grand Orient de France, le Grand Orient du Brésil, le Grand Orient du Portugal, le Grand Orient de la Nouvelle-Grenade, etc. Le titre fait toujours référence à l'Orient comme lieu d'honneur de la Maçonnerie."

La vénération de l'Orient dans toute la franc-maçonnerie du Grand Orient est révélée par leurs activités dans la civilisation occidentale. Elle a toujours œuvré pour imposer le despotisme oriental aux citoyens des républiques occidentales par le biais d'un appareil gouvernemental totalitaire. Le despotisme oriental est devenu particulièrement prédominant dans toutes nos procédures judiciaires, le "tribunal" où le despote règne, l'arc symbolique, ou la position debout, lorsque le despote entre dans la pièce, et le refus du despote de laisser un citoyen remettre en question sa décision, qui ne peut approcher le juge que par le biais d'un sacerdoce oint, la profession juridique. Certains

Américains décident avec optimisme de se représenter eux-mêmes au tribunal, ce que le peuple de Sem a prévu expressément dans sa Constitution des États-Unis, mais les juges font généralement peu de cas de ces "avocats pro se". Dans des États tels que la Virginie, où le pouvoir maçonnique dirige les tribunaux, les juges se vantent de ce qu'aucun "attorney pro se" n'obtiendra jamais une décision favorable dans leur tribunal. Un non-Maçon qui entre aujourd'hui dans un tribunal américain se met à la merci d'un despote oriental, d'où les actions tyranniques des juges en condamnant à des peines de prison à durée indéterminée toute personne qui leur déplaît, ou dont les biens sont convoités par un Maçon.

Ce type de despotisme oriental remonte à Zoroastre en Perse, à Ishtar et Tammuz à Babylone, aux mystères gréco-thraces d'Éleusis, aux mystères de Déméter, de Perséphone et de Dionysos, à Cybèle et Altis en Phrygie, à Aphrodite et Adonis en Syrie, à Isis et Osiris en Égypte et à Mithra en Perse.

Ces cultes des Mystères ont été formellement combinés dans une grande partie du texte du Talmud de Babylone, un livre de préceptes religieux qui avait été formulé après la chute de Jérusalem en 586 avant J.-C. Nabuchodonosor emmena ce peuple à Babylone en tant que captif de 586 à 537 avant J.-C., après quoi Cyrus de Perse captura Babylone et autorisa son retour à Jérusalem. Pendant la captivité babylonienne, il y eut un mélange libre des différentes tribus cananéennes ; les Édomites se marièrent avec la branche cananéenne des Judaïtes et des Chers. Édom signifie rouge ; depuis la captivité, la couleur rouge représente les révolutions et les massacres des Innocents par les Cananéens. Les Rothschild, lorsqu'ils ont soutenu la formation des Illuminati, ont changé leur nom de Bauer en Roth (rouge) Child (bouclier). Ce mélange de différentes souches a provoqué une grande confusion parmi les descendants quant à ce que devraient être les coutumes des héritiers. Pour résoudre cette difficulté, les captifs ont commencé à compiler un grand livre d'enseignements religieux. Talmud signifie "enseignement" en hébreu. Au deuxième siècle après J.-C., le Talmud avait été complété par la loi orale, la Mishnah, ou la partie ancienne, et la Gemara, ou le commentaire de la loi.

Ce recueil de préceptes est apparu pour la première fois en 1520, lorsque Daniel Bomberg l'a publié à Venise.

En raison de ses origines dans la capitale mondiale de l'adoration des démons, Babylone, la démonologie joue un rôle important tout au long du texte du Talmud. Elle désigne le démiurge, ou démon en chef, comme le créateur de l'univers, et elle diffame les différentes apparences des démons comme (1) mazzikim ; (2) shedim ; (3) ruhot (Avot. 5-6). Asmodée est répertorié comme le roi des démons (Pes. 110a-112b).

La Mishnah enseignait au deuxième siècle avant J.-C. que deux choses ne doivent jamais être révélées au public ni aux non-initiés : (1) le travail de la création, et (2) le travail du char (c'est-à-dire les opérations ésotériques du "Trône Divin"). Ces préceptes ont ensuite été formalisés dans les rites secrets de la franc-maçonnerie.

En 1280 après J.-C., un autre développement de la pensée talmudique, le *Zohar*, ou *Livre de la Splendeur*, est apparu. Il était connu sous le nom de Kabbale, ou tradition. Elle était basée sur deux choses : (1) la génération, ou les rites de fertilité, comme le mot le plus sacré des nouvelles instructions (qui, bien sûr, est aussi devenu le "G" des symboles maçonniques), et (2) le précepte qu'Israël seul doit posséder le monde futur (Vayschleh, folio 177b). Le *Zohar* est dérivé du *Sefer Yetsirah*, ou *Livre de la Création*, qui était apparu dans la Babylone du troisième siècle ; les dix Séphiroth ou nombres, basés sur la croyance que l'univers dérive des dix nombres et des deux lettres de l'alphabet hébreu ; ces éléments symboliques furent plus tard formalisés en vingt-deux atouts du Tarot, ou les vingt-deux Chemins qui mènent à la Séphirah.

Dans la Kabbale,[9] le mal prend une existence mystérieuse qui lui est propre, dont les préceptes remontent à l'apparence physique de la vie sur terre, c'est-à-dire à la création d'Adam le

---

[9] La Kabbale apparaît sous diverses orthographes au cours de l'histoire, principalement "Cabala". Mais aussi Kabbale, Kabala, etc.

premier homme. La Kabbale affirme qu'Adam déséquilibre tout le flux de la vie et que l'Église, ou le christianisme, en officialisant l'existence physique du peuple adamite sur terre, est devenu un problème qui doit être résolu. C'est l'essence du principe anti-vie de base qui sous-tend toute la Kabbale et son héritière, la Franc-maçonnerie. Ces préceptes déclarent que le satanisme atteindra son triomphe final sur l'Église et le christianisme, mettant ainsi fin au "dualisme" de ce monde, à la lutte entre le bien et le mal. En bref, le problème du bien et du mal sera résolu lorsque le mal triomphera et que le bien sera éliminé de la terre. Ce programme peut sembler quelque peu simpliste, mais c'est la prémisse de base de la Kabbale et de la Franc-maçonnerie.

Ces préceptes contre la vie se retrouvent maintenant dans de nombreux développements de notre civilisation et doivent être pris en compte. Les descendants des Cananéens haïssent instinctivement et s'opposent activement à des progrès tels que la technologie, la vie urbaine, l'industrialisation et les réalisations culturelles de l'humanité. Leur objectif fondamental est de ramener la terre au primitivisme de son état préadamique, lorsqu'un homme de type néandertalien errait à volonté sur une terre qui n'avait aucun aspect "civilisé" pour lui rappeler son primitivisme. L'objectif final est de "restaurer" l'homme préadamique, afin que l'homme adamite, en tant que création de Dieu, ne soit plus un obstacle à Satan et à sa domination sur ce monde.

Ainsi, la franc-maçonnerie cabalistique vise à l'extermination de la vie telle que nous la connaissons, avec pour point culminant le triomphe final de la malédiction cananéenne sur cette terre. Rétrospectivement, cette observation étonnante offre une raison irréfutable pour les massacres, les guerres et la dévastation humaine, autrement inexplicables, qui ont été régulièrement infligés à une humanité qui souffre depuis longtemps entre les mains des conspirateurs cananéens.

L'*Encyclopaedia Judaica* comporte une entrée de quelques soixante et une pages sur la seule Kabbale, de loin la plus grande entrée de cette encyclopédie. Cette entrée note que la "Kabbale chrétienne", c'est-à-dire le développement central de l'humanisme séculier, est apparue pour la première fois dans les systèmes théosophiques des francs-maçons dans la seconde moitié du XVIIIe siècle, c'est-à-dire pendant la période des Lumières. C'est cet élément prédominant de l'humanisme séculier qui a conduit aux révolutions des XVIIIe et XIXe siècles, et qui avait auparavant conduit à la Réforme. Ces résultats politiques étaient l'aboutissement logique des enseignements du Zohar, qui déclare que l'*En Soph* (la Déité Ultime) a fait naître le monde de manière indirecte, afin d'éviter d'être contaminé par l'être physique, ou la vie ; cela exprime à nouveau la direction anti-vie fondamentale de ce système philosophique. La seule manifestation de cette divinité sur terre se fait à travers les Dix Séphiroth, ou Émanations Divines. Les enseignements du Zohar nient toute présence sur terre de Dieu ou de son Fils Jésus-Christ ; il met l'accent sur les "doctrines non divines ou humanistes".

Les pratiques religieuses des juifs orthodoxes reposent entièrement sur la Kabbale. Ils célèbrent leur prochain triomphe, la fête des Tabernacles, qui est définie dans le *Zohar* comme la période où ils triompheront de tous les peuples du monde.

> "C'est pourquoi, pendant cette fête, nous nous emparons du loulab et le portons comme un trophée pour montrer que nous avons conquis tous les autres peuples (les goyim)". (Toldoth Noah 63b).

Dans son ouvrage définitif, *The Magical Mason*, W. Wynn Westcott, le fondateur de l'Ordre hermétique de la Golden Dawn en Angleterre, retrace les origines des francs-maçons jusqu'aux Esséniens de Jérusalem, aux Juifs pharisiens, qui pratiquaient le judaïsme le plus strict, aux anciens Mystères d'Égypte et de Grèce, au Vehm-Gerichte de Westphalie en Allemagne, aux guildes commerciales du Moyen-Âge, aux Collèges romains, aux Compagnons du devoir français et aux Rose-Croix. Westcott souligne que la pierre angulaire du Capitole de Rome porte la marque de la clé de voûte des "Dirigeants", un groupe sacré. L'arche royale possède un autel de pierre blanche en forme de double cube ; il est gravé du "Nom Sacré". Il dit que les Mystères, dont tout rituel maçonnique est dérivé, étaient destinés à mettre fin à la peur de la mort chez l'initié, en reconstituant la descente dans l'Hadès, et ainsi trouver la grande cause première de toutes les choses révélées à l'initié. Westcott affirme que la célèbre Pierre Noire de la Mosquée sacrée de la Mecque fait également partie de ce rituel. Il y a aussi la Pierre Sacrée placée sous le trône d'Angleterre, qui aurait été la Pierre de Jacob aux temps bibliques.

De ces anciens symboles de pouvoir est née la devise maçonnique : "Per me reges regnant", "par moi règnent les rois". En contrôlant les rois, les maçons exerçaient leur pouvoir dans les coulisses. Si les rois étaient renversés par des révolutions (qui étaient souvent organisées par les francs-maçons eux-mêmes), les rois pouvaient être décapités, mais les instigateurs derrière le trône étaient prévenus et s'en sortaient indemnes. Ils continuaient alors à régner par l'intermédiaire du prochain chef choisi, généralement désigné par leur conseil intérieur.

Bien qu'elle se consacre à l'usurpation et au maintien du pouvoir absolu par un despotisme oriental, la franc-maçonnerie a atteint une grande partie de son influence mondiale en mettant l'accent sur le pouvoir des révolutions contre l'ordre établi et en les finançant. Leur slogan est devenu la devise de la Révolution française, "Liberté, égalité, fraternité". Liberté, égalité, c'est-à-dire l'égalité pour les maçons seulement, avec l'esclavage comme destin de tous les autres, et fraternité, c'est-à-dire la fraternité de l'Ordre maçonnique des Cananéens. Ce slogan apparaît dans tous les documents de la franc-maçonnerie, qui s'annonce également comme le mouvement "New Age". Nombre de ses publications, comme le magazine des francs-maçons de Washington, dans la capitale de notre pays, portent le nom "The New Age" et le triangle symbolique sur la couverture de leur magazine, le triangle étant entouré de la devise "Liberty, Equality, and Fraternity" (liberté, égalité et fraternité). Le Nouvel Âge, ou Nouvel Ordre fait référence à l'ère qui sera inaugurée après l'Armageddon final, lorsque les Cananéens extermineront les derniers survivants du peuple de Sem.

Dans le monde maçonnique, Jérusalem a toujours été considérée comme le lieu de naissance de la franc-maçonnerie. Une autre tradition veut que les premières loges maçonniques aient construit le Temple de Salomon. Le roi Salomon a achevé le Temple en 1005 avant J.-C. Salomon est mort à l'âge de soixante ans, après un règne d'environ quarante ans, et son fils Roboam lui a succédé. L'Encyclopédie de la Maçonnerie de Mackey indique sous la rubrique "Trône oriental de Salomon",

> "le siège du Maître dans une loge symbolique, et ainsi appelée parce que le Maître est censé symboliquement occuper la place au-dessus de l'Artisan autrefois occupée par le Roi Salomon. Pour la même raison, le siège du Grand Maître dans la Grande Loge reçoit la même appellation. En Angleterre, elle est appelée le Trône."

Dans le symbolisme maçonnique, l'arc-en-ciel apparaît comme la représentation sacrée de Lucifer, le Porteur de lumière, et il indique sa Luminosité. Sur les diplômes maçonniques est inscrit le verset : "Et Dieu dit : Que la Lumière soit, et la Lumière fut." En fait, l'utilisation du nom de Dieu est ici un subterfuge typique dont la vraie signification n'est connue que des degrés supérieurs de la franc-maçonnerie, les degrés occultes, et est un exemple de la tromperie interne par laquelle les degrés occultes gouvernent les autres rangs. Lucifer est le vrai nom de l'être qu'ils vénèrent comme un dieu, comme leur mentor, Albert Pike, l'a clairement fait savoir dans ses communications à Mazzini et à d'autres dirigeants maçonniques.

Les symboles de la Franc-maçonnerie peuvent sembler assez inoffensifs, à ceux qui ignorent leur signification kabbalistique, ce qui est le cas pour la grande majorité des Maçons, les membres des trois degrés des Loges Bleues. Ils ne sont jamais informés que l'"œil qui voit tout" de leur symbolisme ne fait pas référence à la lumière, mais aux parties génitales, l'œil de Hour, qui est l'anus, et qui signifie l'engagement homosexuel ou bisexuel de notre classe dirigeante actuelle, l'Ordre Mondial des Cananéens. "G" signifie à la fois Génération, ou l'acte du coït, et aussi Gnosticisme. Il glorifie également le grand Dieu Baal et la partie manquante de son anatomie, le phallus, qui, selon la légende de Seth et Nimrod, avait été égaré.

L'adoration du phallus apparaît dans les cérémonies maçonniques du degré Ma-ha-bone, signifiant le fils hermaphrodite de Loth. La Loge du Maître représente l'Utérus, la Chambre du Milieu. L'acacia signifie que tous les Mystères sont originaires de l'Inde, ou plutôt, que leur inspiration initiale est venue de cette région. Dans le rite de l'acacia, les compagnons d'artisanat sont vêtus de blanc, le symbole grec de l'innocence, bien que cela signifie aussi la corruption de l'innocence dans de nombreux rites religieux.

Le siège de l'Acacia Mutual Life Insurance Company occupe une place de choix à Washington, près des salles du Congrès. Au cours de sa vie, J. Edgar Hoover, longtemps à la tête du Federal Bureau of Investigation, n'a accepté qu'une seule association d'entreprises. Il a été nommé directeur de la société Acacia Mutual, qui se trouvait presque directement en face de son siège au FBI. En raison de cette association, il s'est avéré impossible de le renvoyer du FBI de son vivant.

EMBLEMS OF MASONRY

Les rangs maçonniques sont également issus des anciens Mystères ; les triples degrés du système correspondent aux mystères de Sérapis, Isis et Osiris. L'apprenti initié se réfère aux trois lumières, Osiris à l'Est, Isis à l'Ouest, et Horus, qui était maître, ou seigneur vivant à la place d'Osiris, au Sud.

L'Hexagramme, ou Sceau de Salomon, est une étoile à six branches. Dans la Kabbale, le six est considéré comme un chiffre masculin, qui a été attribué par les kabbalistes à Microprospus, le Vau de l'alphabet hébreu, et aux six signes du milieu. La Kabbale elle-même est la base de la Théosophie ; dans l'*Encyclopaedia Judaica*, sous la rubrique "Théosophie", il est simplement dit : "Voir Kabbale". La Kabbale a pris forme comme un système défini, une Sophia[10] secrète ou un corps de connaissances, après la chute de Jérusalem. Elle s'appuyait fortement sur la numérologie et les incantations. La gematria hébraïque est un code qui repose sur la numérologie. Des explications et des prophéties sournoises sont élaborées en traçant laborieusement diverses valeurs numérologiques. Par exemple, grâce à la gematria, il est démontré que Moïse a écrit le Chant d'adieu ; les six premières lettres des six premières phrases sont les mêmes que le nom de Moïse en hébreu-345. La Kabbale affirme que le nombre sacré offre la perspective de la connaissance. Ce nombre, 142857, est divisé par le nombre éternel, un, ou un million, ou Dieu plus six symboles d'éternité ; divisé par 7, il en ressort toujours 142857. Les nombres primaires, de 1 à 9, constituent le triangle du ternaire, l'Image achevée des trois mondes. 9 est aussi le nombre pour Mars ; le nom secret du dieu est le nombre 9, et la période de gestation est de 9 mois ; toutes ces informations se trouvent dans la Kabbale.

Parmi les chants et les incantations de la Kabbale, on trouve de l'ésotérisme tel que la Clé de Salomon, qui donne la formule pour invoquer Lucifer :

"Alors viens ! Entrez ! ou je vous torturerai sans fin par la force des puissants noms de la Clé : Alglon, Tétragramme, Vaycheons, Stimulation, Ezphraes, Petregrammaton, Olzaran, Irion, Erython, Existron, Erzona, Onera, Orosyn, Mozan, Messias, Soter, Emanu, Saboot."

Un symbole que l'on retrouve dans toutes les loges maçonniques est la représentation d'une étoile flamboyante. Les

---

[10] Sagesse, NDT.

maçons, ne connaissant apparemment pas sa véritable origine, affirment qu'il s'agit du symbole de la prudence. En fait, il représente l'étoile du chien, Sirius. L'inondation du Nil se produisait en Égypte lorsque le soleil était dans la constellation du Lion. Pour les Égyptiens, il était connu sous le nom du dieu Anubis ; nous le connaissons sous le nom de l'hébreu Sihor, qui en grec est devenu Serios, et en latin Sirius. Son apparition était pour les anciens Égyptiens le signal de se retirer sur les hauteurs, avant la montée du Nil, une tradition de prudence inconnue des Maçons actuels, qui lui attribuent néanmoins la bonne interprétation de la prudence. Le personnage qui figure sur le tablier maçonnique est le triple Tau, un composé de trois T, ou, en grec, Tau. Il représente l'ancien nilomètre égyptien, qui était utilisé pour déterminer la hauteur de l'inondation du Nil, dont dépendait la vie des habitants. Il est ainsi devenu le symbole de la santé et de la prospérité, ayant le pouvoir d'éviter le mal comme une amulette magique.

Une cérémonie maçonnique clé est basée sur la tradition selon laquelle les trois grands secrets de l'école des mystères de Moïse n'étaient connus de personne. Les trois secrets, également appelés "les trois mots", étaient connus du roi Salomon, du roi Hiram de Tyr et de Hiram Abiff de Tyr, qui est appelé "le fils de la veuve" par les maçons. Tyr, bien sûr, était l'une des principales villes cananéennes. Trois maçons de rang inférieur ont cherché à forcer Hiram Abiff à leur dire cette parole secrète ; il a été assassiné par eux parce qu'il refusait. Le rituel du meurtre de Hiram Abiff est l'une des principales cérémonies maçonniques, et il est destiné à leur faire comprendre l'importance de se soumettre au meurtre plutôt que de révéler un quelconque secret des maçons. Il souligne également, comme le démontre Stephen King, l'importance de l'élément du meurtre dans toute la Franc-maçonnerie, peut-être le facteur le plus constant qui relie toutes leurs cérémonies. Le meurtre de Hiram Abiff est solennellement reconstitué lors de la réception d'un Maître Maçon. La chambre est drapée de noir, avec la tête de mort peinte sur les murs. Un corps est exposé dans un cercueil, et toute l'histoire est ensuite reconstituée, avec pour point culminant le meurtre de Hiram Abiff par deux apprentis. Cela montre aux membres de l'association que les serments qu'ils doivent prêter pour faire couler le sang ne sont pas de vaines cérémonies et qu'ils doivent être fidèles au rite maçonnique cananéen, sinon ils y perdront la vie.

Dans les cérémonies maçonniques, un nouveau nom pour Dieu (qu'ils ont toujours détesté) a été inventé par les ritualistes, parce qu'ils n'osaient pas utiliser le nom de leur vrai Dieu, Lucifer. Ils ont alors fait appel au mystique Jah-Bul-On, un nom qu'ils ont inventé en combinant les différentes divinités des adorateurs du diable cananéens : Jah, du nom original de Jahweh ; Bul, le nom hébreu du dieu cananéen Baal ; et On, représentant le Dieu égyptien, Osiris.

En raison de ses origines kabbalistiques, le chiffre 13 est d'une grande importance dans les rites maçonniques. Un Conseil des Cinq, composé des chefs de famille des Rothschild et de leurs plus proches collaborateurs, régit l'Ordre Mondial de la Franc-maçonnerie cananéenne. Au-dessous se trouve le Conseil des 13, qui a également une grande autorité ; après eux vient le Conseil des 500. Le Conseil des 500 est composé des plus grands hommes politiques et chefs d'entreprise du monde, ainsi que des hommes les plus importants dans l'éducation et le domaine religieux. Les membres de ce Conseil sont souvent présents aux réunions politiques du Bilderberg, avec lequel ils correspondent régulièrement.

Les éléments clés du programme mondial de la franc-maçonnerie sont souvent promulgués à leur date spéciale marquée par le chiffre 13. Ainsi, le Federal Reserve Act, un élément clé dans le contrôle des systèmes économiques mondiaux par les Cananéens, a été promulgué le 23 décembre 1913. Le 31 mai 1913, le 16ème amendement à la Constitution des États-Unis, l'amendement sur l'impôt sur le revenu, qui était également un élément clé du programme, a été adopté. Cet amendement donnait aux Cananéens le contrôle sur tous les aspects économiques de la population des États-Unis, à présent captive de leur vampirisme.

Depuis ce jour, les Américains doivent déclarer chaque centime de leurs revenus et de leurs biens, comme l'avait prévu Lénine dans son programme, *La menace de la catastrophe*, qu'il avait publié en 1917. Ce programme prévoyait la confiscation des biens pour punir la "dissimulation de revenus" ; il a été adopté par l'Internal Revenue Service. Le programme conçu par Lénine est aujourd'hui la doctrine opérationnelle officielle de l'IRS. Le 17ème amendement à la Constitution du peuple de Sem, l'amendement modifiant les conditions d'élection des sénateurs au Congrès, a été adopté le 21 mai 1913. Ces trois amendements ont effectivement saboté la Constitution, supprimant les protections historiques du peuple contre un gouvernement tyrannique. Parce que le revenu est en fait une propriété, le 16ème amendement a dépouillé les citoyens des États-Unis de tout droit de propriété, tout comme les dispositions ultérieures relatives à la confiscation de tout argent et de toute propriété. L'amendement relatif à l'élection du Sénat a privé les assemblées législatives des États de leur droit historique d'élire des sénateurs ; il était nécessaire de maintenir l'équilibre entre les États les moins peuplés et les plus peuplés ; il en coûte aujourd'hui dix millions de dollars pour élire un sénateur. Cet amendement a laissé les habitants de plusieurs États à découvert face aux intrigues les plus vicieuses des Cananéens barbares et adorateurs du diable. En effet, les descendants de Sem ont perdu une guerre raciale et religieuse, à cause de ces trois lois de 1913. L'accent mis sur le chiffre 13 réaffirme également la détermination des francs-maçons à détruire leur ennemi historique, le Christ, et ses douze disciples.

Lorsque les Rockefeller ont mis en place leur contrôle criminel des législatures d'État, le Conseil des gouvernements d'État, ils l'ont symboliquement installé dans un bâtiment portant le numéro 1313. En 1813, le duc du Sussex, deuxième fils du roi George III, devient le grand maître de la franc-maçonnerie anglaise. Treize petites étoiles formant un sceau de Salomon ont été placées sur la monnaie américaine.

GRAND ARCHITECT OF THE UNIVERSE

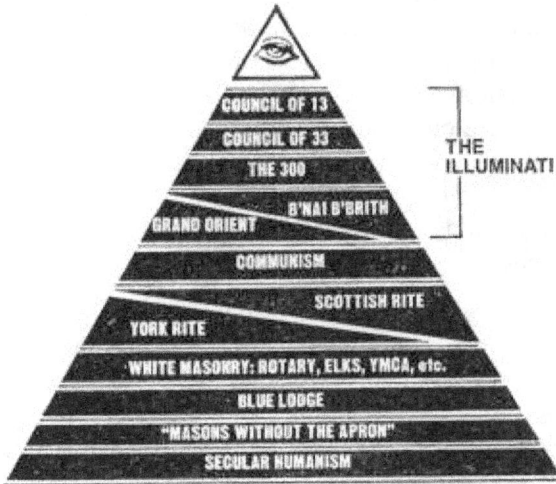

COUNCIL OF 13
COUNCIL OF 33
THE 300
B'NAI B'BRITH
GRAND ORIENT
COMMUNISM
SCOTTISH RITE
YORK RITE
WHITE MASONRY: ROTARY, ELKS, YMCA, etc.
BLUE LODGE
"MASONS WITHOUT THE APRON"
SECULAR HUMANISM

THE ILLUMINATI

Les différents degrés du rituel maçonnique ont une grande signification cachée. Les trois premiers degrés, connus sous le nom de Loge Bleue, sont (1) l'entrée en apprentissage ; (2) le compagnonnage ; (3) le Maître Maçon. Les initiés de la Loge Bleue sont délibérément trompés tout au long de leur adhésion quant aux véritables objectifs de la Franc-maçonnerie. Tout maçon de haut niveau qui les informe des coulisses du programme occulte de l'Ordre est passible de la peine de mort. Par conséquent, les Blue Lodges, que l'on trouve dans la plupart des villes américaines, semblent peu différentes des organisations d'autres ordres fraternels, tels que les Puritains et les Lion's Club. Superficiellement, les trois groupes semblent être issus des mêmes couches de la société, des hommes de famille sérieux, souvent pratiquants, représentant les qualités essentielles de la vie des petites villes, mais la ressemblance n'est que superficielle. L'Ordre maçonnique est généralement composé de membres issus des grands commerçants, des professions libérales, des banquiers, des médecins et des avocats. Ils viennent à leurs réunions, font un peu de bénévolat et, en général, passent le temps jusqu'au jour où on leur demande d'accomplir une tâche inhabituelle pour un confrère maçon ou pour l'ordre national ou mondial. À ce moment-là, ils se rendent enfin compte que le serment de sang a une signification, mais il est généralement trop tard. On peut leur demander de soutenir un candidat maçonnique à une fonction politique, de conclure un accord commercial avec un collègue maçon, ou même de commettre un parjure ou un autre acte illégal au bénéfice d'un frère maçon. Même dans ce cas, on ne leur fait jamais de confidences ; on leur dit simplement ce qu'ils doivent faire, et ils doivent obéir. Les Lions et les Puritains, en revanche, n'ont pas de telles exigences à l'égard de leurs membres.

Les sept premiers degrés de la franc-maçonnerie sont les mêmes métiers de novices que les sept premiers degrés des Grands Mystères d'Osiris. Ce sont également les mêmes sept degrés que les conditions requises pour l'avancement dans l'Ordre des Jésuites. Heckethorn note dans *Les Sociétés secrètes* que les cérémonies d'apprentissage sont considérées comme étant d'origine jésuitique ; Weishaupt occupait une chaire jésuite à l'université d'Ingolstadt lorsqu'il a organisé les Illuminati. Heckethorn explique :

> "Il [l'apprenti] est alors privé de tout le métal qu'il a sur lui ; son genou droit, et parfois son côté gauche, est découvert, et le talon de sa chaussure gauche est foulé. Ces cérémonies sont supposées par certains écrivains être d'origine jésuitique. La privation de métaux est pour caractériser le vœu de pauvreté, le dénudage de la poitrine et du genou est destiné à empêcher l'admission des femmes, et le piétinement du talon de la chaussure pour rappeler au candidat qu'Ignace de Loyola, affublé d'un pied bot, a ainsi commencé son pèlerinage."

Le rite écossais compte vingt-neuf degrés supérieurs, comme le 16ème degré, Prince de Jérusalem, Grand Pontife, le 20ème degré, Chevalier, le 26ème degré, un rite qui fait appel au culte luciférien, exigeant dans le nom sacré de chasser l'"obscurantisme", un terme de code maçonnique pour désigner les enseignements du Christ ; le 30ème degré, Kadosch, un terme yiddish signifiant "Noble", dont le rite d'initiation contient la phrase significative "Moi, moi seul, Tout à moi, Tout pour moi, par tous les moyens". L'important 32ème degré, Prince Sublime du Secret Royal, signifie qu'il est maintenant suffisamment avancé pour recevoir des informations de haut niveau, c'est-à-dire le gnosticisme, la "connaissance" du secret, qui remonte au démembrement de Nimrod, lorsque la secte est entrée dans la clandestinité. Le rite du 32ème degré dénonce rituellement la propriété, le droit et la religion comme "les assassins du Grand Maître de Molay".

> "Une fois que la Religion sera morte, la Loi et la propriété privée tomberont à notre merci, et nous pourrons régénérer la société en cofondant sur les cadavres des Assassins de l'homme, la Religion maçonnique, la Loi maçonnique et la Propriété maçonnique."

Ce rite révèle le but fondamental de la franc-maçonnerie, à savoir renverser les institutions établies de la société et les remplacer par des institutions maçonniques contrôlées par les Cananéens. Le Rite Écossais comprend également le Rite d'Hérode, le Rite français, le Rite du Grand Orient, le Rite de Mizraïm, qui est un Rite de l'Égypte ancienne nommé d'après le fils de Cham. Parmi ces degrés, le rite d'Hérode commémore le roi le plus brutal de l'histoire. De nombreux Juifs ont dénoncé Hérode à cause de sa soif de sang. Il a ordonné que tous les nouveau-nés soient tués, afin d'empêcher la venue du Christ.

C'est le 33ème degré qui est le plus important pour connaître les véritables objectifs de la franc-maçonnerie. Connu comme "le degré révolutionnaire", il confère le titre de Souverain Pontife de la Maçonnerie Universelle. Seuls ceux qui atteignent le 33ème degré sont autorisés à exercer le pouvoir mondial, d'où le titre "Universel". Par conséquent, la plupart des chefs de gouvernement, ou des personnes d'importance équivalente sont des maçons du 33ème degré. Bien entendu, ils ne peuvent être loyaux envers aucune des nations qu'ils dirigent, car leur loyauté a déjà été promise, sous peine de mort, à la Maçonnerie Universelle.

Un maçon typique du 33ème degré était le défunt président des États-Unis, Harry S. Truman. En l'absence de tout talent connu, il a eu une carrière désastreuse de mercier ; il a alors été jugé inemployable pour toute profession connue. Son problème a été résolu lorsqu'il est devenu le principal organisateur des loges maçonniques dans tout l'État du Missouri. Cette misérable créature a ensuite permis la vente de la ferme de sa mère pour payer ses dettes, tandis qu'il continuait à ne pas les rembourser. Après qu'il ait bien servi l'Ordre maçonnique pendant plusieurs années, l'Ordre l'a ensuite nommé à un poste de juge, comme le fait souvent l'Ordre en maintenant son contrôle de fer sur les tribunaux des États-Unis. Sa carrière politique ultérieure fut dès lors assurée. Pour détourner l'attention du parrainage maçonnique de sa carrière, on a beaucoup parlé d'une association passagère avec le patron de la pègre de Kansas City, Boss Pendergast, comme étant l'homme derrière son ascension fulgurante. En fait, Pendergast était aussi un maçon. Après avoir atteint le 33ème degré, Truman a secrètement changé son nom en ajoutant l'initiale S., qui signifie Salomon. Il disait souvent aux journalistes que "Le S ne représente rien." En tant que président, il a toujours été fidèle à la tradition révolutionnaire du 33ème degré. Saluant le dictateur sanguinaire, Joseph Staline, comme ce "bon vieux Joe", il a lancé le plan Marshall pour poursuivre l'envoi secret de matériels et de vivres à l'Union soviétique. Il a publiquement qualifié le cas de trahison d'Alger Hiss de "hareng rouge" et a autorisé George Kennan, du Département d'État, à élaborer la "politique d'endiguement", qui garantissait que la Russie continuerait à occuper les pays d'Europe centrale sans aucune interférence, après les avoir conquis par une agression armée. Dans toutes ses activités révolutionnaires, il a été assisté par son confident le plus proche, David Niles, ou Neyhus, un homosexuel communiste dont une sœur occupait un poste important au sein du gouvernement israélien et une autre sœur avait un poste politique à Moscou. Pour le protéger lors de ses virées nocturnes dans les ruelles de Washington, Niles demandait à J. Edgar Hoover de mettre à sa disposition deux agents du FBI pour le suivre. Ils devaient s'accroupir derrière les poubelles pendant qu'il se livrait à ses activités habituelles, puis veillaient à ce qu'il retourne sain et sauf à la Maison-Blanche. Cette tradition du FBI s'est poursuivie pour Walter Jenkins pendant le mandant de Lyndon Johnson à la Maison-Blanche.

L'un des personnages les plus révoltants de l'histoire des États-Unis, le général Albert Pike, a été le principal organisateur de la franc-maçonnerie. Né à Boston, il a fréquenté l'université de Harvard et s'est ensuite installé en Arkansas. Il a servi comme général dans l'armée confédérée pendant la guerre civile, après quoi il a consacré le reste de sa vie à promouvoir la franc-maçonnerie. On lui attribue le mérite d'avoir fait connaître le rite écossais aux États-Unis. Il est significatif que le Rite écossais date toutes ses communications officielles par l'année du calendrier hébreu. Pike a entretenu des liens dans le monde entier avec des révolutionnaires maçonniques de renom tels que Garibaldi et Mazzini. Ils ont coopéré à l'établissement de quatre grands quartiers généraux centralisateurs de la franc-maçonnerie ; la branche nord-américaine avait son siège à Washington, D.C. ; la branche sud-américaine avait son siège à Montevideo ; la branche européenne à Naples ; et la branche d'Asie et d'Océanie à Calcutta. Adriano Lemmi succède à Mazzini à la tête de la franc-maçonnerie mondiale. Pike et Lemmi ont un long désaccord sur le nom du Dieu des Maçons qu'ils doivent utiliser dans leurs rites ; Pike est déterminé à l'appeler Lucifer, tandis que Lemmi tient à le désigner comme Satan ; ils se mettent finalement d'accord sur Lucifer. Par la suite, Pike a utilisé le terme de "Sublime Pontife de Lucifer" pour se décrire.

Bien qu'il soit d'origine modeste, Pike, pendant ses années en Arkansas, semblait avoir à sa disposition des fonds illimités, pour lesquels aucune source n'a jamais été établie. Créature grossière et obèse aux goûts les plus pervers, il organisait fréquemment des expéditions accompagnées d'amis et de prostituées. Ils se rendaient dans la campagne, transportant des tonneaux de cognac, des mets fins et d'autres rafraîchissements. Ils s'empiffraient ensuite pendant des jours en se livrant à des orgies sauvages.

Après avoir pris le contrôle de la franc-maçonnerie américaine, Pike a interdit la mention du nom de Jésus-Christ au sein d'une loge maçonnique. Il a organisé la messe d'adonaïcide pour les hauts fonctionnaires du Nouveau Rite Palladien. Elle était basée sur le rite d'initiation du 25ème degré, dans lequel le serpent est représenté comme le véritable ami de l'homme, et le Christ, ou Adonaï comme le véritable ennemi de l'humanité. En fait, il s'agissait d'une messe noire quelque peu conventionnelle, à laquelle Pike ajoutait quelques touches originales de son cru ; le point culminant impliquait l'initiation d'une prostituée nue, appelée Eve, aux rites de la relation sexuelle. Un oiseau ou un animal était ensuite immolé en sacrifice sanglant à Lucifer, pour célébrer la victoire de la Synagogue de Satan sur le Christ ; suivi par la souillure rituelle de l'hostie consacrée. Le sang était transmis aux célébrants pour qu'ils le boivent, après quoi la chair était rituellement mangée. Toutes les personnes présentes s'adonnaient ensuite à une orgie d'ivrognes.

Malgré ses fréquentes dissipations, Pike était un organisateur infatigable. Il a réussi à produire l'énorme manuel *Morales et Dogmes*, qui reste jusqu'à ce jour la Bible de la Franc-maçonnerie américaine. Publié pour la première fois à Charleston (la Mother Lodge)[11] en 1871, le livre indique dès la première page les intentions tyranniques de la franc-maçonnerie :

> "La Force aveugle du peuple est une Force qui doit être économisée et aussi gérée... Elle doit être régulée par l'intellect. ... La Force du Peuple ... ne peut pas maintenir et poursuivre l'action et l'existence d'un gouvernement libre une fois créé."

Il s'agit de l'affirmation que la franc-maçonnerie ne peut tolérer l'existence d'un gouvernement composé d'hommes libres. Par conséquent, la République américaine et la Constitution des États-Unis, écrite par et pour le peuple de Sem, doivent être éliminées. Le livre de Pike, dans l'ensemble, n'est qu'une formulation du programme que les Cananéens poursuivaient déjà depuis trois mille ans. Il donne un ensemble précis d'instructions par lesquelles le peuple américain peut être maîtrisé et contraint de se plier aux finalités de la franc-maçonnerie.

Pike identifie positivement les origines démoniaques de la franc-maçonnerie à la page 22 :

---

[11] Loge-Mère, NDT.

"La maçonnerie, continuatrice des Mystères, suit toujours l'ancienne manière d'enseigner. La maçonnerie est identique aux anciens Mystères. Cela explique également l'étroite coopération de la Franc-maçonnerie avec les leaders de l'humanisme séculier, qui découle aussi directement des cultes des Mystères."

Une autre déclaration significative se trouve à la page 152 : "La maçonnerie, c'est de l'activisme." Ces trois mots expliquent l'implication furieuse des francs-maçons dans tous les types de mouvements activistes aux États-Unis, qu'il s'agisse du féminisme, de l'humanisme, du mouvement pour l'intégration raciale ou du communisme. Pike avait fixé la loi - les maçons doivent être des activistes, et ils ont obéi à son dicton. Par conséquent, une grande partie de l'impulsion, ainsi que du financement, de tous les types d'agitation militante aux États-Unis provient directement de la Main Cachée de l'Ordre Maçonnique. Partout où vous verrez un groupe défiler dans ce pays, vous constaterez probablement que les maçons en sont les instigateurs.

Pike explique l'engagement de la franc-maçonnerie en faveur d'un gouvernement mondial unique, à la page 220. Il écrit :

"Le monde entier n'est qu'une seule république, dont chaque nation est une famille et chaque individu un enfant."

Cela explique le paternalisme socialiste de l'actuel gouvernement américain, qui cherche à contrôler la vie quotidienne de chaque citoyen du berceau à la tombe. La machinerie bien huilée du mouvement maçonnique national est capable de mettre en œuvre un tel programme humaniste, qui est dépourvu d'aspirations spirituelles ou de valeurs religieuses. On ne peut faire confiance aux enfants pour gérer leur propre argent ; seul un gouvernement central avisé à Washington peut décider d'envoyer nos gains à d'autres nations, qui méritent notre aide, mais en tant qu'individus, nous pourrions ne pas être assez généreux pour voler nos enfants pour le bien des tyrans d'autres pays. Par conséquent, les agents du fisc nous confisquent nos revenus, et le gouvernement fédéral de Washington les utilise ensuite à "meilleur escient".

Pike, l'arbitre final de toute la franc-maçonnerie américaine, définit les origines occultes de la franc-maçonnerie, ainsi que sa détermination à mettre en place une tyrannie à l'échelle mondiale. Une telle doctrine antichrétienne ne pouvait venir que des autels fumants de Baal et de ses disciples adorateurs de démons.

Pour souligner l'importance de son dogme, Pike écrit que "Chaque loge maçonnique est un temple de la religion, et ses professeurs sont des instructeurs en religion." Par ses précédentes déclarations, il explique en fait que chaque professeur maçonnique est un instructeur de la Kabbale. Cela se reflète dans le serment du Maître Maçon :

> "Je reconnaîtrai et obéirai à tous les signes et convocations qui me seront envoyés par une loge de Maître Maçon ou qui me seront donnés par un frère de ce degré... Je me porterai à son secours. ... Tout manquement à cette obligation signifierait "une peine non moins sévère que de voir mon corps coupé en deux, mes intestins arrachés et réduits en cendres".

Ce serment, pour plus d'impact, est fait à genoux, les yeux bandés. C'est la véritable révélation d'une "loge fraternelle" qui est censée se consacrer à la charité et aux bonnes œuvres. Quelqu'un a-t-il déjà été sollicité pour une œuvre de charité avec l'avertissement que s'il refuse, il sera coupé en deux et ses intestins lui seront retirés pour être brûlés ?

Albert Pike, né en 1809, est mort en 1891 à Washington, D.C. Ses funérailles ont eu lieu dans le temple maçonnique à minuit, avec le rite des funérailles du Kadosch. La salle était entièrement recouverte de noir, éclairée seulement par quelques bougies qui brûlaient sinistrement, une véritable cérémonie de sorcières pour un homme qui avait consacré sa vie à la cause de Lucifer.

De 1859 à 1871, Pike avait travaillé sur son plan directeur pour l'Ordre mondial de la franc-maçonnerie. Il a élaboré ce programme qui comprenait trois guerres mondiales : la première pour renverser le tsar de Russie et créer un État communiste ; la deuxième pour construire l'empire communiste ; et la troisième pour détruire la civilisation chrétienne à tout jamais dans le monde entier. Le 15 août 1871, il écrivit à Mazzini - aujourd'hui exposé au British Museum - une lettre sur son programme de conquête du monde par Lucifer, qui prévoit de lâcher

> "les nihilistes et les athées ... partout où les citoyens recevront l'unique et pure Lumière par la manifestation universelle de la pure doctrine de Lucifer ... qui suivra la destruction du christianisme et de l'athéisme, tous deux à la fois conquis et exterminés en même temps."

C'est Pike qui a formulé la technique secrète selon laquelle les initiés de la Loge Bleue ne doivent emprunter que "les portes extérieures de leur philosophie" ; les initiés devant être trompés par de fausses interprétations ; les vraies révélations étant réservées aux personnes de haut niveau, les Princes de la Maçonnerie, à qui il est interdit de révéler les vraies significations des rites aux initiés inférieurs.

En raison des nombreuses bulles papales émises contre la franc-maçonnerie, Pike et Lemmi ont décidé que la papauté devait être détruite. Le Bulletin du Grand Orient de France, le 18 septembre 1885, appelle à la destruction de l'Église catholique.

Monseigneur Dillon a peut-être été la première personne à percevoir que le véritable pouvoir derrière le mouvement communiste était celui de la franc-maçonnerie. Il a écrit en 1884 que le Nouvel Âge est en fait construit sur le désir de la venue d'un Nouveau Messie, un faux ; que le Temple de Salomon a été détruit selon la prophétie du Christ, et que le Grand Orient et les Loges du Rite Écossais ont été la source de l'activité révolutionnaire moderne. Le pape Léon XIII a dénoncé la maçonnerie comme un naturalisme :

> "Le but ultime de la franc-maçonnerie est de déraciner complètement tout l'ordre religieux et politique du monde qui a été mis en place par le christianisme, et de le remplacer par un autre en harmonie avec leur façon de penser. Cela signifie que les fondements et les lois de la nouvelle structure seront tirés du pur naturalisme."

L'abbé Lerudan avait écrit en 1747 à Amsterdam :

> "Le vrai secret de la franc-maçonnerie est la négation de la divinité du Christ la remplaçant par le naturalisme ou la

doctrine du rationalisme qui a été prêchée par Socinus en Pologne. Oliver Cromwell, le régicide d'Angleterre, était un Socinien de conviction ; c'est ce qui a permis à la franc-maçonnerie de s'organiser formellement en Angleterre. Napoléon, dont le frère Joseph Bonaparte était Grand Maître, était considéré par les maçons comme trop puissant ; Bernadotte, maçon, le persuada de lancer sa campagne désastreuse contre la Russie, qui entraîna la destruction de son armée.

En Italie, Lord Sackville d'Angleterre avait fondé le Grand Orient d'Italie, qui était dirigé par le très secret ordre des Carbonari à travers l'Alta Vendita, son bras opérationnel. Les instructions aux membres contenaient cette mise en garde : "Que chaque acte de votre vie tende à découvrir la pierre philosophale. Les alchimistes du Moyen-Âge ont perdu leur temps et celui de leurs dupes dans la quête de ce rêve. Celui des sociétés secrètes s'accomplira pour la plus simple des raisons, car il est basé sur les passions de l'homme. Ne nous laissons donc pas décourager par un échec, une réserve, ou une défaite. Préparons nos bras dans le silence des loges, habillons nos batteries... flattons toutes les passions les plus mauvaises et les plus généreuses, et toutes nous portent à penser que nos plans réussiront un jour au-dessus même de nos calculs les plus improbables."

Une autre instruction de l'Alta Vendita disait :

"Nous ne cessons de vous recommander d'affilier des personnes de toute classe et de toute sorte d'associations, quelle qu'elle soit, à condition que le mystère et le secret soient la caractéristique dominante. Sous un prétexte des plus futiles, mais jamais politique ou religieux, créez par vous-mêmes, ou mieux encore, faites créer par d'autres, des associations ayant en commun la musique, les beaux-arts pour objet. Alors, infiltrez le poison dans ces arts choisis ; infiltrez-le à petites doses. Un prince qui n'a pas de royaume à attendre, c'est une bonne fortune pour nous. Ils sont nombreux dans cette situation. Ces pauvres princes serviront nos intérêts, tout en ne pensant qu'à travailler pour les leurs. Ils forment une magnifique enseigne, et il y a toujours des imbéciles prêts à se compromettre au service d'une conspiration dont l'un ou l'autre des princes semble être le meneur. Il y a peu de moralité, même parmi les personnes les plus morales du monde, et on va vite dans le sens de ce progrès. Une bonne haine, bien froide, bien calculée, vaut plus que tous ces feux artificiels et toutes ces déclarations sur la tribune. Actuellement, nous disposons d'une imprimerie à Malte. Nous pourrons alors agir en toute impunité, d'un coup sûr et sous le drapeau britannique, pour disperser d'un bout à l'autre de l'Italie, des livres, des pamphlets, etc. que l'Alta Vendita jugera bon de mettre en circulation."

Nesta Webster, dans *World Revolution*, page 14, révèle d'autres menaces pour les traîtres potentiels :

"Si tu n'es qu'un traître et un parjure, apprends que tous nos frères sont appelés à s'armer contre toi. N'espère pas t'échapper ou trouver un endroit sûr. Où que tu sois, la honte, le remords et la rage de tes frères te poursuivront et te tourmenteront jusqu'au plus profond de tes entrailles. Ce n'était pas une menace en l'air ; les maçons étaient connus pour empoisonner ceux qu'ils soupçonnaient de les avoir trahis, de sorte qu'ils mouraient d'une mort lente et atroce, avec des douleurs terribles "le feu dévorant leurs entrailles".

Le mode d'exécution est souvent symbolique, destiné à transmettre un avertissement à d'autres maçons ou à des personnes extérieures qui pourraient en savoir plus que ce qui est bon pour eux. C'est le cas de l'exécution de Robert Calvi, l'un des principaux acteurs du scandale de la Banco Ambrosiano. Calvi a été retrouvé pendu au pont Blackfriars à Londres, l'endroit ayant été choisi pour signifier qu'il était tombé en disgrâce. Un mandat d'arrêt a récemment été émis par un juge de Milan à l'encontre d'un autre responsable de cette affaire, l'archevêque Paul C. Marcinkus, originaire de Chicago, qui avait été chargé des finances du Vatican. La faillite de la banque a coûté 250 millions de dollars au Vatican, bien que les engagements réels aient été estimés à près de 3 milliards de dollars. L'archevêque Marcinkus était responsable de l'Instituto per le Opere di Religione, l'Institut des œuvres religieuses du Vatican, qui contrôlait ses finances. Le scandale ne concernait pas vraiment le secteur bancaire, mais bien la franc-maçonnerie.

Lord Sackville avait créé la première loge maçonnique en Italie en 1733 ; en 1861, l'Italie commençait à s'organiser en tant que puissance mondiale. Il y avait alors trois groupes maçonniques en Italie, à Turin, Naples et Palerme. Garibaldi réussit à les unir en 1864 et devient ainsi le plus puissant leader politique d'Italie ; sa réputation est telle que le président Lincoln lui demande de devenir commandant en chef de l'armée américaine pendant la guerre civile. Lorsque Mussolini arrive au pouvoir après la Première Guerre mondiale, il déclare que la franc-maçonnerie est "un danger pour la paix et la tranquillité de l'État". Les loges ont été proscrites par la loi antimaçonnique de 1925, qui a déclenché une furieuse campagne de propagande mondiale contre Mussolini, le "dictateur". Après la Seconde Guerre mondiale, quelque cinq cents loges ont rapidement refait surface en Italie. Les loges ont été financées à profusion grâce à des fonds fournis par les contribuables américains. L'argent arrivait en quantités telles qu'il fallait un groupe super-secret pour le gérer. Un certain Lucio Gelli avait rejoint le Grand-Orient d'Italie en 1963 ; il organisait maintenant une nouvelle loge, qu'il appelait Propaganda Due, ou P-2. Elle a été nommée d'après la Loge de Mazzini, Propaganda Uno, qu'il avait fondée pour diriger la Révolution de 1848. Gelli prend le titre maçonnique de "supremo regulatore dell universo", Régulateur Suprême de l'Univers. En peu de temps, presque tous les fonctionnaires, banquiers et rédacteurs en chef italiens de premier plan furent membres de P-2.

La P-2 a été profondément impliquée dans de nombreuses opérations bancaires occultes, y compris le contrôle de la Banco Ambrosiano. Une autre banque a été créée, la Banco Privata, qui semblait être un véhicule pour des fonds qui avaient été cachés depuis la Seconde Guerre mondiale, des millions de l'OSS qui avaient été cachés dans des endroits secrets. Les dirigeants de Banco Privata l'indiquent ; parmi eux, John McCaffery, le représentant italien de la Hambros Bank (Charles Hambro a été à la tête de SOE, British Intelligence à Londres) ; il a acheté 24,5% de Banco Privata pour le compte de la Hambros ; Michael Sindona en a acheté 51%. Sindona a ensuite vendu Banco Privata à l'IOR par l'intermédiaire de l'archevêque Marcinkus ; le contrôle a été transféré à une société de Sindona au Lichtenstein,

Fasco A. G. Une autre société de holding, La Centrale Finanzaria, a été créée par Sindona, qui comptait dans son conseil d'administration Robert Calvi, Evelyn de Rothschild et Jocelyn Hambro. Sindona a rapidement transféré 49 milliards de dollars en eurodollars par l'intermédiaire de cette société et d'autres holdings bancaires qu'il dirigeait. Il engrangea quelque 10 millions de dollars de bénéfices. La Banco Ambrosiano était dans le tourbillon de toute cette activité ; elle a fait faillite. Gelli a retiré 50 millions de dollars et s'est enfui en Suisse, où il a été arrêté. Calvi a été retrouvé pendu au pont Blackfriars à Londres. Sindona, qui a également été impliqué dans l'effondrement de la Franklin National Bank à New York, a été arrêté et condamné à la prison. Il est mort dans une prison américaine. Avant sa mort, il a expliqué à un journaliste les complexités de la grande escroquerie aux céréales, lorsque l'Union soviétique a acheté du blé aux États-Unis en juillet 1972. L'Union soviétique a été autorisée à payer ses achats de la manière suivante : la banque centrale de Hongrie, agissant au nom de l'Union soviétique, a passé un ordre de vente à découvert de 20 milliards de dollars ; le secrétaire au Trésor John Connally a ensuite dévalué le dollar de 10% ; l'Union soviétique a réalisé 4 milliards de dollars sur son opération de vente à découvert et a payé les céréales ; elle a réalisé 2 milliards de dollars de bénéfices sur l'opération de vente à découvert et 2 milliards de dollars sur la dévaluation de 10% du dollar. Sindona a observé :

> "Dans leur naïveté insondable, les États-Unis ont fourni aux Soviétiques 4 milliards de dollars, argent qui a depuis sans doute été investi dans la destruction de leurs bienfaiteurs ; j'ai commencé à voir alors que l'Amérique était l'épouse de sa propre ruine. Je vous le dis, dans toute l'histoire, aucune puissance n'a armé et secouru ses ennemis aussi aveuglément qu'elle."

En fait, "l'Amérique" n'embrasse pas sa propre destruction ; elle est détruite par les Cananéens maçonniques qui ont infiltré ses plus hautes fonctions et qui utilisent maintenant leur pouvoir pour détruire le peuple de Sem et la République qu'ils ont établie.

Le meurtre de Calvi a fait remonter à la surface des noms intéressants, dont celui de Francesco Pazienza, une figure de

Washington proche de l'ancien secrétaire d'État, le général Haig ; Flavio Carboni, un consultant du Banco Ambrosiano qui était également proche d'Armando Corona, chef du Grand Orient italien ; Ernesto Diotallevi et Danil Abbrudati, les chefs de la pègre romaine. Abbrudati a été tué par les gardes du corps de Roberto Rosone, vice-président du Banco Ambrosiano, lorsqu'il a tenté d'assassiner Rosone. Carboni était à Londres avec Calvi lorsque ce dernier a été éliminé. Carboni était enregistré à l'hôtel Sheraton de Londres alors que Calvi était à proximité à Chelsea. Sindona a déclaré par la suite que des francs-maçons sud-américains avaient perpétré le meurtre de Calvi.

Carboni avait auparavant reçu de Calvi 100 000 dollars qui avaient été versés sur le compte bancaire suisse de sa maîtresse, Laura Concas ; Calvi avait également versé 530 000 dollars à Ernesto Diotallevi. Un juge londonien a annulé la décision selon laquelle Calvi s'était suicidé et a déclaré qu'il s'agissait d'un assassinat perpétré par des mains inconnues. L'enquête a été interrompue.

L'Ordre maçonnique des Cananéens opère aux États-Unis en défiant ouvertement les lois contre le syndicalisme criminel telles que précisées par 46 CJS 1 :

> "Le syndicalisme est la doctrine qui prône l'abolition du système politique et social existant par le biais d'une grève générale, d'une manifestation pacifique ou de la violence révolutionnaire... Il est du ressort du pouvoir législatif de punir l'apologie de la propagande qui a pour but la destruction du gouvernement ou des droits de propriété que ce gouvernement a été fondé pour préserver, avant qu'il n'y ait un danger présent et imminent de réussite du plan établi. Toute initiative ou autre permission sciemment commise pour l'accomplissement de ce but peuvent être interdites et déclarées comme un crime. Peuvent également être interdite et sanctionnée l'association ou l'adhésion à des organisations prônant de telles doctrines ou invitant d'autres personnes à se joindre à de telles organisations ... le fait de prôner dans un État, ou de préconiser des actes de violence contre un autre État, ou contre les États-Unis, peut constituer un syndicalisme criminel."

Il existe donc des lois adéquates pour protéger le peuple de Sem contre l'extermination planifiée par les Cananéens maçonniques. La franc-maçonnerie viole également les lois interdisant la restriction du commerce, les combinaisons conclues pour nuire à d'autres personnes et de nombreuses autres activités illégales. L'existence d'un petit groupe supersecret qui contrôle tout progrès dans les affaires et les professions libérales, qui contrôle l'octroi de prêts bancaires, la création d'entreprises d'édition de livres, de magazines ou de journaux, l'exploitation d'une station de radio et de télévision, l'affrètement d'une banque et bien d'autres activités commerciales, causent un préjudice permanent à l'ensemble de l'économie. Les parents veulent toujours le meilleur avenir possible pour leurs enfants, en faisant de grands sacrifices pour les scolariser et les envoyer à l'université. Ils ne se rendent jamais compte que sans le "sésame" de l'Ordre maçonnique, leurs enfants sont condamnés à être des coupeurs de bois et des porteurs d'eau, qu'ils ne peuvent jamais espérer gagner de grosses sommes ou faire des progrès dans leur domaine. Tout est déjà préempté par les Cananéens pour leurs propres rangs. Seuls les enfants de l'élite conspiratrice seront admis dans les meilleures écoles, se verront offrir les meilleurs emplois et vivront la belle vie. Pour le reste de l'Amérique, la fête est terminée.

CHAPITRE 3

L'HUMANISME LAÏQUE

L'Ordre maçonnique des Cananéens a prospéré parce qu'il a choisi ses véhicules de propagande avec beaucoup de soin. L'humanisme séculier est peut-être le plus efficace d'entre eux, celui qui a converti une grande partie de l'église chrétienne à son travail. Le principe de base de l'humanisme séculier est que les intérêts humains doivent primer sur tout. En raison de son insistance sur le fait que les "intérêts du gouvernement" sont l'instrument principal pour mettre en œuvre le bien des intérêts humains, l'humanisme laïque est devenu le principal défenseur de l'étatisme et de l'interventionnisme permanent d'un grand gouvernement, ce qui signifie bien sûr en réalité un gouvernement totalitaire. Cette mise en œuvre par les bureaucrates du gouvernement oppose toujours les "intérêts humains" aux "intérêts spirituels". Les intérêts spirituels sont rapidement mis de côté. L'humanisme séculier, plus proprement, est l'humanisme des affaires temporelles, les affaires de ce monde. Pour ceux qui croient qu'il n'y a pas de vie après la mort, il est de la plus haute importance de maintenir un contrôle total tout au long de cette vie, en croyant qu'il n'y en a pas d'autres. Ceux qui croient à l'au-delà, en revanche, sont tentés de tolérer trop facilement les outrages sur la terre, en supposant que les choses iront mieux dans l'autre monde.

Beaucoup de gens confondent dans leur esprit le terme "humanitarisme" avec celui d'humanisme. L'humanisme n'est jamais humanitaire ; son exemple le plus largement perçu au XXe

siècle est celui des camps de la mort de la Russie soviétique, où quelque soixante-six millions d'âmes ont péri.

L'humanitarisme résulte de la compassion et du désir d'alléger les souffrances d'autrui. L'humanisme, en revanche, qui découle directement du culte du démon et des meurtres d'enfants de l'ancienne Babylone, a pour but ultime d'infliger des souffrances à ses ennemis, ou à toute personne qu'il perçoit comme telle. Les organismes sociaux humanistes des États-Unis ne cessent de dégrader et d'humilier les personnes qu'ils prétendent "aider". L'Internal Revenue Service est l'agence humaniste par excellence aux États-Unis ; son but est de redistribuer la richesse des citoyens à des bénéficiaires "plus méritants" ; bien souvent, ces bénéficiaires résident à l'étranger et ne souhaitent rien de mieux que de voir les États-Unis détruits.

L'humanisme a toujours une orientation politique précise. Son but est d'usurper et de remplacer les institutions politiques de l'homme, et de mettre en place à leur place un type de socialisme permanent, dans lequel "le bien de l'humanité" sera administré par la bureaucratie d'un État totalitaire. L'"État-providence" qui a été mis en place dans de nombreux pays occidentaux est un pas de géant sur le chemin qui mène à cet objectif.

Malgré les nombreuses références à l'humanisme laïque, tant par ses partisans que par ses opposants, on entend rarement une discussion concrète sur ce qu'est l'humanisme laïque, ou sur ses sources. Cela est particulièrement surprenant, car ses origines et son histoire sont facilement accessibles à partir de sources de référence bien connues. En outre, les défenseurs les plus virulents de l'humanisme laïque se trouvent souvent dans le milieu universitaire, où l'érudition est un gagne-pain et où ce sujet offre de nombreuses pistes de recherche tentantes.

Dans le présent ouvrage, je ne m'attendais pas à aborder le sujet de l'humanisme. En effet, au début de mes recherches sur la démonologie de l'histoire, il me semblait peu probable que l'humanisme y joue un quelconque rôle. Comme la plupart des autres chercheurs, je n'avais pas pris en compte un aspect essentiel de l'humanisme. Pour la révélation de cet aspect particulier, nous sommes redevables à un émigré russe, Vladimir Voinovich. Il cite A. Surkov, un orateur du premier Congrès des écrivains soviétiques : "Les poètes négligent d'une manière ou d'une autre un quatrième aspect de l'humanisme, qui s'exprime dans le concept sévère et beau de la haine. En effet, la plupart des écrivains ne perçoivent pas que la haine est un aspect essentiel de l'humanisme. Elle est peut-être plus évidente en Russie soviétique que dans d'autres pays. Voinovich poursuit en caractérisant la haine comme étant peut-être la composante la plus importante de l'humanisme. Mais comment cela est-il possible ? Comment l'humanisme, le fait de placer les intérêts de l'humanité au-dessus des préoccupations spirituelles, l'amélioration de l'humanité en niant tout rôle spirituel dans le développement de l'homme et en se concentrant strictement sur "ses propres" intérêts humanistes, pourrait-il contenir l'ingrédient fondamental de la haine ? Seule une personne ayant vécu les horreurs de l'État soviétique moderne pourrait être qualifiée pour identifier la haine comme l'ingrédient principal de l'humanisme. Le gouvernement soviétique, administrateur de l'État le plus humaniste du monde, a assassiné quelque soixante-six millions de ses propres citoyens depuis la révolution bolchevique, selon son principal écrivain, Alexandre Soljenitsyne. Tout cela a été fait au nom du "réalisme socialiste" ou de l'humanisme.

L'ingrédient essentiel de l'humanisme, la haine, remonte directement à sa source, celle des adorateurs du démon Baal dans l'histoire ancienne, les Cananéens qui ont assouvi leur appétit pour les sacrifices humains au nom de leur "religion", le cannibalisme et dans le rite rendu en l'honneur de leurs dieux, ainsi que le meurtre d'enfants au nom de Moloch. Ce sont ces mêmes Cananéens qui dirigent les grandes nations du monde d'aujourd'hui et qui attendent avec impatience d'autres massacres que ceux qu'ils ont perpétrés au XXᵉ siècle et qui ont fait de notre époque le théâtre des plus grands meurtres de masse de l'histoire de l'humanité.

Les sources démoniaques de l'humanisme se reflètent non seulement dans leur négation de Dieu et dans l'affirmation kabbalistique selon laquelle Dieu n'a pas pris part à la création réelle du monde, mais aussi dans son inspiration philosophique, qui découle uniquement de Satan et de ses activités maléfiques. Comme l'écrit I. M. Haldeman,

> "Tout le monde spirituel est ému par la sagesse de l'ange déchu. Les esprits des ténèbres se manifestent dans une période spirite... Le spiritisme n'est que l'instrument entre les mains de ce grand ange déchu qui conserve encore le titre de prince et de dieu de ce monde et qui, depuis longtemps, est déterminé à le remplir et à le faire fonctionner."

Ainsi, nous voyons qu'un grand nombre de personnes, spirites, spiritualistes et autres croient que Satan contrôle ce monde. D'après leurs actions, les humanistes semblent également le croire. Il est certain qu'ils n'auraient pas fait de la haine de la vie un ingrédient principal de leur philosophie s'ils n'avaient pas adopté la pratique du satanisme.

En examinant la longue histoire de l'humanisme, et en retraçant ses manifestations depuis le monde antique jusqu'à nos jours, nous trouvons des faisceaux d'indices significatifs qui apparaissent dans toutes ses différentes périodes historiques. La première, bien sûr, est le monde cananéen de Baal et Ashtoreth, qui s'est concentré sur les cultes démoniaques. Dans ses manifestations ultérieures, probablement en raison de la résistance croissante du public, il a pris une coloration protectrice de costume "intellectuel". Baal est devenu le docteur Faustus. Les autels fumants des Cananéens ont été obscurcis par l'importance croissante accordée au discours philosophique. La première de ces "écoles d'humanisme" est celle de Pythagore (582-507 av. J.-C.). L'école de Pythagore, qui a été créée à Crotone, fonctionnait comme une "école du mystère", c'est-à-dire une école dans laquelle les aspects "mystérieux" de la philosophie étaient mis en valeur auprès d'un groupe limité d'initiés soigneusement choisis. L'équation de Pythagore était basée sur le dualisme des principes premiers - le limité, ou source de définition, et l'illimité, ou source de division. En effet, c'est la première école de dialectique, une forme d'enseignement qui atteindra son apogée dans l'œuvre de Hegel au XIXe siècle et de son plus célèbre disciple, Karl Marx.

L'école de Pythagore comportait également de nombreux préceptes qui, dans les siècles suivants, allaient figurer dans le *livre du Zohar*, la Kabbale. L'un de ces préceptes était la numérologie, une tentative de se concentrer sur l'univers comme une équation mathématique, et donc d'élaborer, ou de découvrir, une formule magique qui permettrait de le contrôler. Les pythagoriciens se servaient de la tétraktys, basée sur le nombre sacré dix auquel on arrivait en additionnant les quatre premiers nombres.

L'école pythagoricienne de Crotone a une corrélation intéressante avec notre époque. Dans les années 1930, le siège américain de la Société théosophique se trouvait à Krotona, en Californie.

On ne sait pas si cette ville a été délibérément nommée d'après la ville de Pythagore.

Le théorème de Pythagore ou métaphysique des nombres a beaucoup influencé Platon. Bien que nous le connaissions principalement comme philosophe, ce dernier a exercé une influence politique considérable tout au long de sa vie adulte. Il était le chef reconnu d'une faction politique méditerranéenne qui s'opposait à l'expansion de l'Empire perse. Platon présidé au développement d'une élite qui pouvait ramener les Grecs à la domination politique en Méditerranée. L'influence des pythagoriciens l'amena à développer un programme similaire à celui des francs-maçons d'aujourd'hui, une élite secrète qui pouvait exercer son influence en coulisses, mais toujours dédiée à son propre programme caché, dont les principes n'étaient connus que d'une élite très restreinte.

Platon a soutenu Dionysos Ier, souverain de Syracuse, en tant que chef des forces de la coalition grecque. Dionysos est devenu le modèle de Platon pour son futur roi-philosophe. En retour, le beau-frère de Dionysos, Dion, a donné de l'argent à Platon pour établir son école de philosophie, en avançant des fonds pour construire un groupe de bâtiments qui sont maintenant connus de l'histoire comme l'Académie. C'est dans ces bâtiments, dans la banlieue d'Athènes, que Platon a écrit "La République" comme guide pour les humanistes du futur, afin qu'ils puissent obtenir un contrôle total sur leur société. Platon a ensuite conseillé Dionysos II dans sa guerre sacrée contre Delphes. Au cours de cette guerre, le temple d'Apollon a été dévalisé, y compris les vastes quantités d'or qui y avaient été stockées. Platon a ensuite écrit le dialogue du *Timée* comme une élégie pour son mentor, Dion.

Platon et Pythagore croyaient tous deux à la doctrine de la transmigration des âmes, une théorie privilégiée dans le mysticisme. Platon reste la figure la plus importante dans le développement de l'humanisme, car, presque seul, il l'a transformé d'un credo basé sur le culte du démon Baal en une "école de philosophie" plus respectable, un processus qui avait été initié par Pythagore. Néanmoins, l'humanisme est resté un credo consacré à l'asservissement de l'humanité par une élite secrète, qui se considérait comme spécialement "choisie" et gnostique, c'est-à-dire détentrice d'une connaissance, par opposition à l'ignorance. Tout en s'engageant de plus en plus dans les aspects séculiers de la société, l'humanisme est resté fidèle à ses préceptes de base, qui sont constitués d'un mélange des doctrines des principaux cultes "mystérieux" : le panthéisme, le culte de la nature, le gnosticisme (qui est toujours une manifestation du satanisme, irréfutablement basé sur le gnosticisme, ou la connaissance des secrets du serpent), et l'hermétisme. C'est la menace de ces doctrines qui a amené le Christ à lancer son célèbre avertissement :

> "Méfiez-vous des faux prophètes, qui viennent à vous en habits de brebis, mais qui, intérieurement, sont des loups ravisseurs. Vous les reconnaîtrez à leur fruit. Les hommes cueillent-ils des raisins sur des épines, ou des figues sur des chardons ?" (Matthieu 7, 15-16).

L'humanisme est le loup déguisé en brebis. Il vient annoncer sa compassion pour l'humanité, sa préoccupation pour les sans-abri et les pauvres, mais comme le dit le Christ, il faut les connaître par leurs fruits. Ne leur demandez pas ce qu'ils ont l'intention de faire. Renseignez-vous sur ce qu'ils font vraiment. Ainsi, vous n'essaierez pas de cueillir des raisins sur des épines ni des figues sur des chardons.

La philosophie hermétique remonte à Hermès Trismégiste, le nom grec du dieu égyptien Thot, le dieu de la sagesse et des lettres. Le nom lui-même signifie "trois fois armé", le précepte étant que celui qui possède plus d'informations que les autres bénéficie d'une plus grande protection. Francis Yates souligne dans *Giordano Bruno et la tradition hermétique* que :

> "la théorie de l'attraction universelle est la base de la magie. La matière hermétique par excellence est l'alchimie - la célèbre Tablette d'émeraude, la bible des alchimistes, est attribuée à Hermès."

Malgré les efforts des dirigeants chrétiens pour éradiquer l'hérésie, le Moyen-Âge est marqué par de nombreuses formes de superstition et de magie noire. Alors que les alchimistes cherchaient à transformer les métaux de base en or, une nouvelle dialectique du mysticisme, la Kabbale, devint une force puissante dans toute l'Europe. "Kabbale" signifie simplement transmission. Elle a été formulée dans le *Livre du Zohar*, écrit par le mystique juif Moïse ben Semtob de Léon en 1280 après J.-C. comme un midrash sur la loi fondamentale.

La légende veut que lorsque Dieu a donné la Loi à Moïse, il a également donné une seconde révélation quant à la signification secrète de la Loi. Pendant des siècles, il a été interdit d'écrire cette signification secrète ; elle a été transmise oralement à un groupe d'initiés choisis. Les "significations secrètes" sont à la base des cultes à "mystères". La théosophie est basée sur des significations secrètes ; ses doctrines sont directement tirées de la Kabbale, mais le livre le plus largement diffusé sur les cultes américains, *The Kingdom of the Cults* de Walter Martin, Bethany Press, 1965, dans le chapitre sur la théosophie, ne mentionne pas une seule fois la Kabbale.

Le *Livre du Zohar* est décrit comme un système théosophique basé sur les dix Séphiroth, ou émanations divines, et les vingt-deux lettres de l'alphabet hébreu comprenant les noms de Dieu. En 1492, l'expulsion des Juifs d'Espagne a dispersé des maîtres de la Kabbale dans toute l'Europe. Leurs doctrines ont produit l'école de philosophie la plus dominante de la Renaissance, l'école néoplatonicienne. Le néoplatonisme, à son tour, devint la source d'autres développements philosophiques, qui menèrent directement à la Réforme, aux Lumières et à l'Ère de la Révolution.

Le *Zohar* insiste sur la légende talmudique selon laquelle les démons sur terre sont nés d'un commerce sexuel entre les humains et les puissances démoniaques, créant des démons aussi connus que Lilith. C'est pourquoi les rites démoniaques mettent toujours l'accent sur les actes sexuels. Les Néoplatonistes ont été largement critiqués parce que beaucoup de leurs enseignants et de leurs étudiants étaient connus pour leur pratique de l'homosexualité.

Le néoplatonisme a combiné les écrits hermétiques avec le gnosticisme, le tout organisé sur fond de Kabbale. Il mettait l'accent sur l'illumination interne (un précepte qui a directement conduit au développement du culte des Illuminati en Allemagne), l'extase et la corrélation entre mysticisme et nationalisme. L'attrait du néoplatonisme pour ses adhérents était l'offre de "libération du soi" par l'expérience mystique. Ce système de philosophie a rapidement fait de la Renaissance la force culturelle dominante en Europe. Influencée par le Pléthon byzantin, elle trouve son apogée dans la carrière de Pic de la Mirandole. Dans la philosophie néoplatonicienne, l'âme a des affinités définies dans la sphère. La substance de l'âme est disposée autour de la sphère concentrique des quatre éléments au-dessus du ciel ardent.

Comme dans le cas de Platon, cette école de philosophie était considérée comme ayant un pouvoir d'attraction sur l'ordre en place, et elle fut bientôt mise en service. Le plus puissant banquier de la Renaissance, Cosimo de Medici, chef de la "noblesse noire" des Guelfes en Italie, a financé l'Accademia Platonica à Florence au cours du XVᵉ siècle. Grâce à ce soutien financier et politique, le néoplatonisme a rapidement été accepté. En 1486, Pic de la Mirandole présente à l'Accademia 900 thèses sur cette nouvelle philosophie ; 72 de ces thèses sont des concepts kabbalistes évidents. Della Mirandola était un célèbre érudit connaissant parfaitement l'hébreu. Il a basé une grande partie de la philosophie du néoplatonisme sur ses études dans ce domaine. En mettant l'accent sur un univers centré sur l'homme, il est crédité d'avoir anticipé la philosophie existentialiste du

XXᵉ siècle. Della Mirandola a été remplacé à l'Académie par Johann Reuchlin, qui est devenu célèbre pour son développement du "kabbalisme chrétien", c'est-à-dire une version chrétienne de la Kabbale. Il est également devenu une figure majeure de la diffusion de la doctrine néoplatonicienne. Plus tard, connue plus simplement sous le nom d'"humanisme de la Renaissance", le néoplatonisme ou la Kabbale chrétienne ont souvent exclu de leur philosophie la croyance en Dieu. Sa principale thèse était la théorie kabbalistique selon laquelle la matière (ou la vie) est essentiellement imparfaite, et provoque donc le désordre dans un monde par ailleurs parfait. La République de Platon a également cherché à "corriger" les imperfections de la société en créant une nation "parfaite", dont la perfection devait être protégée et soutenue par une dictature ; cela est devenu le fondement de tous les futurs projets "utopique", le plus connu d'entre eux étant le communisme. Marx proclamait que lorsque cet état de perfection serait atteint, l'État dépérirait et ne serait plus tenu d'exercer des pouvoirs dictatoriaux. Cependant, aucun État communiste n'a encore atteint cet état de perfection. C'était le but de la perfection qui a pris naissance dans une répulsion contre le processus de la vie ; à cause de cette répulsion, les "humanistes" n'ont eu aucun scrupule à assassiner soixante-six millions d'êtres humains en Russie soviétique. C'était le résultat du "mariage parfait" du néoplatonisme avec la Kabbale et les préceptes orientaux du gnosticisme, une union basée sur la négation du rôle ordonnateur de Dieu dans l'univers.

La combinaison de la haute finance, en la personne des Médicis, et du néo-platonisme, qui offrait la possibilité d'un contrôle illimité du comportement, a créé une situation qui a été mise à l'ordre du jour pour les Cananéens dans leur lutte continue contre le peuple de Sem. Plotin et son élève, Porphyre, avaient développé l'aspect fondamental du néo-platonisme, à savoir que le Principe premier et source de la réalité, l'Unique, ou le Bien, transcende l'être et la pensée, et est naturellement inconnaissable.

Le gnosticisme commence toujours par le précepte que certaines choses sont "inconnaissables", mais que leurs significations cachées peuvent être révélées à un groupe choisit qui a suivi les rites d'initiation appropriés. Ainsi, la doctrine du néoplatonisme est devenue le véhicule idéal pour le nouveau sacerdoce séculier mondial, les héritiers des rites de Baal, mais revêtus maintenant des vêtements culturels de la Renaissance, et plus tard, des Lumières. Sa phase finale a été celle des Illuminati, la secte secrète qui dirige la franc-maçonnerie.

L'*Oxford English Dictionary* définit l'humanisme comme le fait de se préoccuper d'intérêts purement humains, par opposition au divin. Dans les Notes, nous trouvons :

> "1716 ; M. Devion Athen. Brit. 170, "Leur jésuite se vantant d'un monopole et d'une tyrannie sur les écoles humanistes."

Parce que l'humanisme était basé sur le relativisme de Protagoras, il s'est développé successivement dans la Renaissance, la Réforme, les Lumières, le Marxisme, et le Freudisme ... Le freudisme a ensuite développé ses propres ramifications du féminisme, de la bisexualité et de la culture de la drogue. L'humanisme est devenu la force motrice du développement du socialisme et du fabianisme en Angleterre et aux États-Unis. Ses principaux propagandistes ont pris soin d'établir que l'humanisme était basé sur l'athéisme, l'amoralité et un État socialiste mondial unique. Corliss Lamont, le fils d'un associé du cabinet J. P. Morgan Co. devient le principal porte-parole de l'humanisme aux États-Unis.

Il déclarait :

> "Une civilisation véritablement humaniste doit être une civilisation mondiale."

Il a rédigé une cérémonie de mariage humaniste qui est maintenant largement utilisée pour remplacer le rite chrétien traditionnel.

En 1953, un Manifeste Humaniste officiel paraît. Il stipule que

(I) l'univers existe par lui-même et n'est pas créé ;

(2) l'homme est pur de nature (le bon sauvage, tel que défini par Rousseau, le précurseur de la Révolution française) ;

(3) la science moderne fournit la seule définition acceptable de l'univers ou des valeurs humaines ;

(4) exclure toute explication surnaturelle de l'univers ou des valeurs humaines ;

(5) la fin de la vie est la réalisation complète de la personnalité humaine par le libéralisme et l'éducation libérale.

L'accent mis sur le "développement de la personnalité" n'est devenu effectif qu'après la destruction des valeurs traditionnelles. Les gens ne savaient plus qui ils étaient ni quel pouvait être le but de leur vie. Ils étaient alors mûrs pour l'école de la "personnalité", c'est-à-dire des propagandistes humanistes qui pouvaient les recruter pour des "styles de vie alternatifs" où l'homosexualité, et le programme de la révolution communiste seraient les objets principaux de leurs "études". L'humanisme fournit également la justification absolue de l'intervention oppressive des fonctionnaires libéraux dans tous les aspects de la vie des citoyens. Notre liberté et nos droits personnels viennent directement de Dieu ; aucun gouvernement ne peut ni les accorder ni les retirer ; il ne peut que les administrer. La doctrine de l'humanisme, en niant le rôle de Dieu dans les affaires de l'humanité, ouvre la porte à un État cabalistique se permettant de retirer tous les droits de l'homme, et ainsi mettre en place un goulag soviétique, ou camp de concentration mondial. Cela assurerait la victoire finale des Cananéens sur le peuple de Sem, consacrant la haine qui est au cœur de la philosophie humaniste pour l'exercice de leur pouvoir absolu sur leurs adversaires historiques.

Les principales agences de l'humanisme aux États-Unis sont centralisées dans un petit groupe de fondations de plusieurs milliards de dollars qui ont été créées pour subvertir la République américaine. Dans *L'Ordre Mondial*[12], j'ai retracé l'histoire de ces fondations jusqu'au Peabody Fund, le principal

---

[12] Voir *L'Ordre Mondial – Nos dirigeants secrets, une étude sur l'hégémonie du parasitisme.* Publié par Omnia Veritas Ltd - www.omnia-veritas.com

pouvoir établi par les marchands de tapis au sein des États conquis du Sud après 1865. Peabody, un Américain qui s'est secrètement affilié à la maison bancaire Rothschild à Londres, a fondé sa propre maison bancaire, Peabody and Co, qui est devenue plus tard J. P. Morgan & Co. Son relais, le Peabody Fund, travaillait en étroite collaboration avec les forces militaires fédérales qui ont maintenu leur occupation des États du Sud jusqu'en 1877, est devenu plus tard le General Education Board. Plus tard encore, il fut absorbé par la Fondation Rockefeller. Depuis la Seconde Guerre mondiale, au moins quatre secrétaires d'État ont été présidents de la Fondation Rockefeller, dont John Foster Dulles, Dean Rusk, Cyrus Vance et Henry Kissinger (ce dernier était également administrateur).

Les fondations humanistes utilisent leurs milliards exonérés d'impôts pour infiltrer et contrôler l'éducation, la religion et le gouvernement américains. Les responsables humanistes des fondations après avoir subi un lavage de cerveau prolongé dans les filiales de l'Institut Tavistock (lui-même une branche du Département de la Guerre Psychologique de l'armée britannique) sont complètement endoctrinés dans le programme cananéen de contrôle du monde. Ainsi, Dean Rusk, qui était d'une vieille famille de Géorgie, lorsqu'il a été informé par ses contrôleurs de l'Ordre Mondial qu'il devait marier sa fille à un homme noir, a convoqué avec enthousiasme une conférence de presse pour annoncer l'heureux événement.

De façon surprenante, les grandes fondations américaines sont le fait d'un seul homme, un membre des Illuminati allemands nommé Daniel Coit Gilman. Dans le dossier *Brotherhood of Death* se trouve une lettre du groupe allemand adressée à Gilman. Gilman avait été vice-président du Peabody Fund et d'un autre fonds d'investissement appelé le Slater Fund, qui contrôlait la politique du Sud après la guerre civile. Gilman a rencontré Frederick T. Gates, le directeur des "entreprises caritatives" de John D. Rockefeller, et a créé une nouvelle fondation pour eux en 1898, appelée le Southern Educational Board, qui a fusionné les fonds Peabody et Slater. Cette fondation fut encore plus centralisée lorsque Gilman conseilla à Rockefeller de l'appeler le General Education Board, une décision remarquable qui signifiait que son but n'était pas seulement de contrôler l'éducation dans le Sud, mais dans l'ensemble des États-Unis. Elle opère désormais sous le nom de The Rockefeller Foundation. En plus d'être membre du General Education Board, Gilman a également été le fondateur du Carnegie Institute, dont il est devenu le premier président, et de la Russell Sage Foundation. En 1856, Gilman avait créé le Russell Trust à l'université de Yale avec Andrew White et Timothy Dwight. Ce groupe est connu sous le nom de "Skull and Bones" en raison des symboles qui représentent ces attributs mortuaires. Il est également connu sous le nom de "Fraternité de la mort", car ses membres comprennent de nombreux hommes de premier plan aux États-Unis, les planificateurs de la guerre, de la paix, de la révolution et des calamités financières. Parmi eux, on trouve le regretté W. Averell Harriman et de nombreux membres de sa société bancaire, la Brown Brothers Harriman, tels que Prescott Bush et son fils, George Bush, le vice-président des États-Unis ; l'infatigable propagandiste William Buckley, et bien d'autres.

Les trois fondateurs du Russell Trust ont exercé une profonde influence sur notre système éducatif ; Dwight est devenu président de Yale ; White a été le premier président de Cornell ; et Gilman est devenu président de l'université de Californie, puis de l'université Johns Hopkins, où Woodrow Wilson est passé sous son influence.

La Fondation Russell Sage, également fondée par Gilman, a joué un rôle important en coulisses aux États-Unis pendant de nombreuses années. Frederick A. Delano, l'un des fondateurs, héritier de la fortune de son père dans le domaine de l'opium, était membre du premier conseil des gouverneurs de la Réserve fédérale en 1914 ; il a ensuite été nommé président de la Banque de la Réserve fédérale de Richmond par son neveu, Franklin Delano Roosevelt. Un autre directeur de la Fondation Russell Sage, Beardsley Ruml, a été président de l'influente Federal Reserve Bank of New York, qui est la banque qui contrôle le marché monétaire du dollar. Il a également infligé au peuple américain la retenue de l'impôt sur le revenu pendant la Seconde Guerre mondiale en tant que mesure d'"urgence". L'urgence semble être toujours d'actualité. Nous pourrions continuer pendant de nombreuses pages, en détaillant l'énorme influence des fondations humanistes sur tous les aspects de la vie américaine. Elles sont les seules responsables de la mise en œuvre du contrôle croissant du gouvernement sur chaque citoyen, car chaque plan pour un contrôle accru et des taxes plus élevées est rédigé par les fondations, dont les employés les présentent ensuite à nos membres du Congrès qui font en sorte qu'ils soient presque automatiquement promulgués comme loi. Parce que nous ne comprenons pas l'influence démoniaque et l'origine de ces révolutionnaires humanistes dans les autels fumants des sacrifices humains à Babylone, nous ne sommes pas en mesure de nous protéger contre leurs déprédations. Pourtant, les preuves existent, et elles sont disponibles si nous voulions nous donner la peine de les utiliser.

En 1876, un article sur la société du Crâne et des Os[13] est paru à Yale, qui se vantait d'avoir fait une intrusion clandestine dans les locaux sacro-saints de l'Ordre. Sur l'un des murs se trouvait une gravure représentant une chambre forte ouverte, quatre crânes et d'autres objets. Au-dessous, une carte avec la mention suivante : "Du chapitre allemand. Présentée par le Patriarche D. C. Gilman de D. 50." Le terme de Patriarche est un titre de base pour les fonctionnaires des Illuminati et de la franc-maçonnerie. Cependant, on aurait tort de conclure à partir de cette découverte que "Skull and Bones" n'est qu'un autre chapitre de la franc-maçonnerie. C'est l'un des degrés supérieurs secrets par lequel les Illuminati exercent leur pouvoir mondial, mais il n'a aucun lien direct avec un groupe de francs-maçons.

---

[13] Les fameux Skull and Bones, NDT.

CHAPITRE 4

L'ANGLETERRE

Les Cananéens, ou Phéniciens ont utilisé leur commandement de divers monopoles pour obtenir le contrôle du commerce de toute la zone méditerranéenne. Ayant établi leurs bases le long des rives de la Méditerranée, ils constatèrent que le quartier général le plus central de toutes leurs opérations se trouvait sur la mer Adriatique. C'est là qu'ils fondèrent la ville de Venise (Phénicie) en 466 après J.-C. En raison de sa situation unique et du dévouement des Cananéens à la poursuite de l'argent et du pouvoir, elle devint rapidement le poste de commandement du commerce mondial.

Le recensement de 1152 montre qu'il y avait environ 1300 Juifs à Venise ; ils payaient une taxe de cinq pour cent sur leurs opérations de prêt d'argent. Ils étaient également actifs en tant que courtiers en marchandises diverses. En 1366, ils obtinrent le droit de résider à Venise même ; avant cette date, il leur était interdit de résider dans la ville, car ils étaient contraints de vivre à l'écart sur le continent. Ils percevaient habituellement de dix à vingt pour cent sur les prêts. En raison des grandes possibilités commerciales de Venise, ils affluaient de nombreuses régions du monde. En 1492, après leur expulsion d'Espagne, de nombreux Juifs et Marranes s'installèrent à Venise. La diaspora vénitienne fut alors divisée en trois groupes : les Allemands, appelés Tudeschi, ceux qui venaient du levant, les Levantini, et les occidentaux furent désignés sous le vocable de Ponantini.

En 1797, l'occupation française a ouvert les portes du ghetto. Napoléon prend alors le pouvoir et établit son royaume italien, de 1805 à 1814, qui leur donne de nouveaux droits. Pendant la Révolution de 1848, Kastein rapporte dans son *Histoire des Juifs* que la Venise révolutionnaire était dirigée par Daniel Manini et deux autres Juifs.

Les Vénitiens ont toujours été connus comme des maîtres de l'intrigue ; ils ont aidé les Turcs dans leur conquête de Constantinople en 1453, qui a mis fin au règne de douze cents ans des empereurs de Byzance. Les Turcs ont été choqués par la rapacité des Vénitiens, qui ont emporté une grande partie des légendaires trésors artistiques, de l'or et des bijoux de la ville. Après être retournés chez eux avec cet incroyable butin, les Vénitiens ont activement contesté le contrôle de la Méditerranée par les Turcs, les combattant continuellement de 1453 à 1718. Venise était devenue le siège d'une bande d'entrepreneurs impitoyables qui achetaient leur ascension sociale en acquérant des titres de noblesse ou en les créant même de toutes pièces, en se construisant de splendides demeures et collectionnant les trésors artistiques de l'Europe. Ils finançaient leur nouveau style de vie avec les sommes énormes qu'ils tiraient du commerce, de la piraterie et des prêts d'argent.

À partir de 1171, ce groupe est connu dans toute l'Europe sous le nom de "noblesse noire", car il est d'origine cananéenne, par opposition à la noblesse à peau claire des descendant de Sem. La noblesse noire s'est progressivement infiltrée dans les familles nobles des dynasties régnantes de l'Europe ; aujourd'hui, elle constitue la majeure partie de la royauté européenne encore sur leurs trônes actuels.

En raison de leur caractère impitoyable, les Vénitiens ont acquis une réputation mondiale d'arbitres internationaux des intrigues, des révolutions, des empoisonnements et autres formes d'assassinat. Ils conspiraient souvent pour mettre en faillite tout opposant et étaient connus pour violer cruellement les filles de quiconque, dans l'oligarchie, osait s'opposer à eux. À partir de Venise, ils se sont rapidement répandus vers le nord comme une nouvelle forme de peste, en créant des entreprises et des établissements bancaires dans les villes du nord de l'Italie. Ils achetèrent de nouveaux titres de noblesse et se marièrent avec des familles pauvres de la vieille aristocratie. À Florence, la famille la plus importante était celle des de Médicis, qui utilisèrent leur richesse pour fonder une Accademica qui fut chargée alors d'imposer l'humanisme au monde entier. Les de Médicis firent de Florence le centre européen de la noblesse noire, ou Guelfes, comme on les appelait alors.

La noblesse noire a également établi des liens étroits avec les familles dirigeantes d'Angleterre, par l'intermédiaire des familles Savoy et Este. Les Savoy ont régné sur l'Italie de 1146 à 1945. La famille Este a régné sur Ferrare du XIIe siècle jusqu'à l'unification de l'Italie en 1860. Pierre, le neuvième comte de Savoy, a marié sa nièce, Aliénor, au roi Henri III d'Angleterre, et est ainsi devenu son conseiller privé. Le roi Henri lui accorda de grands domaines, avec le titre de comte de Richmond. Pierre fit venir d'autres membres de la noblesse noire pour épouser des nobles anglais, dont Richard de Burgh et le comte de Lincoln. Le frère cadet de Peter, Boniface, fut nommé archevêque de Canterbury. Pierre mourut en 1268.

Les fondateurs des dynasties européennes qui ont duré jusqu'au XXe siècle furent Rupert, comte de Nassau, qui est mort en 1124, et Christian, comte d'Oldenbourg, qui est mort en 1167. Des de Rupert sont issus la ligne Hesse-Darmstadt, la ligne Hesse-Cassel, les ducs de Luxembourg, les Battenberg, le prince d'Orange et de Nassau, et les rois des Pays-Bas. De Christian sont venus les rois du Danemark et de Norvège, la dynastie des Schleswig-Holstein et des Hanovre, qui sont devenus rois de Grande-Bretagne à partir de 1717 jusqu'à nos jours. Parmi les nobles noirs, on trouve également les ducs de Normandie, les Angevins et les Plantagenêts, qui devinrent les rois Tudor et Stuart d'Angleterre, les Saxe-Cobourg et les Wittelsbach.

La lignée de Hanovre a toujours été très impliquée dans la franc-maçonnerie. Les Hanovre sont devenus rois d'Angleterre en 1717 la même année que celle où fut créée la première Grande Loge d'Angleterre. La Compagnie des Maçons avait été établie en Angleterre en 1376 à Londres et avait obtenu une concession d'armes du Roi Henry VIII en 1472 ; elle fut incorporée par le Roi Charles II en 1677. Mais c'était la maçonnerie de guilde, les constructeurs, qui a été reprise en 1717 par la "Maçonnerie spéculative", et qui a par la suite ouvert les groupes aux membres d'autres professions. Un poème est paru à Londres en 1723, *The Freemasons; a Hudibrastic Poem*, qui relatait :

> "Si l'histoire n'est pas une fable ancienne, les francs-maçons remontent à la Tour de Babel."

La tradition voulait qu'un membre de la famille royale, ou une personne ayant des liens étroits avec le palais de Buckingham soit nommé Grand Maître des Loges anglaises. À partir de 1782, le Duc de Cumberland, le Prince de Galles et le Duc du Sussex sont devenus des grands maîtres. Le Duc du Sussex est le deuxième fils du Roi George II ; il épousa Louise, la fille du roi de Prusse. Il a ensuite eu deux enfants de sa maîtresse. Ils prirent le nom de famille d'Este. La reine Victoria a toujours été fière de ses liens avec la maison d'Este, qui avait débuté comme maison d'Azoll.

La Maison de Windsor est aujourd'hui la plus grande famille de monarques régnants au monde. Ils représentent le triomphe final de la faction guelfe, ou noblesse noire, point culminant de la quête de pouvoir des Cananéens. Leur ascension a été continue depuis le XIIIᵉ siècle, lorsqu'ils ont vaincu leurs plus puissants adversaires, la dynastie teutonique des Hohenstaufen, connue sous le nom de faction gibeline. Ils avaient été nommés d'après l'un des fiefs des Hohenstaufen, Weiblingen. Frédéric Iᵉʳ, Barberousse, à la tête des Hohenstaufen, avait étendu son règne au nord de l'Italie, où il fut surpris par la contestation d'une force inattendue de la faction guelfe. La lutte, qui dura plus d'un siècle, fut remportée par la faction de la basse noblesse des Guelfes en raison de sa force au sein de la classe marchande montante ; les Gibelins, ou les membres de la haute noblesse continuèrent à être les chevaliers à cheval, refusant de souiller leurs mains par le commerce. Les Gibelins régnaient sur les villes du nord de Sienne, Milan et Pise, tandis que la force des Guelfes était concentrée à Florence et à Farrara. Otton IV de Guelphe poursuivit la lutte contre Philippe de Souabe, un Hohenstaufen, mais les Hohenstaufen se trouvèrent dépassés en nombre par les forces de la Ligue des villes rhénanes, une alliance de marchands qui parvint à réunir de grosses sommes pour équiper les condottieri. À la fin du XVe siècle, les Guelfes avaient triomphé.

Alfonso Ier d'Este a épousé Lucrèce Borgia. Sa sœur, Marie de Modène, épousa Jacques II d'Angleterre, faisant entrer la lignée des Este dans la famille royale anglaise.

Les Gibelins étaient favorables à un pouvoir central fort et de nature impériale, tandis que les Guelfes se faisaient les promoteurs d'une forme de pouvoir décentralisé au service des "Droits de l'Homme", une devise qui devint plus tard leur cri de ralliement pour leur accession au pouvoir.

Au XXe siècle, les héritiers survivants des factions guelfes et gibelines se sont affrontés au cours de deux guerres mondiales. L'Allemagne était devenue une puissance mondiale grâce aux qualités et à la discipline militaire des Gibelins prussiens. En 1866, Bismarck, pour atteindre son objectif d'unification de l'Allemagne, avait dépossédé un certain nombre de princes allemands de leurs biens. Le duc de Nassau et l'électeur de Hesse ont formellement renoncé à leurs prétentions ; seuls les princes de Hanovre, héritiers du trône de Brunswick, ont refusé de renoncer à leurs possessions. Pendant des décennies, les Hanovre se considérèrent en guerre avec la Prusse. En effet, deux guerres mondiales ont eu lieu, en partie à cause du ressentiment persistant de la famille régnante d'Angleterre contre la résistance de l'Allemagne à leur domination. Il est intéressant de noter que les Hanovriens victorieux ont veillé à ce qu'une Allemagne vaincue soit divisée en deux petits pays militairement occupés après la Seconde Guerre mondiale, ce qui constituait la vengeance finale des vainqueurs.

Le calvinisme, qui a exercé une forte influence en Angleterre au XVIe siècle, a capitalisé sur la puissance croissante de la flotte marchande et de la noblesse noire, dont l'occupation principale était centrée sur le prêt d'argent. Contrairement aux institutions religieuses précédentes, qui avaient mis l'accent sur l'austérité et les vœux de pauvreté, cette nouvelle doctrine religieuse soulignait que la perception d'intérêts sur les prêts et l'accumulation de richesses était la nouvelle façon d'accomplir le travail du Seigneur. C'était une révélation bienvenue pour la classe marchande croissante de savoir que Dieu voulait vraiment qu'elle devienne riche. "Enrichissez-vous !" est devenu le nouveau cri de guerre qui a balayé l'Europe au fur et à mesure que les Cananéens construisaient de grands empires commerciaux. Le prophète de cette nouvelle révélation divine était un certain Jean Cauin de Noyons, en France. Il avait fait ses études au Collège du Montagu, où Loyola, fondateur de la secte des Jésuites, avait également étudié. Cauin s'est ensuite installé à Paris, où il a passé ses examens avec les Humanistes de 1531-32.

Pendant son séjour à Paris, il était connu sous le nom de Cauin. Il s'est ensuite installé à Genève, où il a formulé la philosophie connue aujourd'hui sous le nom de calvinisme. D'abord connu à Genève sous le nom de Cohen (la prononciation habituelle de Cauin), il a anglicisé son nom en Jean Calvin. Ce mouvement religieux était basé sur une interprétation juive littérale des Dix Commandements, de la philosophie de l'Ancien Testament et de l'interdiction des images gravées. Les premiers disciples du calvinisme étaient connus sous le nom de "chrétiens hébraïques". Outre le prêt d'argent, l'avènement du calvinisme a rendu possible la grande expansion des Juifs dans d'autres domaines du commerce européen. Pour cette réalisation, l'Encyclopédie Juive honore Calvin en déclarant : "Calvin a été une bénédiction pour les Juifs."

Rétrospectivement, le calvinisme peut être considéré comme un autre des mouvements cananéens qui ont périodiquement balayé l'Europe, créant des complots révolutionnaires qui ont ensuite été exportés dans d'autres pays. Ce n'est pas un hasard si, avec l'avènement de Calvin, la Suisse est devenue le centre bancaire privé du monde, ou si les complots révolutionnaires successifs ont été à la fois initiés et financés depuis la Suisse. Même Lénine a trouvé refuge en Suisse pendant ses années de réflexion sur les techniques qui lui permirent de s'emparer de la Russie en se débarrassant définitivement de la dynastie des Romanov, qui avait dirigé cette nation pendant mille ans. L'exhortation bienvenue du calvinisme à amasser plus d'argent a été contrebalancée dès le départ par le fait qu'il s'agissait d'un système brutal et tyrannique fonctionnant sur la base du despotisme oriental, révélant à nouveau ses origines cananéennes. Le peuple de Sem ne croit jamais qu'il faille forcer qui que ce soit à faire quoi que ce soit ; c'est une base de leur loi ; ils croient que, par instinct naturel, les gens feront toujours ce qui est juste. Les Cananéens, par contre, toujours conscients de la malédiction qui pèse sur leur peuple et de l'ordre que Dieu a donné aux enfants d'Israël de les exterminer, réalisent que leur survie dépend de l'emploi des mesures les plus brutales. Le calvinisme est, en cela, resté fidèle à lui-même.

En novembre 1541, Calvin publie ses Ordonnances ecclésiastiques, un ensemble d'instructions qui imposent une discipline absolue à tous les citoyens. Les ordonnances de Calvin imposaient la peine de mort à tout opposant ; son principal critique, Jacques Gruet, fut décapité pour blasphème ; un autre opposant religieux, Michael Servetus, fut brûlé sur le bûcher. D'autres critiques ont été torturés et décapités. Calvin encouragea l'incinération des sorcières et appliqua impitoyablement ses ordonnances, créant ainsi la théocratie la plus tyrannique et la plus autocratique d'Europe.

L'importation du calvinisme en Angleterre a été calculée pour creuser un fossé entre l'Église et l'État. L'Église d'Angleterre traditionnelle avait pour chef titulaire le roi. La propagande de division du calvinisme a conduit au triomphe de Cromwell et au remplacement des Rois de la lignée Stuart par la Maison d'Orange-Nassau. La première victime de cette purge fut le roi Charles Ier, qui fut décapité par les conspirateurs. Les détails du complot ont été publiés des siècles plus tard dans un écrit de Lord Alfred Douglas *Plain English*, le 3 septembre 1921 :

"L. D. Van Valckert est entré en possession des volumes manquants des registres de la synagogue de Mulheim, perdus depuis les guerres napoléoniennes, qui étaient rédigés en allemand. Ces registres portent l'inscription, le 6 juin 1647, de O. C. à Ebenezer Pratt : "En échange d'un soutien financier, il préconise l'admission des Juifs en Angleterre, ce qui est cependant impossible du vivant de Charles. Charles ne peut pas être exécuté sans procès, pour lequel il n'existe pas de motifs adéquats à l'heure actuelle. Par conséquent, veillez à ce que Charles soit assassiné, mais nous n'aurons rien à voir avec le recrutement d'un assassin, bien que nous soyons disposés à l'aider dans sa fuite. La réponse est venue de Pratt le 12 juillet 1647 : "Il accordera une aide financière dès que Charles aura été expulsé et que les Juifs seront à nouveau admis. L'assassinat est trop dangereux. Charles devrait avoir la possibilité de s'échapper. Sa capture rendra alors possibles le procès et l'exécution. L'aide sera généreuse, mais inutile de discuter des conditions avant le début du procès."

Lord Alfred Douglas fut ensuite emprisonné pour avoir diffamé Winston Churchill dans son journal, ce que la plupart des hommes raisonnables considéreraient comme une faute.

Le complot s'est déroulé comme l'a décrit Pratt. Le 12 novembre 1647, le roi Charles "s'échappe". Il est repris et, lors de son procès, la Chambre siège toute la nuit du 5 décembre 1648, acceptant finalement que Charles négocie un accord selon les conditions qu'ils ont fixées. Cela a donné lieu à la célèbre Purge de Pryde. Cromwell, furieux que la Chambre n'ait pas prononcé la sentence d'exécution, écarta tous les membres qui avaient favorisé un accord avec Charles. Les cinquante membres qui restèrent furent connus sous le nom de "Parlement croupion". Ils avaient usurpé le pouvoir absolu. Ils ont ensuite proclamé une Haute Cour de Justice le 9 janvier 1649. Elle était composée de recruteurs pour l'armée de Cromwell. L'agent de Manasseh ben Israël en Angleterre, Isaac Dorislaus, établit l'acte d'accusation contre le roi Charles. Manasseh ben Israel, qui avait envoyé les fonds d'Amsterdam pour la révolution de Cromwell, est nommé "Cromwell's English Intelligencer"[14] par l'*Encyclopaedia Judaica*. Le 30 janvier 1657, le roi Charles est décapité à Whitehall.

Cromwell ne vécut pas assez longtemps pour profiter de son triomphe. Il mourut en 1661, ce qui permit au roi Charles II de regagner le trône. Nombre des révolutionnaires les plus dévoués

---

[14] "L'éminence grise de Cromwell", une sorte de Jacques Attali de l'époque en somme… NDÉ.

de Cromwell ont émigré dans les colonies américaines, où ils ont exercé une influence pernicieuse depuis lors. Les Cromwell ont été l'inspiration principale du mouvement abolitionniste qui a précipité la guerre de Sécession ; ils ont été les acteurs de nombreux autres désastres aux États-Unis.

Comme Charles II était maintenant sur le trône d'Angleterre, les banquiers d'Amsterdam provoquèrent une grande dépression financière en Angleterre en 1674. Les troubles instigués par cette évolution ont ouvert la voie à l'accession au trône d'Angleterre de la maison de Nassau. L'Angleterre fit la paix avec son ennemi juré, la Hollande, en 1677. Dans le cadre de cet accord, Guillaume d'Orange épousa Marie, fille du duc d'York, qui devint le roi Jacques II à la mort de Charles II en 1685. Jacques devient alors le seul obstacle à l'accession de Guillaume au trône d'Angleterre. Les banquiers d'Amsterdam lancèrent alors une campagne frénétique de corruption des principaux partisans aristocratiques du roi Jacques II. Le premier à succomber fut le duc de Marlborough, John Churchill, ancêtre de Winston Churchill. En tant que chef de l'armée, le soutien de Marlborough était crucial. Il accepta des pots-de-vin de quelque 350 000 livres de la part des juifs Medina et Machado. Le suivant fut Lord Shrewsbury (Charles Talbot) qui avait occupé de hautes fonctions sous le règne de Charles II et de Jacques II. Voyant que le vent tournait, des personnalités telles que Sidney Godolphin, le duc de Sunderland et la duchesse de Portsmouth firent secrètement allégeance à ceux qui étaient favorables à l'adhésion de Guillaume d'Orange.

Pendant ce temps, Jacques II semblait ignorer la trahison qui l'entourait. Marlborough signe même un nouveau serment de fidélité à Jacques le 10 novembre 1688. Le 24 novembre, il rejoint les forces de Guillaume d'Orange.

Parmi les membres de la force d'invasion de Guillaume se trouvait Lord Polwarth, dont le descendant, l'actuel Lord Polwarth, est très connu dans les milieux bancaires et industriels américains et anglais ; Hans Bentinck, un Hollandais qui avait soigné Guillaume pendant une crise de variole ; il a donné le nom du roi à son fils Guillaume. Le comte de Devonshire était en correspondance secrète avec lui à La Haye ; Devonshire a accepté de livrer toute la région des Midlands à Guillaume, après avoir signé une lettre historique l'invitant à prendre le trône d'Angleterre. Dans les années 1930, son descendant, le Duc de Devonshire, travaille brièvement pour J. P. Morgan à New York ; Morgan le qualifie souvent de "Lord Useless"[15]. L'héritier des domaines du Devonshire a épousé Kathleen Kennedy, fille de Joseph P. Kennedy. Il a été tué au combat pendant la guerre. Les Devonshire sont maintenant confrontés à la perspective gênante d'une revendication des Kennedy sur leurs domaines ancestraux. Le problème a été résolu lorsque Kathleen Kennedy a été tuée dans un accident d'avion alors qu'elle s'envolait pour la France pour un rendez-vous au champagne avec son amant.

Aujourd'hui roi d'Angleterre, Guillaume III a nommé Bentinck premier comte de Portland. Le deuxième duc a épousé la fortune des Cavendish ; le troisième duc devint gouverneur général de l'Inde et entra dans les livres d'histoire lorsqu'il abolit la pratique du suttee en 1829. Ceux qui ont aidé à l'invasion de Guillaume d'Orange ont été bien récompensés ; depuis, ils sont les familles les plus riches d'Angleterre. Le premier ordre du jour fut de créer la Banque d'Angleterre en 1694, mission pour laquelle Guillaume avait été soutenu par les banquiers d'Amsterdam. Cela fit de la cause cananéenne une véritable puissance mondiale. Le couronnement de Guillaume a placé le trône d'Angleterre entre les mains de la noblesse noire, où il est resté depuis lors. Lord Shrewsbury devient l'un des premiers actionnaires de la Banque d'Angleterre, investissant dix mille livres. Il prédit avec enthousiasme que la Banque d'Angleterre ne financerait pas seulement le commerce, mais qu'elle porterait aussi le fardeau de ses guerres, prédiction qui s'avéra exacte. Comme aucune faction révolutionnaire ne pouvait obtenir de financement après que la Banque d'Angleterre eut pris le contrôle de la monnaie du royaume, il n'y a jamais eu de nouvelle guerre civile ni de révolution en Angleterre. La ligne Cavendish-Bentinck, comme d'autres qui ont soutenu Guillaume, a toujours

---

[15] Le Lord inutile, NDT.

prospéré. Le duc actuel a épousé une Mme Quigley du Kentucky et est directeur de la firme de Rothschild, Rio Tinto. Pendant la Seconde Guerre mondiale, il a été président de l'état-major interarmées (dans le renseignement).

Les seigneurs écossais étaient restés fidèles à Jacques II sauf l'un d'entre eux ; le premier à plier le genou devant Guillaume était un certain Patrick Lyon. Il devint comte de Strathmore. La fille du quatorzième comte, Elizabeth Bowes-Lyon, est aujourd'hui la reine mère d'Angleterre.

Guillaume III eut bientôt les faveurs d'une belle maîtresse, Elizabeth Villiers ; il connut également une longue histoire d'amour avec un beau jeune noble, Arnold van Keppel, qu'il nomma comte d'Albemarle. À la mort de Guillaume III, deux personnes sont spécifiquement nommées dans son testament : le comte de Portland et le comte d'Albemarle. Tous deux reçurent d'importants legs de terres et de bijoux.

Les Cananéens s'assurent de récompenser ceux qui les servent bien. La carrière de John Buchan, qui a épousé Susan Grosvenor, est typique. Les Grosvenor (Duc de Westminster) sont la famille la plus riche d'Angleterre, possédant quelque six cents acres de biens immobiliers de premier ordre à Londres. Pendant trois ans, Buchan a été le secrétaire particulier de Lord Alfred Milner pendant la promotion de la guerre des Boers par Milner. Milner a également fondé la Round Table (l'organe dirigeant de l'actuel Council on Foreign Relations). Buchan est devenu un romancier largement publié et a été nommé gouverneur général du Canada. Il reçut le titre de Lord Tweedsmuir. Dans son autobiographie, *Pilgrim's Way*, Buchan mentionne en passant "les prophètes cachés qui se tiennent dans les coulisses d'une crise". Il n'offre aucune autre identification. Il écrit également :

> "J'ai rêvé d'une fraternité mondiale sur la base d'une race et d'une croyance communes, consacrée à la cause de la paix."

À travers ce fantasme apparemment inoffensif, il citait en réalité son dévouement à la conspiration cananéenne mondiale, avec son pseudoprogramme de "droits de l'homme", de fraternité mondiale et de paix mondiale, tout cela, en réalité, étant l'écran d'une tyrannie universelle imposée par les despotes cananéens.

La charte de la Banque d'Angleterre est le résultat d'un régicide et d'une conspiration internationale qui a réussi à s'emparer du trône d'Angleterre. Pourtant, John Buchan a écrit dans son autobiographie : "J'ai longtemps partagé l'opinion de Lord Rosebery qui le considérait [Oliver Cromwell] comme le plus grand des Anglais." Lord Rosebery avait été le premier des aristocrates anglais à se marier avec la famille Rothschild. On pouvait s'attendre à ce qu'il vénère le souvenir du seul régicide d'Angleterre.

Les Rothschild avaient utilisé le réseau européen des Illuminati comme courroie de transmission pour leur prise de contrôle rapide de la structure financière du continent. Ils utilisaient un certain nombre de stratagèmes, dont quelques-uns ont été révélés par Guy de Rothschild dans son livre *Contre bonne fortune* : la correspondance des Rothschild était toujours écrite en hébreu ; elle n'était jamais signée, de sorte que toute signature prétendant provenir de l'un des cinq frères était considérée comme un faux. Il rapporte :

> "Juste après la Première Guerre mondiale, le gouvernement français a dû emprunter des dollars. Ils ont contacté la Maison de Morgan, qui a cependant préféré traiter avec les Rothschild plutôt qu'avec un gouvernement."

Rothschild jubilait un peu ; il savait que la célèbre Maison de Morgan n'avait jamais été plus qu'un appendice du réseau Rothschild ; il avait reçu pour instruction de traiter avec la Maison de Rothschild. Il note également que "ma famille a toujours été l'un des principaux actionnaires du groupe britannique Rio Tinto... traditionnellement, la moitié du capital était française".

L'une des marques que les Rothschild ont laissées sur le monde était le traditionnel bouclier rouge de l'Armée du Salut. Au XIXe siècle, le baron Rothschild a commencé à donner des sommes considérables au général Booth à Londres, toujours par l'intermédiaire d'un représentant non identifié. Un jour, il est venu et a révélé qu'il était le mystérieux bienfaiteur. Il a déclaré qu'il continuerait ses dons, mais qu'il aimerait faire une suggestion. L'Armée du Salut pourrait attirer davantage l'attention si elle pouvait adopter un logo distinctif. Que suggéreriez-vous ? demanda le général Booth. "Je suppose qu'un bouclier rouge serait approprié, n'est-ce pas ?" répondit le baron Rothschild.

L'Armée du Salut a porté le bouclier rouge partout dans le monde.

L'une des principales agences du réseau Canaanite, tout comme le Rhodes Trust, a formé de jeunes hommes aux principes du programme Canaanite pour le pouvoir mondial pendant près d'un siècle. Cecil Rhodes était l'agent des Rothschild lorsqu'il a assuré leur contrôle sur les vastes réserves de diamant et d'or de l'Afrique du Sud. Ils exercent toujours leur contrôle par l'intermédiaire de DeBeers (pour les diamants) et de l'Anglo-American Corporation (pour l'or). Rhodes possédait lui-même des avoirs considérables ; à sa mort, Lord Nathan Rothschild est apparu en 1891 comme son unique fiduciaire. Ce contrôle fut ensuite étendu à d'autres membres de la Society of the Elect, R. H. Brand de la banque Lazard Frères, Sir Alfred Beit, un autre des millionnaires Rand, le comte de Rosebery, et Sir Alfred Milner. Ce groupe a non seulement créé le Rhodes Trust, mais il a ensuite financé le Royal Institute of International Affairs et sa filiale américaine, le Council on Foreign Relations.

Après avoir pris le contrôle de l'Angleterre, les Cananéens sont revenus à leurs pratiques traditionnelles de vénérateurs de démons. L'Angleterre a rapidement connu des cultes incarnant la sorcellerie, les messes noires et les rituels du sang. Le comte de Pembroke avait été l'un des premiers partisans de Guillaume d'Orange et un des fondateurs de la Banque d'Angleterre. La comtesse de Pembroke est devenue l'une des chefs de file des nouveaux "cultes à mystère", avec son frère, Sir Philip Sidney, qui a introduit le mysticisme dans la littérature anglaise avec la publication de sa *Faerie Queene* qu'il avait dédiée à sa sœur.

Humphrey, Duc de Gloucester, a également joué un rôle important dans les cultes des mystères. Il était issu de la noblesse noire, descendant des deux fils bâtards du duc de Normandie,

Richard l'intrépide. Les Gloucester ont suivi Guillaume le Conquérant en Angleterre.

Le mysticisme devint un thème dominant dans la littérature anglaise de cette période. Sir Philip Sidney a été fortement influencé par Hubert Languet, un intellectuel français qui a ouvertement embrassé les "Droits de l'homme" et ce qui est maintenant connu comme la "doctrine de la libération". Il s'est souvent exprimé sur le droit des peuples à l'insurrection armée et sur la légitimité de la résistance. Le père de Sir Philip, Sir Henry, avait été un protégé de la puissante famille Cecil ; il fut plus tard nommé président de l'Irlande.

L'œuvre de Shakespeare contient de nombreuses influences mystiques, les festivités de Prospero, etc. L'un des plus grands dramaturges anglais, dont l'œuvre est largement méconnue, est Christopher Marlowe. Il a écrit trois grandes pièces de théâtre, toutes consacrées à la révélation du culte du mystère : *Tamburlaine*, *Le Juif de Malte* et le *Dr Faust*. Après avoir terminé cette dernière œuvre, il est mort quelque peu mystérieusement, poignardé dans ce que l'on appela une querelle. *Le Juif de Malte* serait une dramatisation de la carrière du Dr Frederigo Lopez, ancien médecin du comte de Leicester. En 1593, Lopez est accusé d'avoir comploté pour empoisonner la reine Elizabeth ; il est exécuté par pendaison en 1594. Certains érudits soutiennent que la reine Elizabeth avait été secrètement mariée au comte de Leicester, Robert Dudley, et qu'ils ont eu deux fils, Sir Francis Bacon, qui avait été adopté par Sir Nicholas Bacon, et Robert, comte d'Essex. Le docteur Lopez aurait assisté à ces naissances ; son silence protégerait la succession au trône. D'autres affirment que Bacon est en fait l'auteur des pièces attribuées à William Shakespeare.

Sir Francis Bacon a introduit la "nouvelle philosophie" en Angleterre. Elle était basée sur la théorie de l'induction et sur la "pyramide des connaissances", deux concepts mystiques. Il s'agissait des principes de l'humanisme, tels qu'ils étaient énoncés sous une forme plus "scientifique" ou plus plausible. De 1350 à 1425, les guildes médiévales s'étaient éteintes par décret gouvernemental, en raison de la crainte de l'aristocratie de les voir réclamer des salaires plus élevés. Bacon a commencé à organiser la renaissance secrète de ces guildes, d'abord par le biais du mouvement Rose-Croix, qu'il aurait fondé, et plus tard par l'ordre des francs-maçons (spéculatifs) libres et acceptés. Les Rose-Croix, ou Chevaliers de la Rose-Croix arboraient le symbole d'une croix surmonté d'une rose. Le montant vertical était le symbole de la vie, la barre de la croix le symbole de la mort. On disait que le symbole de la rose signifiait, premièrement, le secret en toutes choses et deuxièmement, l'épanouissement des organes génitaux de la femme. Le culte était connu en Bohême dès 1615, où un alchimiste, le Dr John Dee, réunissait ses adeptes.

L'important ouvrage de Francis Yates, *La philosophie occulte à l'époque élisabéthaine*, fait remonter certains travaux de Bacon au Manifeste rosicrucien. Yates note que les pièces de Marlowe, avec leur examen impitoyable des forces derrière le mysticisme, ont peut-être été volontairement éclipsées par les œuvres plus mystiques de Shakespeare. *Le Juif de Malte* a abordé certains des secrets de cour les plus sensibles de l'ère élisabéthaine ; *Tamburlaine* est une pièce qui décrit un tyran saturnien de couleur noire (cananéen), qui constitue une diatribe contre le pouvoir dictatorial. C'est peut-être sa plus grande œuvre, mais elle a été écartée au profit du *Dr Faustus*. Cette pièce dépeint ouvertement le processus par lequel les Cananéens vénérateurs de démons, en tant qu'agents de Satan, s'allient avec le Diable en échange de richesses et de pouvoir terrestres. La pièce de Marlowe reprend le pouvoir des incantations et des chants, des formules magiques, et montre l'étude du Dr Faustus, qui est agrémentée des planètes et des signes du zodiaque. D'autre part, Shakespeare montre qu'il a été fortement influencé par des œuvres cabalistiques, comme *De Harmonica Mundi* de Georgio. Son *Marchand de Venise*, bien que fréquemment dénoncé pour son prétendu antisémitisme, est en fait un puissant plaidoyer pour la tolérance raciale à l'égard des juifs.

Dans des travaux plus récents, les universitaires anglais se donnent beaucoup de mal pour nier que Sir Francis Bacon ait jamais eu de lien avec le mouvement Rose-Croix ou les francs-maçons. Comme il s'agissait d'organisations très secrètes, il semble étrange que ces universitaires puissent être aussi affirmatifs dans leurs dénégations. Bacon, qui avait reçu le titre de vicomte de St Albans, devint le Lord Chancelier d'Angleterre. Il fut par la suite démis de ses fonctions en raison d'intrigues judiciaires menées par Lord Buckingham. La Royal Society of London a été fondée trente-quatre ans après la mort de Bacon ; en 1660, l'évêque de Rochester et les autres fondateurs ont rendu un hommage officiel aux œuvres de Bacon comme étant à la base de leur société.

L'*Oxford English Dictionary* propose quelques notes sur les cabalistes de cette période :

> "Scott Monast. ... Je doutais de l'existence des cabalistes et des Rosicrusiens" pensait le Sous-Prieur. 1891, Rosie Cross. "Il est communément admis... qu'il existe un lien étroit... entre les alchimistes et les Rose-Croix." W. Taylor, Monthly Mag. VIII 797, "Les disciples ... ont formé dans les églises un ordre ésotérique gnostique ou illuminé, plutôt que des congrégations."

Cette citation est importante, car elle montre que les Illuminati pénétraient dans les églises établies. La 9ème édition de l'*Encyclopaedia Britannica* identifie le chaînon manquant entre ces groupes comme étant Ignace Loyola, qui a fondé l'ordre des

Jésuites le 15 avril 1541, en la fête de l'Assomption, près de Rome ; cette date est donnée par certaines autorités comme étant 1534. Il avait auparavant été étudiant à Salamanque ; à partir de 1520, il était membre d'une secte des Illuminati basée à Salamanque appelée les Alumbrados ; en 1527, il a été jugé par une commission ecclésiastique en raison de son appartenance à cette secte ; il a été acquitté. Dans la Compagnie de Jésus, il a créé six degrés d'avancement, qui sont les mêmes que ceux de la franc-maçonnerie ; ses doctrines sont similaires à celles de la Mishnah juive.

Quatre Loges se sont réunies au Goose and Gridiron alehouse de Londres le 24 juin 1717 pour former la première Grande Loge d'Angleterre. Jacob Katz, dans son livre *Les Juifs et la Franc-maçonnerie en Europe*, indique que les membres initiaux comprenaient Mendez, de Medina, Alvarez et Baruch, dont la plupart étaient des Marranes. Sous le règne d'Élisabeth, les Rose-Croix s'étaient organisés en maçonnerie, peut-être sous la direction de Bacon. L'*Encyclopaedia Judaica* indique que le blason de la franc-maçonnerie anglaise a été conçu par Jacob Judah Leon Templo. 1717 est l'année où les Hanovre montent sur le trône d'Angleterre. Sous la direction du fils de George III, le Duc du Sussex, les loges rivales du rite "Ancien" et "Moderne" sont désormais réunies. Les membres de la Royal Society, qui avaient rendu hommage à Bacon, se joignirent aux maçons par l'intermédiaire du révérend John Desaguliers, deuxième Grand Maître d'Angleterre. Elia Ashmole est une figure importante dans le développement de la franc-maçonnerie anglaise. Non seulement il était une figure intellectuelle importante, mais il a également intégré les différents cultes à mystères dans le système de fonctionnement de la franc-maçonnerie. Ensemble, Lord Acton et Ashmole contrôlaient la politique étrangère de William Pitt, ainsi que la Royal Society of London, le précurseur du Royal Institute of International Affairs. Le nom d'Ashmole survit aujourd'hui sous le nom du prestigieux Ashmolean Museum à Oxford.

La croissance de la franc-maçonnerie en Allemagne illustre la puissance de la force cananéenne qui a porté les rois hanovriens au pouvoir en Angleterre. Son succès est centré sur la carrière d'Adam Weishaupt, né en 1748. À l'âge de vingt-deux ans, il est élu à la chaire de droit canon de l'université d'Ingolstadt ; ce poste est occupé sans interruption par des jésuites depuis 1750. Il a fondé l'Ordre des Illuminati le 1er mai 1776. Les autres fondateurs sont le duc de Brunswick, le grand-duc Ernest de Gotha et l'électeur de Hesse (dont la transaction avec le roi George III pour fournir des mercenaires hessois afin de vaincre les révolutionnaires américains est à l'origine de la fortune des Rothschild).

Le 16 juillet 1782, Weishaupt réunit officiellement l'Ordre des Illuminati et les Francs-maçons lors du Congrès de Wilhelmsbad. Ces groupes joints comptaient désormais plus de trois millions de membres, dont certains des hommes les plus puissants d'Europe. Weishaupt était l'homme de paille idéal pour cette organisation, en raison de sa capacité à formuler des idées et de son sens de l'organisation. Il écrivit :

> "Les Francs-maçons doivent contrôler tous les hommes de toute classe, nation et religion, les dominer sans contrainte évidente, les unir par un lien fort, leur insuffler l'enthousiasme nécessaire pour répandre des idées communes et, dans le plus grand secret et avec la plus grande énergie, les diriger vers cet objectif singulier dans le monde entier. C'est dans l'intimité des sociétés secrètes que les opinions se formeront." (Munich, 1765, cité par Barruel).

Loin d'être un idéaliste aux yeux scintillant ou un intellectuel fantasque, Weishaupt était soutenu dans son projet de puissance mondiale par de nombreux banquiers cananéens de premier plan en Europe : Moïse Mendelssohn en Allemagne, Daniel Itzig à Vienne, Friedlander, Mayer, Meyer Cerfbeer, Moïse Mocatta et les frères Goldsmid à Londres, ainsi que Benjamin et Abraham. Restant dans les coulisses des opérations de Weishaupt, tout en finançant généreusement la croissance de son mouvement, ils fonctionnaient secrètement comme le Conseil patriarcal souverain de Hambourg, la Loge juive suprême.

Jacob Katz, dans son *Jews and Freemasonry in Europe*[16], Harvard Press, 1970, affirme que les francs-maçons allemands sont issus de l'Ordre Asiatique, dont le riche banquier Daniel Itzig était le chef. Itzig était également le bailleur de fonds de Weishaupt. En 1811, la loge des francs-maçons de Francfort a été constituée par Sigismund Geisenheimer (Geisenheimer était le greffier en chef de la maison Rothschild) et le rabbin Zvi Hirsch, grand rabbin de Francfort. Hirsch a ensuite dirigé le mouvement du judaïsme réformé qui a formulé le programme politique sioniste. La loge de Francfort comptait parmi ses membres tous les principaux banquiers de Francfort, les Rothschild, les Adler, les Speyer, les Hanuer et les Goldschmidt ; ils ont ensuite tenu des réunions communes avec le Sanhédrin de Paris. Le duc Carl von Hessen de Schleswig devient alors le chef des maçons allemands. En tant que Landgrave, il administre la province du Schleswig pour ses propriétaires absents, la monarchie danoise. Son principal émissaire était un mystérieux "Johnston", que l'on dit être un Juif du nom de Leicht, Leucht ou Becker. Il fut arrêté alors qu'il était en mission pour le mouvement maçonnique, et il mourut alors qu'il était prisonnier au château de Wartburg.

Frédéric le Grand, alors qu'il était encore prince héritier, fut initié à la franc-maçonnerie à Brunswick en 1738. En 1761, il est nommé chef du rite écossais. Encore jeune homme, il avait vu son père décapiter son amant pour le forcer à abandonner ses pratiques homosexuelles.

Les chefs de la franc-maçonnerie Illuminati étaient connus sous le nom de l'Ordre de la Stricte Observance ; il s'agissait du prince Charles de Hesse (sous le nom d'Eques a Leoni Resurgente) et de von Haugwitz, ministre du cabinet de Frédéric, connu sous le nom de "Eques a Monte dancti". Derrière lui, il y avait encore un autre groupe, connu sous le nom de "les

---

[16] *Juifs et francs-maçons en Europe*, NDT.

Invisibles", ou les Supérieurs inconnus, précédemment identifiés comme le Conseil Souverain Patriarcal.

Dès sa création, l'alliance des Illuminati et des francs-maçons avait un programme clairement défini :

(1) abolition de tout gouvernement ordonné ;

(2) abolition de la propriété privée ;

(3) abolition de l'héritage ;

(4) abolition du patriotisme ;

(5) abolition de toutes les religions ;

(6) abolition de la famille, de la moralité et du contrôle de l'éducation des enfants ;

(7) création d'un gouvernement mondial.

Ce programme peut sembler familier au lecteur ; il est à l'origine de chaque mouvement révolutionnaire dans le monde depuis 1782 ; le communisme, les mouvements de libération des femmes, les prétendus manifestants contre l'ordre établi obtiennent tous leurs instructions d'obéir à ce plan de base. Il énonce également les objectifs de l'humanisme laïque dans son attaque contre la famille et le plan de contrôle de l'éducation des enfants. Comme des messages étaient constamment transmis aux différents chapitres des Illuminati, ces instructions ont été saisies sur des courriers capturés et ont été portées à la connaissance des gouvernements européens. Mais à cette époque, aucune mesure n'a été prise, peut-être à cause de complices haut placés. De plus, il y avait une pierre d'achoppement importante pour convaincre les populations menacées de la menace des révolutionnaires Illuminati. Il s'agissait de la présence dominante de nombreux banquiers parmi les plus puissants du monde au cœur de la conspiration. C'était trop demander au fonctionnaire moyen, ou même à un membre du public, de croire que les aristocrates, les propriétaires terriens et les banquiers les plus éminents du monde soutiendraient un programme de ce type. Il est certain que les banquiers ne préconiseraient pas la saisie de la propriété privée. Les aristocrates ne supprimeraient certainement pas le droit d'héritage. Les propriétaires terriens possédant de vastes propriétés ne préconiseraient sûrement pas la nationalisation de toutes les terres. Le problème était que personne ne comprenait qu'il s'agissait là du programme des Cananéens, qui visait uniquement à voler et à asservir le peuple de Sem. Bien entendu, les banquiers cananéens n'avaient pas l'intention de saisir leurs propres biens. Bien sûr, la noblesse noire n'avait pas l'intention de nationaliser ses propres héritages. Le programme des Illuminati ne dit nulle part qu'il s'agit du plan conçu pour surmonter la malédiction de Canaan ; que le plan des Illuminati ne fait que formaliser le testament de Canaan comme un ensemble d'instructions de travail ! L'exhortation de Canaan à ses héritiers à "aimer le vol - détester vos maîtres" était désormais le programme d'un groupe mondial de conspirateurs. Les membres du peuple de Sem restent convaincus que les banquiers ne financent pas le communisme et que les riches n'abandonneront pas leurs avoirs. Le plan communiste des Illuminati poursuit la bataille des Cananéens contre le peuple de Sem. Tant qu'il n'en aura pas pris conscience, le peuple de Sem restera condamné à la destruction.

Depuis le quartier général des Illuminati à Francfort se sont répandus les deux maux cananéens qui ont depuis affligé le monde : le sionisme et le communisme. La première Internationale communiste était composée de Lionel de Rothschilds, Heinrich Heine et Karl Marx. Weishaupt était mort en 1830, à l'âge de 82 ans ; il a été remplacé à la tête des Illuminati par Guiseppe Mazzini, le leader révolutionnaire italien. Sous la direction de Mazzini, les Illuminati ont rapidement évolué vers une politique d'action plus directe, de poussées révolutionnaires et de tentatives ouvertes pour saisir et renverser les gouvernements. L'Internationale communiste a été la première étape de ce programme d'activisme. Au début, elle était simplement connue sous le nom de "Ligue des Justes", une branche des Illuminati. Ce groupe a chargé Karl Marx de rédiger le Manifeste communiste en 1847 ; celui-ci a été publié en 1848 et a immédiatement été diffusé dans le monde entier par les bureaux internationaux de la franc-maçonnerie. Tout au long de sa longue carrière politique, Marx est connu pour son travail actif avec les jésuites et les francs-maçons. En 1864, Marx a organisé le Parti international des travailleurs à Londres ; en 1872, il l'a transféré à New York, où il a fusionné avec le Parti socialiste. Marx recevait régulièrement des journaux américains une rémunération en tant que chroniqueur, emploi qui lui avait été ménagé par les francs-maçons.

Mazzini a nommé le général Albert Pike à la tête de la franc-maçonnerie américaine en 1860 ; Pike n'avait rejoint les maçons que dix ans plus tôt. Le 22 janvier 1870, Mazzini écrit à Pike son projet d'établir un conseil suprême de maçons secrets de haut niveau, qui gouvernerait toute la franc-maçonnerie ; cependant, aucune fédération de maçons ne serait jamais autorisée à connaître le Conseil suprême, un précepte qui reste en vigueur encore aujourd'hui. La plupart des maçons nieront catégoriquement l'existence d'un tel conseil dans leur structure organisationnelle. Connu sous le nom de Rite palladien nouveau et réformé, il se composait de trois Conseils suprêmes, dont les sièges se trouvaient à Charleston, Rome et Berlin. Les chefs de ces trois conseils communiquaient quotidiennement par leur boîte magique de l'Arcula Mystica, qui était en fait un des premiers modèles de radio. À cette époque, il n'existait que sept boîtes de ce type dans le monde.

L'autre bras du mouvement révolutionnaire mondial était le sionisme, qui visait à enrôler la force internationale des Juifs dans une campagne pour établir un État d'Israël en tant que puissance dirigeante suprême du monde. Comme c'était également le but, promis par la franc-maçonnerie, de reconstruire le Temple de Salomon et de le remplir de toutes les richesses du monde, l'apparition initiale du sionisme provient de la franc-maçonnerie. Ce projet avait d'abord été présenté sous le terme de "judaïsme réformé". Graetz dans son *Histoire des Juifs*[17], v. 5, p. 674, déclare que : la première Loge de Franc-maçonnerie juive, à Francfort-sur-le-Main, était le cœur du mouvement juif réformateur. En 1842, la Société des amis de la réforme (du judaïsme) à Francfort a publié ses principes :

---

[17] Voir Heinrich Graëtz, *Histoire des Juifs en 5 volumes*, édités par Omnia Veritas Ltd, www.omnia-veritas.com.

(1) le refus de l'autorité légale du Talmud de Babylone, remplacé par l'Ancien Testament ;

(2) le refus que le Messie les ramène à Jérusalem ;

(3) le service du temple devait se dérouler en langue vernaculaire ;

(4) les femmes pouvaient désormais s'asseoir à côté des hommes dans la synagogue, au lieu d'être séparées, comme l'avait toujours exigé le judaïsme orthodoxe.

Le judaïsme réformé a lancé un certain nombre de programmes en plus du sionisme ; l'œcuménisme, c'est-à-dire la coopération active avec les dirigeants et les congrégations des autres religions ; le féminisme, l'égalité des sexes ; mais leur concept le plus important, à savoir que le Messie n'apparaîtrait jamais sur terre pour les ramener à Jérusalem, a ouvert la porte à la recherche de cet objectif par l'activisme politique, c'est-à-dire le sionisme. Le programme initial du sionisme politique a été abordé pour la première fois par le rabbin Hirsch Kalisher, un proche collaborateur de Mayer Amschel Rothschild à Francfort. Sir Moses Montefiore et Adolphe Crémieux, fondateur de l'Alliance Israélite Universelle, ont donné une impulsion supplémentaire au nouveau mouvement. Ses objectifs ont été largement diffusés par le travail de Moses Hess, un ami proche de Karl Marx. C'est ironique, étant donné que le gouvernement soviétique actuel[18] se déclare idéologiquement opposé au sionisme. Moïse Hess était en fait "le père du sionisme". Un journaliste très influencé par ses écrits, Theodor Herzl, s'est par la suite converti à l'activisme et il est maintenant connu comme "le fondateur de l'État sioniste". L'*Encyclopaedia Judaica* dit que Moïse Hess était un socialiste et nationaliste juif qui a dirigé le mouvement de réforme, appelant à la colonisation de la Palestine. Son principal ouvrage, *Rome et Jérusalem*, largement diffusé, a exercé une grande influence sur Theodor Herzl.

---

[18] L'ouvrage a été rédigé en 1987, NDÉ.

En 1860, le rabbin Kalisher a organisé une réunion secrète chez lui à Thoru pour récapituler les leçons tirées de la révolution de 1848. Cette révolution avait pour but de renverser tous les gouvernements d'Europe et de les remplacer par des gouvernements communistes. Elle n'a réussi que dans quelques cas isolés, comme à Venise, où Daniel Manini a mis en place un gouvernement communiste. De la réunion de Thoru est né le livre de Kalisher, *Drishal Zion*, en 1861, et plus tard, celui de Moïse Hess, *Rome et Jérusalem*. Ces deux ouvrages ont largement contribué à convertir les Juifs d'Europe au programme sioniste, l'objectif politique étant de rendre la Palestine au peuple juif.

L'un des conspirateurs présents à cette réunion de 1860 a divulgué le compte-rendu des débats à un écrivain du nom de Maurice Joly. Le coupable est réputé être un certain E. Laharane, un confident d'Adolphe Crémieux, chef de l'influente Alliance Israélite Universelle. Jouissant d'un grand pouvoir au sein de l'appareil politique français, Crémieux avait obtenu pour Laharane le poste de secrétaire particulier de Napoléon III. Joly publia par la suite ces discussions sous le titre *Dialogue aux enfers entre Machiavel et Montesquieu*, la première version du livre qui circule aujourd'hui sous le titre *Protocoles des sages de Sion*. Le matériel était en grande partie tiré du texte du livre de Kallisher, *Drishal Zion*, et du discours du rabbin prononcé par Goedsche en 1868. Elle coïncide également avec les travaux du synode juif de Leipzig de 1869. La conférence à Kattowitz de Hoveve Zion de 1884 coïncide également avec la première série de documents publiés sous le nom de *Protocoles de Sion* ; les documents de Kattowitz avaient été extraits de la Loge Mizraïm de Paris par un certain Joseph Schorst-Shapiro. Il les a vendus à une Mlle Justine de Glinka, qui les a transmis au ministère russe de l'Intérieur, où ils ont été reçus par un certain général Orgewsky. Peu de temps après, Schorst-Shapiro fut assassiné en Égypte. La conférence d'Odessa de Hoveve Zion et du B'Nai Moshe, dirigée par Ashed Ginsberg (Ahad Ha-am), et son séjour ultérieur à Paris en 1894, fut suivie par l'apparition des *Protocoles* tels qu'ils sont maintenant connus ; ils furent publiés par Philip Stepwoff à Moscou. Il s'agissait essentiellement du même ensemble de documents publiés par la suite par Sergei Nilus en 1905. Des extraits de conférences lues dans les loges du

B'Nai B'Rith à New York lors de réunions secrètes ont également été extraits et mis entre les mains du consul général de Russie à New York. Ces extraits coïncident en tous points avec la version de 1895 des protocoles et ceux extraits du premier Congrès de Bâle en 1897. Ils ont également été publiés par B. Butmi en 1901. C'est en raison de ces antécédents bien établis que les Protocoles ont été dénoncés comme "faux", c'est-à-dire comme des copies non autorisées.

En raison de son programme révolutionnaire bien établi et même proclamé, la franc-maçonnerie a été interdite à plusieurs reprises par les gouvernements européens - mais jamais aux États-Unis, où elle exerce un pouvoir politique depuis 1776. Elle a été dénoncée à plusieurs reprises par la papauté. La Hollande a interdit la franc-maçonnerie en 1735, l'Allemagne en 1738, Zurich en 1740 et Berne en 1745. La Russie a interdit la franc-maçonnerie pour la première fois en 1792, puis à nouveau en 1822, et enfin elle le fut encore par le gouvernement soviétique en 1922. Le 28 avril 1738, le pape Clément VII publia un " In eminenti", qui condamne la maçonnerie pour son naturalisme et son exigence de serment. Benoît XIV condamna la maçonnerie dans son édit "Providas", le 18 mai 1751 ; Pie VII dans "Ecclesiam", le 13 septembre 1821 ; Léon XIII, dans "Quo graviora", le 13 mars 1825 ; Grégoire XVI, dans son "Mirari", le 15 août 1832 ; Pie IX dans six édits distincts datant de 1846-1873 ; Léon XIII publia cinq édits condamnant la franc-maçonnerie entre 1882 et 1902. Le général Pike répondit en qualifiant la papauté d'"ennemi mortel et perfide" dans sa lettre au grand maître italien Timoteo Riboli :

> "La papauté a été pendant mille ans le bourreau et la malédiction de l'humanité, l'imposture la plus éhontée, dans sa prétention à détenir la puissance spirituelle de tous les âges."

Malgré ces édits, le Duc catholique de Norfolk devint Grand Maître des Maçons anglais en 1730 ; le Vicomte catholique Montagu, le neuvième Lord Petre, qui était à la tête des catholiques anglais, fut également Grand Maître d'Angleterre de 1772 à 1777. Le 19 mars 1902, dans le cinquième de ses édits condamnant la franc-maçonnerie, le pape Léon XIII déclare :

"La franc-maçonnerie est la personnification de la Révolution ... dont le but est d'exercer un pouvoir occulte sur la société et dont la seule raison d'être consiste à faire la guerre à Dieu et à son Église."

Quel dommage que le Pape Léon XIII n'ait pas eu connaissance de la malédiction de Canaan, ou du fait que la Franc-maçonnerie soit simplement la personnification de la rébellion de Satan contre Dieu, qui a été menée au XXᵉ siècle par ses descendants, les Cananéens !

Les chefs de la maçonnerie anglaise au XIXᵉ siècle étaient le duc du Sussex, fils cadet du roi George II, 1813-43 ; le comte de Zetland, 1843-70 ; le marquis de Ripon, 1870 ; le comte de Limerick, 1871 ; le prince de Galles, futur roi Edward VII, 1874 ; Hugh David Sandeman, de la célèbre famille d'importateurs de vin, 1895 ; Lord Ampthill, 1908 ; le duc de Connaught, jusqu'en 1938. Tous étaient des aristocrates de premier plan ; le comte de Zetland épousa la fille du comte de Scarborough, qui fut ensuite nommé vice-roi d'Irlande de 1889 à 1992 ; il était le beau-frère du duc de Westminster, l'homme le plus riche d'Angleterre ; le second marquis de Zetland, Lawrence Dundas, a porté l'épée d'État lors du couronnement du roi George VI ; il a également été gouverneur de la National Bank of Scotland, président du National Trust, gouverneur du Bengale ; il a dirigé les conférences de la Table ronde de 1930-32, a été secrétaire d'État pour l'Inde en 1935-40, a été admis à l'Ordre de Saint-Jean de Jérusalem, et il a écrit les biographies des deux personnalités anglaises les plus importantes, Lord Cromer, directeur de la banque Baring Brothers, et Lord Curzon, gouverneur général de l'Inde.

Le marquis de Ripon, George Frederick Samuel, est né au 10 Downing Street alors que son père était Premier ministre ; il est devenu secrétaire à la Guerre et secrétaire pour l'Inde sous Lord Palmerston, et a été nommé premier lord de l'Amirauté sous Gladstone. Il a été secrétaire colonial de 1892 à 1995, Lord Privy Seal à la Chambre des Lords et chef du Parti libéral de 1905 à 2008. Son nom est commémoré aux États-Unis par la Ripon Society, un groupe de républicains "libéraux" qui ont exercé une influence considérable en coulisses sur les politiques du Parti républicain.

L'actuel comte de Limerick, Patrick Pery, est vice-président de la banque internationale Kleinwort Benson.

Le deuxième marquis de Ripon démissionne de son poste de grand maître en 1894 et rejoint l'Église catholique. Il est trésorier de la famille de la reine Alexandra (épouse du roi Édouard VII) de 1901 à 1923, beau-frère du comte de Pembroke et épouse la veuve du quatrième comte de Lonsdale.

Le père de Lord Ampthill, Odo W. Russell, a servi dans le bureau de Lord Palmerston de 1850 à 1952 ; il a fait partie de la légation de Florence de 1957 à 1970 et était considéré comme un ambassadeur non officiel au Vatican pendant ces années ; il a ensuite été envoyé spécial au quartier général de l'armée allemande à Versailles pendant la guerre franco-prussienne. Il a ensuite été ambassadeur britannique à Vienne et à Berlin. Le second baron Ampthill a été Grand Maître des maçons anglais de 1908 à sa mort en 1935. C'est la même famille Russell qui détient le titre de duc de Bedford, dont Bertrand Russell, l'humaniste le plus célèbre du XXᵉ siècle. Le second baron est né à Rome alors que son père y était en service ; il devient président de l'Union d'Oxford ; il épouse la fille du comte de Beauchamp (son père détient le titre de Lord des Cinque Ports) ; son épouse est dame d'honneur de la reine Mary ; il est également beau-frère du duc de Westminster ; il rejoint l'ordre de Saint-Jean de Jérusalem et occupe le poste de grand maître de la loge qui a été formée à la Banque d'Angleterre, la loge n° 263. Il écrit *Histoire de la Loge de la Banque d'Angleterre* et est nommé à la tête des Maçons de Madras, en Inde, avant de devenir Grand Maître d'Angleterre ; il est le secrétaire privé de l'Honorable J. Chamberlain, Gouverneur de Madras et Vice-roi d'Inde.

Les antécédents de ces grands maîtres prouvent que la franc-maçonnerie anglaise a toujours eu accès aux plus hauts cercles du gouvernement ; Disraeli, un franc-maçon, est devenu Premier ministre ; il parlait des "hommes déterminés de la maçonnerie", c'est-à-dire de ces maçons qui étaient chargés de mener à bien les tâches cruciales de l'assassinat.

L'un des Cananéens qui est devenu célèbre en tant qu'économiste anglais de premier plan, et qui jouit toujours d'une grande influence aux États-Unis, était David Ricardo (1772-1823), le troisième fils d'Abraham Israël, qui était un membre important de la communauté juive d'Amsterdam. Israël a émigré à Londres avec Guillaume III et est devenu plus tard l'un des membres les plus riches de la Bourse de Londres, où il a travaillé en étroite collaboration avec ses compatriotes émigrés. Son fils, David, est devenu un ami intime de Lord Nathan Mayer Rothschild, spéculant beaucoup sur les titres d'État sur les conseils de Rothschild. Ensemble, ils ont énormément profité du coup d'État financier résultant des premières nouvelles sur l'issue de la bataille de Waterloo. David Israel, aujourd'hui connu sous le nom de David Ricardo, a commencé à écrire des traités économiques définissant le critère du montant de la rémunération de la classe ouvrière. Il développa une formule qui devint connue sous le nom de "salaire de subsistance", dictant que le travailleur ne devrait jamais recevoir plus que le strict minimum nécessaire à sa subsistance. Si son salaire devait être augmenté, le gouvernement était chargé de s'en occuper en augmentant rapidement ses impôts (est-ce que cela semble familier aux Américains ?). Les Cananéens d'Amérique ont développé un nouveau système de retenue à la source, qui garantissait que le travailleur ne recevrait jamais son salaire, mais seulement une partie mutilée, dont les Cananéens avaient déjà déduit "leur" partie. La maxime de Ricardo, également connue sous le nom de "loi de fer sur les salaires", signifie qu'en aucun cas le travailleur ne doit être le bénéficiaire d'un quelconque élan de générosité et ne doit recevoir ne serait-ce qu'une petite augmentation, alors que Rita Ricardo-Campbell, épouse du directeur de la Hoover Institution et descendante directe de David Ricardo, est venue à Washington en tant que membre clé du personnel de Reagan, pour y être l'inspiratrice de la révolution humanitaire anticommuniste de Reagan. Elle est devenue la conseillère de Reagan pour les prélèvements de la sécurité sociale et les pensions. Les théories économiques de Ricardo sur les salaires et le travail avaient également été accueillies avec enthousiasme par Karl Marx, qui les a adoptées comme lignes directrices pour les travailleurs esclaves de la Russie soviétique actuelle.

Le livre de Stephen Knight, *The Brotherhood*, révèle de nombreux détails intéressants sur la franc-maçonnerie anglaise. Il souligne que la loi sur les sociétés illégales de 1799 exigeait que les francs-maçons ne puissent tenir des réunions que si les noms des membres étaient soumis aux Clerks of the Peace[19] locaux ; cette exigence n'a jamais été respectée. Le Chevalier dit que la Reine Elizabeth est l'actuelle Grande Patronne de la Franc-maçonnerie anglaise. L'une de ses révélations les plus surprenantes est l'information selon laquelle de cinquante à soixante-dix pour cent de tous les juges anglais sont des francs-maçons. Les avocats se rendent compte qu'ils doivent rejoindre les francs-maçons s'ils espèrent obtenir des clients. "La Law Society est l'une des institutions les plus maçonniques du monde", note King. Quatre-vingt-dix pour cent de ses membres sont des maçons. Cela crée de grandes inégalités, car la Law Society est le juge ultime pour savoir qui recevra l'aide juridique et qui en sera privé. Un non-Maçon n'a aucune chance de recevoir une aide juridique dans un procès contre un Maçon. Ceci est typique de la volonté de Canaan, la conspiration secrète contre tous ceux qui ne sont pas membres de sa tribu.

La conspiration maçonnique, qui étend son emprise sur les procédures judiciaires en Angleterre, n'est qu'une manifestation de sa sinistre influence. Au cours de l'ère élisabéthaine, la fascination pour l'occultisme est apparue dans de nombreuses organisations clandestines ; elle refit surface à l'époque victorienne. La sorcellerie s'est répandue, même dans les plus hautes sphères de la société, avec ses rituels mettant l'accent sur les drogues psychotropes, les plantes et les bijoux sataniques. Les orgies et les sacrifices de sang se pratiquaient discrètement au cœur des bidonvilles londoniens et dans des domaines ancestraux éloignés. L'un des groupes les plus connus est la Hermetic Society of the Golden Dawn, fondée en 1887 par trois membres

---

[19] Équivalent de juge de paix, au Royaume-Uni, NDT.

de la Rosicrucian Society. Tous trois étaient des maçons de haut niveau, et bien connus comme kabbaliste - le révérend A. F. A. Woodford, le Dr Wynn Westcott, un coroner londonien, et un Écossais nommé Sam Liddell Mathers. Le groupe fut bientôt rejoint par le poète William Butler Yeats et Aleister Crowley, qui allait devenir mondialement connu pour sa pratique de la magie noire.

L'objectif de la Société hermétique était de vénérer les dix Séphiroth, c'est-à-dire la Kabbale, afin qu'ils puissent ensuite être dotés de pouvoirs magiques et faire appel à des forces surnaturelles comme alliées. Les membres ont établi des degrés comme suit : Néophyte, quatre degrés ; sous ordre, quatre degrés ; et le Tiers Ordre, quatre degrés.

Yeats, le principal poète irlandais, a plus tard affirmé qu'il avait rejoint le groupe afin de contrer la magie noire de Crowley avec sa propre magie blanche. Crowley est connu comme le sataniste le plus dévoué du XXe siècle. Il a un jour baptisé un crapaud du nom de Jésus-Christ, puis l'a lentement crucifié, se délectant de son agonie. On dit qu'il a participé à 150 meurtres rituels, dont la plupart étaient des enfants. Les victimes étaient généralement tuées avec un couteau en argent. Dans ses *Confessions*, il écrit :

> "Au Mexique, j'étais connu sous le nom de Bête 666. J'ai fait la connaissance d'un vieil homme nommé Don Jesus Medina, un descendant du grand-duc d'Armada et l'un des plus grands chefs de la franc-maçonnerie de rite écossais. Mes connaissances cabalistiques étant déjà profondes selon les normes actuelles, il me jugea digne de la plus haute initiation et son pouvoir de conférer des pouvoirs spéciaux fut obtenu en raison de mon séjour limité, et je fus rapidement admis au 33ème et dernier degré avant de quitter le pays."

C'est ainsi que le principal sataniste de ce siècle a été confirmé comme maçon du 33ème degré !

Madame Blavatsky est devenue célèbre en tant qu'organisatrice de la Théosophie. Elle a développé la société après un séjour en Inde ; les chapitres indiens sont ensuite tombés dans l'oubli à cause de l'arrestation de ses membres pour pratique de l'homosexualité. Elle s'est ensuite installée en Grande-Bretagne, où elle a fondé la Theosophical Society, précurseur du groupe américain du même nom. Elle a également fondé la Hermetic Society. Son assistante-principale au sein de la Société Théosophique, une organisation cabalistique, était Mme Annie Besant, qui est également bien connue comme l'une des fondatrices de la Société Fabienne en 1884. Les co-fondateurs de la Fabian Society étaient tous des francs-maçons ; il s'agissait de George Bernard Shaw, Lord Haldane, Ramsay MacDonald, et Sidney et Beatrice Webb. Le groupe a pris son nom d'après celui du général romain Fabius, célèbre pour sa stratégie déterminée à long terme. Le plan des Fabiens était d'attendre le bon moment, comme Fabius Cunctator avait attendu pour attaquer Hannibal. En Angleterre, les Fabiens proposèrent d'utiliser la stratégie du général romain pour imposer progressivement un gouvernement socialiste tyrannique au peuple d'Angleterre par une planification sournoise à long terme. Cette approche conspiratrice a valu aux Fabiens le surnom de "jésuites du socialisme". Dans le cadre de leur stratégie, en 1890, Annie Besant est devenue le principal agitateur de l'industrie textile anglaise, dont le centre est situé dans le Lancashire.

Au cours des années 1930, les Fabiens ont organisé une force de frappe appelée PEP, initiales de Political and Economic Planning. Elle était dirigée par Israel Moses Sieff, le chef multimillionnaire de l'empire de la grande distribution, Marks and Spencer. En 1931, Sieff distribue aux membres dirigeants du PEP un document intitulé "Strictement confidentiel". Le programme décrit comprenait des points tels que :

> "Que cela nous plaise ou non, l'agriculteur indépendant sera contraint par les événements de se soumettre à des changements profonds de perspectives et de méthodes. Il recevra des instructions quant à la quantité et à la qualité de ses produits. Il sera moins libre de prendre des décisions de marketing et des décisions arbitraires concernant sa propre entreprise..."

L'économie planifiée doit clairement impliquer une augmentation drastique des incursions dans le droit de propriété foncière. Ce qui est nécessaire... c'est le transfert de la propriété de grandes parcelles de terre. Ce programme du PEP a ensuite été présenté dans un manuel rédigé par G. D. H. Cole, *Principles of Economic Planning*, en 1935. Le livre présentait le compas et l'équerre de la franc-maçonnerie en évidence sur la couverture, bien que rien dans le livre n'identifiait le rôle des francs-maçons dans le programme.

Les riches directeurs du PEP n'avaient pas l'intention de transférer la propriété de leurs propres grandes propriétés terriennes ni des empires commerciaux qu'ils contrôlaient. Ils voulaient simplement reprendre de grandes parcelles de terre à leurs concurrents, imposer des règlements ruineux à leurs rivaux, bref voler et ruiner tout le monde sauf leur propre petite coterie de Cananéens.

Les dirigeants les plus actifs du PEP étaient des personnalités telles que le vicomte Astor, Sir Herbert Samuel (gouverneur de Palestine), Sir Herbert Simon, Sir C. M. Joad, le professeur Gilbert Murray et le maître de Balliol. Tous étaient des francs-maçons et également des membres du Royal Institute of International Affairs. Ils étaient étroitement liés à un groupe appelé World Fellowship of Faith. Le deuxième congrès international de ce groupe, qui se réunit à Londres en 1936, comptait parmi ses orateurs le chanoine Barry, aumônier du roi Edward VIII, et l'ex-évêque Montgomery Brown. Brown a déclaré à l'auditoire :

> "L'URSS n'est que le précurseur de l'État communiste international qui va progressivement absorber tous les États capitalistes. Si un gouvernement, une église ou une institution s'oppose ou fait obstacle à l'État communiste, ils doivent être impitoyablement renversés et détruits. Si l'unité mondiale doit être réalisée, elle doit l'être par le communisme international, auquel seul le slogan "Bannissez le dieu du ciel et les capitalistes de la terre" peut parvenir. Alors, et seulement alors, il existera une communauté mondiale des religions."

C'est une déclaration concise des ambitions de la conspiration internationale cananéenne. Bannir Dieu ; la rébellion de Satan contre Dieu - la malédiction de Canaan n'a pas modifié son slogan en trois mille ans d'histoire.

Le rabbin Ben Mozeg a déclaré au World Fellowship :

> "Ce qui est certain, c'est que la théologie maçonnique n'est au fond que de la théosophie et correspond à celle de la Kabbale ... Ceux qui prendront la peine d'examiner avec soin le lien entre le judaïsme et la franc-maçonnerie philosophique, la théosophie et les mystères en général ... cesseront de sourire à la suggestion que la théologie kabbalistique pourrait avoir un rôle à jouer dans la transformation religieuse du futur. Elle contient la clé du problème religieux moderne."

Là encore, les Cananéens nous offrent la solution à tous les problèmes ; nous revenons au culte de Baal, actualisé au XXe siècle, et nous entrons dans une transformation religieuse.

C'est la coupe de ciguë que ces fondamentalistes nous offrent.

CHAPITRE 5

LA RÉVOLUTION FRANÇAISE

C'est une tâche sinistre pour un écrivain que de narrer les terribles massacres qui ont été infligés au peuple de Sem. Il est encore plus troublant de savoir que, même maintenant, des plans pour des massacres de ce peuple encore plus importants et plus approfondis ont été élaborés. En faisant la chronique du règne de la terreur de la Révolution française, de la Révolution bolchevique et de la Révolution espagnole, on ne propose pas aux Américains un autre drame télévisé, mais on leur donne un aperçu de leur propre avenir.

Pour ceux qui voyagent en France aujourd'hui, les horreurs de la Révolution française doivent paraître bien lointaines. En dégustant une cuisine inégalée, en visitant de grands châteaux et en admirant les œuvres d'art qui ont fait du nom de la France un synonyme de création artistique et de bon goût, il est difficile d'imaginer que les rues et les rivières de cette nation ont jadis rougi du sang d'innocents, alors que des milliers de femmes et d'enfants étaient assassinés lors de rites obscènes. C'est peut-être pour cette raison qu'aujourd'hui encore, les touristes, ou plutôt les étrangers sont rarement bien accueillis en France. Au mieux, ils sont juste tolérés dans ce pays. N'est-ce pas dû à un sentiment de honte profondément caché, au désir de dissimuler un secret de famille désagréable qui pousse même les aubergistes, traditionnellement très hospitaliers, à maintenir une réserve lorsque les touristes arrivent en agitant leur monnaie comme un drapeau ? C'est compréhensible, car la Révolution française, l'une des trois grandes orgies de la guerre des démons cananéens de l'histoire moderne, a peut-être été infligée au peuple français comme une punition délibérée de Dieu. Ce châtiment aurait été une rétribution directe pour l'une des atrocités les moins connues de l'histoire européenne, les massacres des huguenots aux XVIe et XVIIe siècles.

Au cours des deux siècles qui ont précédé ces atrocités, le peuple de Sem avait apporté de grands changements à la situation économique de la nation française, la transformant d'un état médiéval en l'empire industriel le plus prometteur d'Europe. Grâce à leur grande énergie, leur intelligence et leurs capacités, les membres du peuple de Sem, à la peau claire, avaient créé en France une énorme richesse et un progrès économique sans précédent. Pendant cette période de croissance explosive, la France de ce temps-là ressemblait plus à l'Allemagne de deux siècles plus tard, étant très productive, extrêmement inventive et florissante. Ce progrès, et les richesses qui l'accompagnent furent vus avec beaucoup d'envie, mais aussi de peur, par les Cananéens qui exerçaient une grande influence en France. En tant que noblesse noire, ils avaient fourni les guerriers de Normandie qui ont envahi et conquis les îles britanniques ; ils ont constamment conspiré pour étendre leur pouvoir et poursuivre leur longue guerre d'extermination contre le peuple de Sem. En raison de leur grand pouvoir dans les plus hautes fonctions de l'Église, de l'État et de l'armée, les Cananéens ont commencé à préparer le terrain pour ce qui est devenu les Massacres des huguenots. Ils ont pu obtenir un soutien considérable pour leur plan de la part des nobles français qui bien qu'ils ne soient pas eux-mêmes cananéens, étaient alarmés par le pouvoir économique acquis par le peuple de Sem, qui, comme ils le savaient, allait bientôt se transformer en pouvoir politique. Ils étaient également attirés par les promesses de l'or et des biens à gagner en volant et en tuant les prospères habitants du peuple de Sem.

En raison de leur soif de sang et de leur désir constant de sacrifice humain, les Cananéens ont pu transformer les massacres huguenots en une grande orgie de meurtres rituels. Les enfants étaient saisis et jetés dans des casseroles pour être bouillis, ou frits dans de grandes poêles, pendant que la foule se tenait debout, hurlant et se délectant du spectacle. Les familles étaient traînées sur les places des villes et des villages pour être assassinées une par une. Personne n'était épargné par la terreur de la foule, qu'il s'agisse de personnes âgées ou d'invalides.

Leurs biens ont ensuite été répartis entre les instigateurs des meurtres, qui attendaient avec impatience et se précipitaient pour trouver d'autres victimes.

L'acte physique consistant à tuer des familles entières, ville après ville, ne pouvait rester un secret, et un courant d'alarme a bientôt balayé la nation. Plusieurs milliers de huguenots ont pu s'enfuir, laissant derrière eux leurs biens, en particulier ceux des quartiers nord de la France. Ils ont pu franchir la frontière pour se rendre aux Pays-Bas, où ils ont constaté qu'ils n'étaient guère les bienvenus. La plupart d'entre eux s'embarquèrent pour les côtes irlandaises, et après y être restés pendant cent ans, ils purent s'embarquer pour le Nouveau Monde.

Il n'est pas surprenant d'apprendre que les actes de répression contre les huguenots ont commencé après que Catherine de Médicis soit devenue régente lors de l'accession au trône de Charles IX. Nous avons déjà noté que les de Médicis avaient financé la diffusion de la doctrine de l'humanisme séculier, lorsque Cosimo de Médicis a créé l'Accademia à Florence, centrant ses enseignements autour de la Kabbale chrétienne.

L'*Encyclopaedia Britannica* indique à propos de la domination de Catherine en France :

> "Elle a introduit des méthodes de gouvernement italiennes, alternant entre concessions et persécutions, toutes deux dénuées de sincérité."

Catherine a commencé à négocier avec l'Espagne pour renforcer son projet de massacre des huguenots ; le 28 septembre 1568, elle a publié un édit qui plaçait les huguenots hors de la protection de la loi, une invitation ouverte à commencer les massacres. À cette époque, ils constituaient un dixième de la population de la France. Son fils, Charles IX, se rendit compte que les plans de sa mère seraient une catastrophe pour la nation, et il ouvrit des négociations avec les dirigeants huguenots, espérant éviter le massacre. Catherine, fidèle à son héritage de noblesse noire, a planifié le massacre qui devait avoir lieu pendant qu'il faisait assembler les dirigeants. Le célèbre massacre de la Saint-Barthélemy au cours duquel le chef huguenot Coligny et tous les huguenots importants furent tués eut lieu le 24 août 1572. L'*Encyclopaedia Britannica* note :

> "Cette date restera comme un désastre dans l'histoire de la France. Le massacre de Paris a été suivi par des massacres dans toute la France. L'une des victimes fut le roi Charles lui-même. Submergé par l'horreur des atrocités commises lors de la tragédie de Saint-Barthélemy, il en est mort de chagrin et de honte."

Il est fort possible que Catherine, connaissant sa réticence à poursuivre le massacre des huguenots, et ses plans pour leur faire des concessions, l'ait empoisonné. Cela aussi aurait été conforme à son héritage de noblesse noire. Le successeur de Charles, Henri III, est lui aussi mort violemment ; il a été assassiné par le moine Jacques Clément, alors que ce dernier pensait que lui non plus ne serait pas disposé à poursuivre le massacre des huguenots.

L'édit de Nantes du 13 avril 1598, fut une tentative d'inverser le processus. Il accorde aux huguenots une charte leur garantissant la liberté religieuse et politique, mais de nombreux fonctionnaires l'ignorent et poursuivent les persécutions. Les terribles dragonnades (1663-83) ont vu de nombreux protestants être torturés jusqu'à l'abjuration de leur foi. Le 18 octobre 1685, le roi Louis XIV déclare que l'édit de Nantes est révoqué. Comme le dit l'*Encyclopaedia Britannica* :

> " ...ainsi fut commise l'une des bévues politiques et religieuses les plus flagrantes de l'histoire de la France, qui perdit en quelques années plus de 400 000 de ses habitants, des hommes qui, devant choisir entre leur conscience et leur pays, dotèrent les nations qui les accueillirent de leur héroïsme, de leur courage et de leur capacité."

C'est la révocation de l'édit de Nantes, plus que tout autre événement de l'histoire, qui a mis les États-Unis sur la voie de la grandeur. Pendant la Révolution américaine, et la rédaction de la Constitution qui a suivi sa victoire, ce sont les huguenots qui ont dominé dans chaque bataille et chaque délibération. La France, en revanche, a sombré dans un déclin constant, dont elle ne s'est jamais remise. En effet, cette nation a par la suite erré d'une catastrophe à l'autre, les guerres napoléoniennes, dont les excès ont encore ensanglanté la nation de ses plus braves et de ses meilleurs éléments. E. E. Cummings, le poète américain, avait l'habitude de dire de Napoléon :

"Il a coupé six pouces de la taille de chaque Français."

Depuis le massacre de la Saint-Barthélemy, la France n'a cessé de régresser en s'éloignant de sa glorieuse histoire. Bien sûr tout cela a profité à son grand rival historique, l'Angleterre, qui a non seulement su saisir les avantages offerts par le déclin français, mais qui semble même avoir conçu bon nombre de ses malheurs ultérieurs.

Le taux de natalité de la France a baissé, sa maîtrise des mers a diminué et son niveau d'inventivité a décru. Plus important encore, elle ne gagna plus jamais de guerre. Malgré les grands succès militaires de Napoléon, la France a perdu la maîtrise de l'Europe à Waterloo ; elle a été vaincue par les Allemands pendant la guerre franco-prussienne et les guerres mondiales successives, ses ennemis n'ayant été stoppés et repoussés que par l'arrivée de troupes d'Amérique, dont beaucoup sont d'ailleurs d'origine huguenote.

Le règne de terreur qui s'est abattu sur le peuple français pour le punir les massacres des huguenots, a sans doute aussi été rendu inévitable par leur absence. Car une fois l'influence sobre et modérée du peuple huguenot retirée de France, la voie était désormais ouverte à tous les excès possibles des Cananéens vénérateurs de démons. Les orgies sexuelles, les scandales financiers et les intrigues étrangères devinrent monnaie courante parmi les hauts fonctionnaires de la noblesse noire, tandis que les rois de France, ne voyant pas d'autre solution que de "suivre le courant", laissèrent la licence régner. Ce n'est pas un hasard si la France a été le seul pays d'Europe à connaître une révolution majeure à cette époque. C'était le seul pays d'Europe où le gouvernement central s'était laissé dépasser par les aspirations des pires éléments de la nation.

Toutes les hérésies ont fleuri en France. L'oisiveté et la poursuite du vice étaient au premier plan dans l'esprit du peuple, tandis que l'économie était paralysée par une pléthore de procès, dont certains étaient intentés génération après génération, ce qui créait des troubles dans toute la nation. Comme aux États-Unis aujourd'hui, les préjugés et la partialité dictaient chaque décision des tribunaux, et ce favoritisme est devenu l'une des principales causes ayant contribué au déclenchement de la Révolution.

La corruption était très profondément ancrée au sommet de l'appareil d'état aristocratique. Le beau-frère du roi, le duc d'Orléans, se fit appeler Philippe Égalité en raison de son identification étroite avec les nouvelles forces de "libération". Le duc avait été persuadé par Mirabeau d'amalgamer toutes les Loges bleues avec le Grand Orient de la France ; en même temps, Mirabeau et son mentor, Moïse Mendelssohn, persuadèrent le duc de faire des investissements risqués, dans lesquels, comme ils l'avaient prévu, il perdit sa fortune. En 1780, il devait 800 000 livres. Il fut obligé de céder sa magnifique demeure, le Palais Royal, à des prêteurs cananéens. Ceux-ci engagèrent alors Choderlos de Laclos pour en faire l'un des bordels les plus élaborés du monde. Pour l'aider, de Laclos fit venir de Palerme le célèbre "Comte" Cagliostro, un juif né Balsamo, qui avait pris le nom de sa marraine. Il était Grand Maître des Chevaliers Rose-Croix de Malte, qu'il avait rejoints à l'âge de vingt-trois ans. Il utilisa désormais le Palais Royal comme siège de la propagande révolutionnaire, imprimant des milliers de pamphlets des plus incendiaires, dont il inondait Paris. La chute du duc d'Orléans avait été soigneusement planifiée. Mirabeau avait été un habitué du salon d'Henrietta Herz à Vienne et à Paris ; il était venu ici sous l'influence de Moïse Mendelssohn, le fondateur de la franc-maçonnerie. Il est devenu le principal instrument de Mendelssohn et d'autres conspirateurs, dont les Rothschild, pour précipiter les événements de la Révolution française. À cette même époque, le gouvernement de l'Angleterre tombait entre les mains de Lord Shelburne, le célèbre William Petty. Le Premier ministre anglais, William Pitt, avait lui aussi été mis dans une position où il était accablé de lourdes dettes ; Petty et ses plus proches associés payaient les dettes de Pitt et, en retour, lui dictaient toutes ses décisions politiques. Lord Shelburne était le chef du service de renseignement britannique ; à ce titre, il dirigeait le cours de la Révolution française depuis Londres.

L'une des légendes les plus persistantes est le mythe du Mouron Rouge, un aristocrate britannique idéaliste qui risqua sa vie à plusieurs reprises pour arracher des aristocrates français à la guillotine. Si une telle personne a jamais existé, elle était largement surpassée en France par le nombre d'agents britanniques de Lord Shelburne qui s'y trouvaient, promouvant les actes les plus atroces du règne de la terreur depuis les coulisses, afin de s'assurer que même si la nation française survivait à la Révolution, elle ne représenterait plus jamais une menace pour les ambitions de l'Empire britannique. Cela s'est avéré être le résultat escompté.

Mirabeau fut plus tard dépassé par les développements de la Révolution ; dans un moment de remords, il intrigua pour sauver le roi Louis XVI de la guillotine. Pour éviter un procès public, il fut rapidement empoisonné par les conspirateurs, scellant ainsi ses lèvres contre toute révélation future de l'identité des véritables auteurs de cette horreur.

Dans les derniers jours du pouvoir du roi Louis XVI, les mesures prises les unes après les autres ont servi à affaiblir encore plus l'autorité de la Couronne et à nourrir l'appétit de la foule. Par exemple, l'Assemblée Nationale décida de donner l'exemple en supprimant l'esclavage. Selon l'*Encyclopaedia Britannica*, les mesures qu'elle a adoptées, interdisant toutes représailles contre les esclaves, "ont préparé le terrain pour la terrible insurrection noire à Saint-Domingue." En effet, toute la population blanche fut massacrée et remplacée par un gouvernement noir qui est aujourd'hui le pays le plus pauvre de l'hémisphère occidental. L'Assemblée a également aboli le régime féodal en France, qui violait les droits de certains princes d'Alsace, qui leur avaient été garantis par le traité de Westphalie. Les hommes d'État étrangers ont vu que la France sombrait dans l'anarchie, ce qui leur a donné carte blanche pour mener leur propre politique, sans crainte d'une intervention française. Le ministre des Finances du roi Louis, le banquier suisse Necker, était fidèle à son héritage d'intrigue révolutionnaire. Il a délibérément poursuivi des politiques d'inflation qui ont causé de terribles souffrances économiques en France et ont enflammé davantage la population. On pense qu'il a inauguré ces politiques en obéissant à certains banquiers suisses qui prévoyaient de tirer de grands profits de la débâcle française qui approchait. Après tout, le baron de Rothschild n'avait-il pas conseillé à ceux qui souhaitaient devenir riches d'"acheter quand le sang coule dans les rues".

Le 10 octobre 1789, Talleyrand proposa la confiscation de toutes les terres ecclésiastiques en France. On disait qu'il s'agissait d'un cinquième de toutes les terres françaises. Cette proposition était une mesure économique ; les fameux assignats furent émis contre ces hypothèques, pour un montant de quatre cents millions de livres, qui fut ensuite porté à un milliard huit cent mille livres. Son travail terminé, Necker démissionna et quitta la France en septembre 1790. Au cours des trois années suivantes de la Convention, plus de sept milliards de livres furent émises. Leur valeur tomba bientôt à un pour cent de leur montant nominal initial.

L'inspiration de la Révolution française est directement liée à la doctrine de l'humanisme séculier qui avait été formulée à l'Académie des Médicis à Florence et qui n'était qu'une version modernisée de la Kabbale. Le fait de placer les "intérêts humains" au premier plan a créé le climat qui a rendu possible le guillotinement du roi Louis XVI ; après avoir renié Dieu, il suffisait de nier l'autorité d'un monarque qui régnait par droit divin. De l'humanisme néoplatonicien promulgué par les de Médicis sont nés les cultes des Rose-Croix et de la Franc-maçonnerie. Le dicton de Sir Francis Bacon selon lequel "la connaissance est le pouvoir" a jeté le gant aux pouvoirs traditionnels de l'Église et de l'État, qui ont ensuite été mis de côté pendant la Révolution. La doctrine baconienne s'est logiquement développée dans le positivisme de Comte, qui déclare que "Dieu n'est qu'une abstraction - il n'existe pas ; seule l'humanité est réelle". Les Lumières de Descartes, subrepticement aidées par l'alliance secrète entre Voltaire et Frédéric le Grand, tous deux francs-maçons, ont conduit la France dans les excès de la Révolution.

Les plans immédiats de la Révolution française ont été établis lors de la convention internationale des francs-maçons à Wilhelmsbad en 1781, un rassemblement qui sera plus tard connu sous le nom de "convent". Sept frères d'Angleterre y participèrent, dont Lord Shelburne, qui dirigea plus tard le déroulement de la Révolution française depuis Londres ; Lessing, Mirabeau, Dohm, des délégués des Illuminati français et Knigge, qui représentait Weishaupt. "Le convent a ouvert la voie à la Révolution française" (A. Cowan, "*X-rays in Freemasonry*", pp. 67-68). En 1789, la France comptait quelque 2000 loges, avec plus de 100 000 adeptes. La première loge en France avait été créée par le Lord anglais Derwenwater, ouvrant la voie à l'influence ultérieure de Lord Shelburne et des services secrets britanniques sur les affaires françaises.

Les fonctionnaires français se sont vite rendu compte que les assignats qui avaient été émis contre les terres de l'église n'étaient pas négociables ; ils ne pouvaient pas être utilisés dans des transactions immobilières, car les terres de l'église pourraient être restituées, et elles seraient alors sans valeur ; la population a donc refusé de les accepter comme valeur d'échange.

Les choses ne se sont pas améliorées après que l'Assemblée ait adopté des lois plus ou moins sévères, imposant des sanctions pour le refus d'accepter les assignats en paiement. Ces sanctions allaient de l'emprisonnement à la mort. Le refus obstiné de la paysannerie française d'accepter les assignats en paiement de leur grain a conduit à leur mort. Ces assassinats ont ensuite déclenché un règne de terreur à l'échelle nationale. Comme les précédents Massacres de la Saint-Barthélemy, ces atrocités avaient été prévues par certains actes "législatifs". Les cahiers de doléances refusaient de percevoir les impôts dus au clergé et le privaient de tous ses droits sur ses biens immobiliers, les terres de l'église ayant été saisies auparavant, et refusaient à l'église tout privilège financier. Le 4 août 1789, les députés adoptèrent des résolutions abolissant tous les privilèges des individus et des groupes sociaux, inaugurant ainsi la campagne officielle de "déchristianisation", qui a duré de mai 1792 à octobre 1794. Le 3 août 1790, la France révolutionnaire accorda les pleins droits civiques aux Juifs ; la mesure fut rejetée par treize fois successives, mais les maçons la firent passer à la quatorzième tentative.

L'Assemblée elle-même fut divisée en deux groupes rivaux : les Girondins de Bordeaux, qui envisageaient une République fédérale de type modéré, et les Sections de Paris, assises en haut sur la gauche, et donc appelées la Montagne. Depuis ce jour, les révolutionnaires ont toujours choisi la gauche comme lieu symbolique. La Montagne était constituée de quarante-huit sections de la Commune de Paris, dirigées par Marat, et composées de hooligans et de criminels. L'Assemblée entière de 655 membres comptait parmi ses membres 405 francs-maçons.

Marat, le juif qui personnifie les excès de la Révolution, était né en Suisse d'un père sarde et d'une mère Suisse juive. Dans les années 1770, il avait voyagé en Hollande et en Angleterre. En 1772, il publie en Angleterre un ouvrage intitulé *An Essay on the Human Soul*[20], un ouvrage maçonnique qui met l'accent sur le mysticisme. Un deuxième livre, *Les chaînes de l'esclavage*, publié en 1774, poursuit l'élaboration de sa philosophie radicale. Tout comme le révolutionnaire juif Karl Marx, Marat a toujours semblé trouver un soutien en Angleterre pour son travail, principalement auprès des frères maçons de ce pays. Il obtient un diplôme de médecine à l'université de St Andrews et ouvre un cabinet à Pimlico. En 1777, il retourne en France, où il devient le médecin du Comte d'Artois, le frère du roi. Doté d'un salaire équivalent à cinq mille dollars par an, il vivait très aisément. Il demanda même un blason de noblesse. Il consacrait une grande partie de ses fonds à des publications, finançant un journal radical, *L'Ami du Peuple*. En raison de cette activité, il est rapidement placé sous surveillance par les autorités. Il démissionne alors de son service auprès du Comte d'Artois, fuyant vers l'Angleterre, où il reste jusqu'en 1790. Voyant que le climat révolutionnaire était désormais propice à son travail, il revint ensuite en France.

Une connaissance a décrit Marat ainsi :

---

[20] *Essai sur l'âme humaine*, NDT.

"Marat avait les yeux brûlants d'une hyène, marqués par les convulsions spasmodiques de ses traits, assortis d'une démarche rapide et saccadée."

Une autre description nous est parvenue :

"Son visage était en forme de crapaud, marqué par des yeux globuleux et une bouche flasque, son teint verdâtre était semblable à celui d'un cadavre. Des plaies ouvertes souvent en cours de suppuration pigmentaient son terrible visage. Il ne portait pas de chaussettes, et ses bottes étaient généralement sales."

Son médecin, le Dr Cabanes, indiquait :

"Il est couvert d'eczéma, dans une de ses manifestations les plus virulentes et les plus douloureuses... Des écoulements suppurants lui sortent du scrotum jusqu'au péritoine, lui causant de grands tourments. Des maux de tête, des douleurs et de la fièvre accablent son esprit. Il subit également des douleurs intolérables dans les bras et les jambes."

Cabanes en concluait que Marat était probablement atteint des derniers stades de la syphilis. Il portait généralement un bandana rouge sur ses cheveux gras. Au plus fort de la Révolution, il épouse Susanne Simone dans le Temple de la Nature, un spectacle de Rousseau donné depuis une fenêtre ouverte. Telle était l'apparence de la créature qui a engendré le règne de la terreur.

Grâce au pouvoir des Sections de Paris derrière lui, Marat se fait nommer à la tête d'un Comité de surveillance. Il fait alors arrêter quelque quatre mille personnes et le massacre commence. C'est le dimanche 2 septembre 1792 que les premières victimes, vingt-quatre prêtres, sont conduits dans un jardin et battus à mort une par une. Plus de douze cents âmes furent tuées au cours de ce mois de septembre, plus de cent cinquante étant massacrées au couvent des Carmélites.

Les meurtriers ont profité de l'efficacité des armes modernes qui n'existaient pas à l'époque de leur idole, Baal. Pour leur plus grande satisfaction, les tueurs préféraient finir leurs victimes avec des haches, des pelles et des couteaux. Un chroniqueur de l'époque, Philippe Morice, écrivait :

"Le caniveau était rouge du sang des pauvres créatures qu'ils massacraient à l'abbaye. Leurs cris se mêlaient aux cris de leurs bourreaux, et la lumière que j'avais aperçue depuis la rue de la Seine était celle des feux de joie que les assassins avaient allumés pour éclairer leurs exploits..."

Les prisons du Châtelet et de la Conciergerie furent simultanément envahies par deux bandes d'assassins entraînés, qui firent deux cent vingt-cinq victimes au Châtelet et trois cent vingt-huit à la Conciergerie.

Un observateur anglais, le Dr Moore, a rapporté que les massacres étaient le résultat d'une planification de sang-froid de la part de certains politiciens. Ils firent tirer les canons à plusieurs reprises, comme une sorte d'encouragement pour exciter la populace à poursuivre son œuvre sanglante. Trente-trois garçons âgés de douze à quatorze ans furent tués à Bicêtre. À la Salpêtrière, des filles de seulement dix ans furent passées par l'épée, selon Mme Roland, qui déclara plus tard :

"Toutes les femmes ont été brutalement violées avant d'être mises en pièces par ces tigres."

En province, les massacres furent perpétrés par des fous, qui semblent avoir été spécialement recrutés à cette fin. Le plus notoire des tueurs en série était Carrier, qui aurait fait l'objet de fréquentes crises d'évanouissement, tombant au sol, la bouche écumante, hurlant et frappant sur tout le monde comme un animal. Il avait un désir obsessionnel de torturer et de tuer de jeunes enfants, tout comme son assistant, le bossu Durel, un maniaque meurtrier qui se plaisait à tuer des enfants en leur perforant le corps à plusieurs reprises avec des bâtons aiguisés. Ces deux fous rassemblèrent plus de cinq cents paysans dans un champ en dehors de Nantes, où ils les matraquèrent à mort, avec l'aide d'autres débiles comme eux qui se joignirent avec empressement au massacre. Carrier était célèbre pour avoir inventé les fameuses Noyades dans la Loire. De grands radeaux de victimes flottaient sur le fleuve, les bouchons étaient alors enlevés et tous les passagers se noyaient. Quelque six mille personnes ont été tuées de cette manière. Carrier observait également les rites de ce que l'on appelait les "mariages républicains". Les hommes et les femmes étaient dénudés, liés en couple et jetés dans la rivière.

On attachait deux à deux les personnes de l'un et l'autre sexe, toutes nues et tournées comme pour s'accoupler.[21]

Un autre fou notoire, Lebas à Arras, a d'abord exécuté tous les riches qui sont tombés entre ses mains, afin de pouvoir saisir leurs caves à vin et leurs bijoux. Il s'installa ensuite dans un manoir réquisitionné qui donnait sur la place de la ville. Lorsqu'il n'y eut plus de riches, il commença à assassiner les pauvres, qui étaient nombreux. Il les fit battre à mort sur la place, tandis que lui et ses amis regardaient de haut, célébrant le tout avec une frénésie orgiaque. À Lyon, le 4 décembre 1792, Fouché ordonne de ligoter quelque deux cents hommes et de les abattre à coups de mitraillettes juste à l'extérieur des murs de la ville. L'agent de Robespierre, Achard, était l'invité de ce spectacle ; il rapporta à son supérieur :

"Quels délices vous auriez goûtés si vous aviez vu la justice naturelle s'exercer sur deux cent neuf canailles ! Oh, quelle majesté ! Quel ton élevé ! C'était excitant de voir tous ces misérables mordre la poussière. Quel ciment ce sera pour notre République, à l'extérieur, sous la voûte de la nature !"

La place Bellecour contenait certains des plus splendides hôtels particuliers de France. Ils avaient été conçus par Mansart. Fouché les a fait exploser, un par un.

Une libérale anglaise en visite, Helen Williams, a décrit le guillotinement de vingt paysannes du Poitou après qu'elles aient été enlevées de la Conciergerie. Peu de temps après, Williams elle-même fut jetée en prison. La Terreur était authentique, il n'y avait aucun doute à ce sujet. Il n'y avait pas non plus de doute, comme l'avait observé le Dr Moore, qu'elle était soigneusement conçue par des politiciens et des financiers qui voulaient en tirer profit. Les spéculateurs affluèrent de Suisse et de Rhénanie pour profiter des règlements toujours changeants de l'Assemblée.

---

[21] En français dans le texte original, NDT.

Ayant eu connaissance de ces mesures par la distribution judicieuse de pots-de-vin, les spéculateurs ont réalisé d'énormes profits. Le climat de terreur était accru par la présence d'espions partout ; d'agents privés travaillant pour des maîtres invisibles ; d'informateurs du gouvernement, d'espions de toutes les factions, et partout des tricoteuses démentes, vêtues de haillons, qui s'asseyaient souvent devant la guillotine, hurlant de joie à chaque tête qui tombait dans le caniveau, et criant constamment pour voir toujours plus de sang couler. Les massacres étaient soigneusement organisés par les comités révolutionnaires, dont les membres étaient choisis par les clubs jacobins. Les Jacobins étaient tous des francs-maçons. Pendant la Terreur, la France comptait 6 500 000 habitants ; la Garde nationale comptait à elle seule quelque 125 000 membres, et les Clubs jacobins comptaient six mille membres. Una Bush, dans son important ouvrage *Secret societies and the French Revolution*[22], écrit :

> "Le bonnet phrygien des Illuminati est devenu le couvre-chef de la population pendant la Révolution française ; les fantasmes semi-mystiques des loges sont devenus les habitudes de la vie quotidienne."

Ceux qui n'étaient pas membres des loges maçonniques n'avaient aucune idée de la façon de se comporter, ni même de la façon de survivre ; seuls les maçons profitaient et dirigeaient chaque aspect de la Révolution. Lors de l'exécution de Louis XVI en 1793, un vieux maçon plongea ses mains dans le sang royal en disant :

> "Je te baptise au nom de la Liberté et de Jacques".

Il s'agissait d'une référence au Grand Maître des Templiers, Jacques de Molay, qui avait été brûlé par le roi Philippe le Bel. La vengeance était désormais accomplie. De nombreux actes commis pendant l'orgie de terreur défient l'imagination. Le sort de la princesse de Lamballe, une jolie aristocrate qui s'était échappée de la ville, est typique. Poussée par la loyauté envers

---

[22] *Les sociétés secrètes et la Révolution française*, NDT.

sa maîtresse, Marie-Antoinette, elle retourna à Paris pour se mettre à son service en ces temps troublés. La princesse fut rapidement saisie par la foule, publiquement éventrée, et ses parties intimes défilèrent dans la ville comme autant de trophées dédiés au triomphe de la Révolution ! Après la prise d'assaut des Guilerriers, un jeune apprenti tomba aux mains de la foule. Une grande casserole fut amenée et un feu allumé en dessous. Il fut ensuite frit dans du beurre, après quoi les révolutionnaires en firent leur festin.

Les cimetières de Paris devinrent le théâtre d'orgies nocturnes, dont beaucoup de rites mystiques qui n'avaient plus été observés sur terre depuis la destruction des temples de Baal. Les tombes furent ouvertes et les restes utilisés dans des rites diaboliques. Tout cela est arrivé parce que les Français ignoraient la Malédiction de Canaan et la Volonté de Canaan. Ces horreurs, qui dépassaient l'imagination de toute personne saine d'esprit, ont été perpétrées en raison de la nature satanique des Cananéens, qui ont saisi toutes les occasions à travers l'histoire pour assouvir leur passion pour le sacrifice humain et le cannibalisme.

La base idéologique de ces atrocités avait été consacrée par l'Assemblée nationale le 26 août 1789, qui avait officiellement adopté la Déclaration des droits de l'homme. Cela conduisit directement à la formation du tribunal révolutionnaire. Créé le 10 mars 1793, il mit ensuite en place le Comité de salut public. Le comité initial était composé de neuf hommes ; il fut par la suite porté à douze, et était dirigé par Marat. Ce dernier a d'abord utilisé le Comité pour détruire ses principaux opposants à l'Assemblée, les Girondins. Le 1er novembre 1793, il en décapita vingt et un en un seul jour. Les Girondins représentaient principalement la région de Bordeaux ; une jeune femme de ce district, de bonne famille, Charlotte Corday décida en secret de venger ses amis. En raison des douleurs liées à sa peau qui se détériorait à vue d'œil, Marat passait maintenant la plupart de son temps dans une baignoire. Corday s'est fait conduire auprès de lui et l'a poignardé. Elle a été jugée et exécutée le même jour. Les funérailles de Marat se transformèrent en une autre orgie babylonienne, au cours de laquelle de grandes quantités d'encens furent brûlées et des pyramides symboliques de papier, représentant son appartenance maçonnique, furent vues partout.

Les deux autres architectes du règne de la terreur, Danton et Robespierre, succédèrent à Marat. Eux aussi allaient bientôt être détruits par le monstre qu'ils avaient lâché sur la nation. Une grande fête de la Raison se tint à la cathédrale Notre-Dame. Le récit de Mercier décrit :

> "la population enragée dansait devant le sanctuaire et hurlait la Carmagnole (le Chant de la Révolution). Les hommes ne portaient pas de pantalons (les sans-culottes), le cou et les seins des femmes étaient nus. Dans leur danse sauvage, ils imitaient ces tourbillons, précurseurs des tempêtes, qui ravagent et détruisent tout ce qui se trouve sur leur passage. Dans l'obscurité de la sacristie, ils se livraient aux abominables désirs qui s'étaient enflammés en eux pendant la journée... la foule hurlait sa célébration du culte de la Vertu à la place de cet esclave juif et de cette femme adultère de Galilée, sa mère."

Le blasphème était la marque de la Révolution, non seulement la fureur qui a provoqué le massacre de centaines de prêtres, mais aussi l'envie de dégrader et de diffamer ceux qui étaient mieux lotis qu'eux. Lors de la Convention, Clootz, un juif militant athée, déclara :

> "Un homme religieux est une bête dépravée. Il ressemble à ces animaux que l'on garde pour les tondre et les faire rôtir au profit des marchands et des bouchers."

Après la mort de Marat, Robespierre atteint le sommet de son pouvoir en étant nommé président de la Convention. Pour célébrer son intronisation, il organisa une grande fête, la Fête de l'Être Suprême, le 8 juin, en affirmant qu'elle signifiait la renaissance de Dieu. Dans *La vie de Robespierre*, G. Renier écrit :

> "Le 28 juillet 1794, Robespierre prononça un long discours devant la Convention ... une violente diatribe contre les ultra-terroristes ... proférant de vagues accusations générales. "Je n'ose pas les nommer en ce moment et en ce lieu. Je ne peux pas me résoudre à déchirer entièrement le voile qui recouvre

ce profond mystère d'iniquité. Mais je peux affirmer très positivement que parmi les auteurs de ce complot se trouvent les agents de ce système de corruption et d'extravagance, le plus puissant de tous les moyens inventés par les étrangers pour l'anéantissement de la République. Je veux dire les apôtres impurs de l'athéisme, et l'immoralité qui est à sa base." Renier commente : "S'il n'avait pas prononcé ces mots, il aurait peut-être encore triomphé !"

Parce qu'il avait menacé de dénoncer les Illuministes à l'origine de la Révolution, Robespierre s'était condamné. À ce moment précis, Fouché, son ennemi juré et rival mortel, faisait passer la loi du 22 prairial, qui stipulait dans son article 16 "aucune défense pour les conspirateurs". Lors de l'assemblée du 9 Thermidor, Robespierre n'est pas autorisé à s'exprimer ni à se défendre contre ses accusateurs. Peu après, il est arrêté à l'Hôtel de Ville. Dans la lutte qui s'ensuivit, il fut abattu d'une balle dans la mâchoire. Il est traîné à la Conciergerie, toujours vêtu de son costume pour le Festival, d'un manteau bleu ciel et d'une culotte couleur jonquille. Vingt-deux de ses partisans sont d'abord exécutés, puis Robespierre lui-même est conduit à la guillotine. Avant de le faire basculer au supplice, le célèbre bourreau juif Samson a délibérément arraché le bandage de sa mâchoire. Les spectateurs rapportèrent qu'il cria comme un animal abattu avant que la lame ne descende pour mettre un terme à son agonie.

Le troisième chef du règne de la terreur, Danton, fut lui aussi bientôt guillotiné, et Paris commença lentement à revenir à la normale. L'inévitable réaction, appelée la Terreur blanche, ne tarda pas à se manifester. Elle a culminé avec le célèbre 18 Brumaire, une date que les révolutionnaires ont depuis lors citée avec haine et colère. Le 18 Brumaire, Napoléon prend le pouvoir et la Révolution est terminée.

Un autre développement de la Révolution française a été le déferlement sur le monde d'une nouvelle formule servant à contrôler l'humanité, les sciences sociales. Cette technique a été mise au point par un aristocrate, le comte de Saint-Simon, pendant sa détention au Luxembourg. En attendant son procès, il s'est amusé à développer sa vision d'un nouveau système social, qui serait élaboré sur des principes purement scientifiques au lieu des réalités politiques. De son concept est né tout le système socialiste de "bien-être social", qui s'est avéré être un outil nécessaire pour imposer le socialisme aux gouvernements de nombreux pays.

La Terreur avait offert une grande opportunité aux Cananéens de satisfaire leurs désirs inhumains. Ils haïssaient désormais Napoléon avec toute la passion dont ils étaient capables, car il leur avait enlevé leurs délices. Après sa chute, ils ont veillé à ce qu'il soit lentement empoisonné à mort par l'administration d'arsenic dans sa nourriture. Cela fut prouvé cent cinquante ans plus tard par l'examen de ses cheveux, qui montraient de fortes concentrations d'arsenic. Le poison avait été administré à Napoléon sur l'île de Sainte-Hélène par un agent de confiance des Rothschild. Pour assouvir leur soif de vengeance, ces mêmes conspirateurs ont ensuite assassiné son jeune fils, le duc de Reichstadt.

C'est le Duc de Brunswick lui-même (connu sous le nom d'"Aaron" dans les Illuminati) qui a prononcé le dernier mot sur la Révolution française :

> "Une secte secrète travaillant au sein de la franc-maçonnerie a provoqué la Révolution française et sera la cause de toutes les révolutions futures."

Monseigneur Dillon, écrivant en 1885, a fait un autre commentaire :

> "Aussi subversives que les doctrines du Grand Ordre aient pu être - et l'ont sans doute été - ce n'est pas la Franc-maçonnerie elle-même, mais l'Illuminisme qui a organisé le mouvement dont la Révolution française n'était que la première manifestation."

Le grand historien français Hippolyte Taine a écrit :

> "Liberté, égalité, fraternité ! Quels que soient les grands mots avec lesquels la Révolution a été ornée, il s'agissait essentiellement d'un transfert de propriété."

L'issue favorable des guerres napoléoniennes a permis aux Rothschild d'exercer un contrôle incontesté sur cette propriété. Ils organisèrent le Congrès de Vienne pour célébrer leurs grandes victoires. Von Gentz, secrétaire du prince Metternich, souligne qu'il n'y a jamais vraiment eu de Congrès de Vienne ; les Rothschild se sont contentés de dicter la signature de l'Acte final, en juin 1815, aux quatre grandes puissances. Von Gentz commente :

> "Le véritable but du Congrès était de répartir entre les conquérants le butin pris aux vaincus."

Le Congrès de Vienne était officiellement dirigé par Lord Castlereagh, ministre des Affaires étrangères de Grande-Bretagne, et son demi-frère, Lord Charles Stewart, qui était ambassadeur plénipotentiaire à Vienne. Lord Aberdeen, Lord Cathcart et Lady Burghe, nièce du Duc de Wellington, représentaient également la Grande-Bretagne. La princesse Thurn und Taxis organisait des rencontres nocturnes dans son salon entre Talleyrand et le tsar de Russie. Au cours de ces rencontres, Talleyrand trahit régulièrement le peuple français. Presque toute la royauté européenne était présente à Vienne pour le Congrès. Ils se réunirent à l'Opéra pour un concert spécial dirigé par Beethoven en personne.

Parce que l'Angleterre était la puissance victorieuse, la suprématie mondiale de la puissance navale britannique a été acceptée sans conteste par les membres du Congrès. L'adoption des lois du 20 et du 29 mars 1815, qui garantissaient en permanence la neutralité de la Suisse, fut un événement important. Ces lois garantissaient non seulement que la Suisse continuerait à être la nation où les révolutions du monde pouvaient être tramées, mais aussi que les gains mal acquis de ces révolutions seraient garantis en dépôt et en assurance contre la réappropriation par les victimes des vols qu'elles avaient subis.

Lord Castlereagh s'est ensuite adressé à la Chambre des Communes dans ce rapport sur le Congrès : Le Congrès de Vienne n'a pas été réuni pour discuter de principes moraux, mais pour de grandes raisons pratiques, afin d'établir des dispositions efficaces pour la sécurité générale. L'une de ces dispositions était la création par Nathan Mayer Rothschild d'un comité spécial allemand au sein du Congrès, chargé d'élaborer un accord sur les droits des Juifs allemands. Cette disposition a été insérée dans l'Acte final, qui a ensuite été annoncé comme établissant "l'équilibre en Europe", la fameuse doctrine connue plus tard sous le nom de "balance des pouvoirs". En fait, les services de renseignements britanniques, dirigés par Lord Shelburne, avaient fait accomplir toute la Révolution française depuis Londres comme un complot maçonnique pour débarrasser l'Angleterre de son rival le plus ancien et le plus historique. Après 1815, la France n'a plus jamais fait peser de menace sur l'hégémonie britannique. Il ne s'agissait pas du tout d'un rapport de force ; c'était le triomphe du système hégélien des banquiers illuministes juifs.

Les Bourbons étaient désormais devenus une famille dirigeante faible et inefficace : Lord Castlereagh les a formellement rétablis sur le trône dans le traité de Paris, uniquement parce qu'ils allaient contribuer de manière importante à accroître la faiblesse et le déclin futur de la France.

Castlereagh, marquis de Londonderry, était désormais considéré comme l'homme politique le plus puissant du monde. Il était le filleul de Lord Camden, qui, avec Lord Shelburne, avait prêté de grosses sommes au Premier ministre britannique William Pitt ; ce qui leur permit par la suite de le contrôler pour lui faire accomplir leurs propres desseins. Lord Shelburne fut dénoncé par Edmund Burke comme "un Borgia de la morale", ce qui était sans aucun doute vrai. Henry Kissinger a ouvertement modelé ses propres techniques diplomatiques sur celles de Lord Castlereagh. Dans son livre *Un monde restauré*, qu'il a dédié à McGeorge Bundy (de la Fraternité de la mort[23]), Kissinger a écrit : "Il y a deux façons de construire un ordre international : par la force ou par le consentement ; par la conquête ou par la légitimité." Le "monde restauré" auquel Kissinger a consacré sa carrière était, bien sûr, la continuation de l'Ordre Mondial des Rothschild qui avait été établi au Congrès de Vienne. Son idole, Lord Castlereagh, avait apparemment des doutes sur les conséquences de sa diplomatie. Il revint de Vienne à Londres, convaincu d'avoir accompli un grand triomphe personnel, tant

---

[23] Les fameux Skull and Bones, NDT.

pour lui-même que pour son pays. En examinant plus tard les résultats réels du Congrès de Vienne, il réalisa tardivement qu'il avait livré l'ensemble du continent européen aux mains des Rothschild. Le 12 août 1822, il eut une audience émouvante avec le roi George IV, il lui confia : "Sire, il faut dire adieu à l'Europe." Il rentra alors chez lui et se trancha la gorge en se coupant l'artère fémorale avec un petit canif.

Cette histoire a une signification encore plus intéressante aujourd'hui. Le financier Sir James Goldsmith est l'un des principaux partenaires des Rothschild dans leurs échanges mondiaux. Il est marié à la fille de l'actuel marquis de Londonderry, le descendant de Lord Castlereagh. C'est le troisième mariage de Goldsmith. Il avait épousé sa première femme, Isabel Patino, héritière de la grande fortune de l'étain, alors qu'elle n'avait que vingt ans. Elle est morte mystérieusement. L'orfèvre a ensuite épousé la nièce du Comte de Paris, le prétendant au trône de France des Bourbons. Il épousa ensuite la descendante de Lord Castlereagh.

En quarante ans, depuis que Mayer Amschel avait persuadé le prince électeur de Hesse de le laisser investir sa fortune (l'argent que le roi George III lui avait versé pour les mercenaires hessois qui devaient écraser les révolutionnaires américains et maintenir le contrôle britannique sur les colonies américaines), les Rothschild avaient parcouru un long chemin vers le pouvoir. Ils avaient transformé l'argent de l'Électeur en une fortune mondiale privée hors de tout contrôle étatique. Jusqu'à ce coup de chance, ils n'étaient en aucun cas la famille la plus importante dans la hiérarchie des prêteurs d'argent de Francfort. Depuis 625, un contingent juif considérable était présent à Francfort-sur-le-Main. En 1265, une convention avait été signée qui leur a permis de rester. Cependant, en 1614, la Judengasse fut mise à sac. Quelque 1390 Juifs y vivaient à cette époque. En 1615, les portes de la Judengasse avaient été placardées avec l'avertissement "Sous la protection de Leurs Majestés Impériale romaine et du Saint Empire romain". En 1715, la Judengasse comptait quelque 415 familles, dont 109 prêteurs, 106 quincailliers et des marchands de vêtements de seconde main ou de fruits. Parmi les douze familles les plus importantes de la Judengasse en 1715, les

Speyer étaient les plus riches, avec une fortune de 604 000 florins ; puis vinrent les Goldschmidt, les Wertheimer[24], la famille Haas, etc. Au quatrième rang, on trouve les Rothschild, avec 109 375 florins. Exactement cent ans plus tard, les Rothschild sont les maîtres de l'Europe qui dictent les termes du Congrès de Vienne. Ils ont alors demandé un blason de noblesse comportant une couronne royale, représentant le Léopard d'Angleterre et le Lion de Hesse. Cette demande a été rejetée en 1817, mais après une pression financière énorme sur le gouvernement, elle a finalement été accordée en 1822. L'année suivante, les Rothschild reprirent toutes les opérations financières de l'Église catholique au niveau mondial. Le Dictionnaire de la biographie nationale mentionne le nom du chef de famille, Sir Nathan Mayer Rothschild :

"L'influence de sa maison est l'égale de celle exercée par la Banque d'Angleterre ; après la mort de Sir Moses, on peut presque dire que Montefiore Rothschild est le leader incontesté des Juifs du monde entier."

Le succès de la Révolution française, qui était en fait un coup d'État, était dû à la réorganisation des francs-maçons en France. La Loge française d'origine n'avait que trois degrés ; les 33 degrés du Rite Écossais Ancien et Accepté, les degrés révolutionnaires, ont alors été introduits ; cela a garanti le succès de la conspiration. Après la Révolution, le Conseil suprême de l'Ordre se réunit généralement à Paris. La Loge juive de Francfort, *L'Aurore Naissante,* avait été autorisée par la Grande Loge de Paris en 1808. Le rite écossais date toujours ses documents officiels avec les mois hébraïques. Le 18 septembre 1885, le Bulletin du Grand Orient de France appela ouvertement à la destruction de l'Église catholique. En 1886, le Congrès international du Grand Orient poursuivit l'appel aux armes avec le cri affirmé de : "Guerre totale contre Dieu !" Le champ de bataille politique de la franc-maçonnerie se concentra alors en Italie, d'où l'appel à la guerre contre l'Église catholique. Il n'y

---

[24] Aujourd'hui propriétaires de Chanel, NDÉ.

eut pas de révolution italienne ultérieure, comme cela s'était produit dans d'autres pays, notamment en France, car la zone était trop diffuse ; le seul ennemi central en Italie était le pouvoir exercé par l'Église. Les "libérateurs" italiens, Mazzini et Garibaldi, étaient les principaux maçons des Loges. Là encore, ils ne faisaient qu'exécuter les instructions des services de renseignements britanniques. Ce n'est pas moins que Lord Sackville qui avait introduit la franc-maçonnerie en Italie, en 1733. L'influence britannique était prépondérante lorsque Lord Palmerston, avec l'aide de Cavour, guida les "libérateurs" dans leur capture de Rome et leur mise en état d'arrestation du Pape.

L'accession au pouvoir en France de Louis-Napoléon, plus tard connu sous le nom de Napoléon III, fut un nouveau triomphe des conspirateurs cananéens. Louis-Napoléon était né de la reine Hortense en 1808. Sa résidence à Paris était également le siège de la Maison de Rothschild ; elle devint plus tard la résidence privée de James de Rothschild ; le bâtiment fut démoli en 1968.

Le général Spiridovich, une autorité sur cette période, déclare sans équivoque qu'il était de notoriété publique que Napoléon III était un Rothschild. Napoléon III était également un membre bien connu des Carbonari, un groupe de nobles italiens qui étaient les chefs des Guelfes, ou membres de la noblesse noire, en Europe. L'Alta Vendita était le directoire suprême des Carbonari, dont les ordres devaient être obéis sous peine de mort. Lorsque Louis Napoléon est proclamé empereur en 1851, les Carbonari s'empressent de consolider leurs acquis en Italie. Un groupe maçonnique international dirigé par Lord Palmerston, et qui comprenait également Kossuth, Lemmi et d'autres, s'était réuni à Londres en 1860 pour planifier leur stratégie de prise de contrôle absolu en Italie. Lorsque Garibaldi occupa Naples, un groupe de maçons anglais était là pour l'assister dans sa prise de contrôle de la ville.

Malgré ses origines cananéennes, Napoléon III a profondément offensé l'Ordre Mondial lorsqu'il a organisé son coup d'État en décembre 1851 et pris le pouvoir en France. Pour expier son manquement à la discipline, son fils, le prince impérial, fut assassiné par la suite. Le juif Gambetta, ancien premier ministre, dont le secrétaire était le juif Adolphe

Crémieux, fondateur de l'Alliance israélite universelle, a déclaré :

> "La mort providentielle du duc de Reichstadt [le fils de Napoléon Ier] a été la punition de Brumaire [lorsque Napoléon Ier a pris le pouvoir]. Je vous jure que décembre 1851 [le coup d'État de Napoléon III] sera également puni."

En 1879, le Prince, alors âgé de vingt-trois ans, se joignit à une expédition britannique contre les Zoulous, car il avait été privé d'exercice militaire en France. Il développa une mystérieuse fièvre sur le bateau qui le conduisait en Afrique, mais il s'en remit miraculeusement. On lui affecta alors un aide, le lieutenant franc-maçon-------- qui le persuada plus tard de dépasser de onze milles les limites de la reconnaissance prescrite où ils avaient établi leur camp. Lorsque le Prince monta sur son cheval (lors d'une attaque), la sangle se brisa ; elle avait été sectionnée en deux, bien qu'il s'agisse pourtant d'une nouvelle sangle en cuir. Il mourut en recevant dix-sept coups de javelot des Zoulous.

Dans *La Mort du Prince Impérial*, Paris, 1891. Paillaud écrit :

> "Au moment du départ du prince de France pour l'Angleterre, un député républicain franc-maçon a dit : "Vous ne le reverrez plus jamais [le prince]. Je ne prétends pas être un prophète, mais croyez-moi, le prince sera tué au Zoulouland."

Le député était un ami proche de Gambetta. Le 19 mai 1879, un journal de gauche annonça que le prince avait été tué. Une loge maçonnique du Cap avait envoyé un message à Paris, mais ce jour-là, les Zoulous ne s'étaient pas présentés. Lors d'une expédition ultérieure, le 1er juin, le Prince est massacré. Cette circonstance remarquable a été notée dans une pièce de théâtre d'Alexandre Dumas très réussie, *La femme de Claude*[25], à Paris. Le héros, Daniel, y déclare :

---

[25] Nous ne sommes pas parvenus à identifier cette référence dans la bibliographie du célèbre écrivain... NDÉ.

"La diaspora juive ne nous a pas dispersés, au contraire, elle nous a répandu dans toutes les directions. En conséquence, nous enlaçons le monde entier, comme pour ainsi dire, dans un filet."

CHAPITRE 6

LA RÉVOLUTION AMÉRICAINE

L'histoire des États-Unis commence bien avec la "découverte" de Christophe Colomb en 1492, si l'on fait abstraction des nombreux voyages effectués sur cette terre par des aventuriers depuis un millier d'années. Le roi Henri VII avait accordé des patentes à Jean Cabot (un Génois nommé Giovanni Caboto) le 5 mars 1646, et à ses trois fils, Lewis, Sebastian et Santius. Les Cabot ont reçu le droit de posséder tous les "villes, cités, châteaux et îles" qu'ils pourraient découvrir. Cabot a débarqué au Labrador le 2 mai 1647. Ses descendants devinrent d'importants dirigeants en Nouvelle-Angleterre.

Le premier ensemble de lois pour la nouvelle terre, le *Mayflower Compact*, avait été signé par les passagers du navire le Mayflower le 11 novembre 1620, comme suit :

> "Au nom de Dieu, Ainsi soit-il. Nous, dont les noms sont garantis comme loyaux sujets de notre redoutable Souverain et seigneur de Grande-Bretagne, de France et d'Irlande, Roi par la grâce de Dieu, défenseur de la foi, etc.
>
> Ayant entrepris, pour la gloire de Dieu, le progrès de la foi chrétienne et l'honneur de notre roi et de notre pays, un voyage pour implanter la première colonie dans le nord de la Virginie, nous nous engageons par ces lois, solennellement et mutuellement en présence de Dieu et les uns des autres, à nous unir en un corps politique civil, pour notre meilleur ordre et notre meilleure préservation, et pour l'avancement des fins susmentionnées ; et par la vertu des présentes, nous

promulguons, constituons et encadrons, de temps à autre, les lois, ordonnances, actes, constitutions et offices, jugés les plus conformes et les plus commodes pour le bien général de la colonie, auxquels nous promettons toute la soumission et l'obéissance nécessaires. En foi de quoi nous avons souscrit nos noms au Cap Cod le 11 novembre, sous le règne de notre Souverain Lord James d'Angleterre, de France et d'Irlande, le dix-huitième et d'Écosse le cinquante-quatrième.

Anno Domini 1620. Signé, William Mullins et autres."

11 John Dee, *General and rare memorials*, 1577, title-page

Ainsi, le premier accord juridique ou constitution promulgué dans le Nouveau Monde a été suivi en 1661 par une Déclaration des libertés, datée du 10 juin 1661, devant le Tribunal général, qui indiquait :

> "2. Le Gouverneur et la Compagnie sont, par le fait même, un corps politique, en fait et en nom. 3. Ce corps politique est investi du pouvoir de rendre les hommes libres."

Cette déclaration est un document important dans l'histoire de cette nation, car elle annonce que nous possédons désormais le pouvoir de souveraineté, c'est-à-dire le droit d'agir en hommes libres.

Le 2 octobre 1678, les colons annoncèrent avec audace que :

"les lois de l'Angleterre sont limitées aux mers du Nord et n'atteignent pas l'Amérique".

De toutes les colonies, la Virginie était, selon le savant J. R. Pole, celle qui ressemblait le plus à l'Angleterre. C'est probablement parce qu'elle était la plus maçonnique des colonies. Elle était dirigée depuis Londres par les Lords of Trade[26], anciennement connus sous le nom de Board of Trade, par la London Company et la Virginia Company, et la loi qui les régissait était la loi de l'Amirauté. (p. 59, *Royal Government in America*, Leonard Woods Labaree, Yale, 1930.) En 1723, le gouverneur Drysdale de Virginie a imposé une taxe de 40 shillings sur chaque esclave amené dans la province. Les principaux marchands d'esclaves anglais, la Royal Africa Company, composée de "divers marchands faisant du commerce en Afrique", la South Nun Company et la Liverpool Corp. ont immédiatement protesté contre cette taxe, tout comme le maire, les échevins et les marchands de l'ancienne et loyale Corporation de Liverpool. La Common Law anglaise a statué devant les tribunaux ; elle a examiné toutes les preuves du dossier.

C'est cet esprit de liberté des colons, dont beaucoup étaient des réfugiés huguenots de France, qui a très tôt fait craindre à Londres que la Nouvelle Terre ne se révèle une province rebelle à la puissance britannique. Dès le début, beaucoup de colons américains se considéraient en réalité comme indépendants, commercialement si ce n'était politiquement. Londres était une capitale lointaine et, dans la plupart des cas, les colons étaient livrés à eux-mêmes. Le peuple de Sem avait maintenant trouvé sa Terre promise, où il pouvait construire le type de civilisation

---

[26] Les Seigneurs du Commerce, NDT.

à laquelle il aspirait et où il pouvait élever sa famille, enfin libéré des redoutables Cananéens et de leur addiction aux sacrifices humains et au cannibalisme.

Cependant, les Cananéens n'avaient pas perdu de vue leur proie, aussi lointaine soit-elle. Ils avaient la formule pour contrôler n'importe quel peuple, l'organisation subversive de l'Ordre maçonnique des Cananéens. L'*Encyclopaedia Judaica* note que Moïse M. Hays a été nommé inspecteur général de la maçonnerie nord-américaine en 1768. Benjamin Franklin était Grand Maître à Philadelphie depuis 1731. Hays introduisit bientôt le rite écossais aux États-Unis, inaugurant la Loge de Newport en 1780. L'organisation maçonnique de Franklin avait été appuyée par Lafayette qui devait plus tard soutenir Benito Juárez dans la Révolution mexicaine. Jusqu'à l'apparition du rite écossais, une organisation rivale mise en place par le duc d'Orléans, les banquiers suisses et les services de renseignements britanniques, Franklin était le principal organisateur maçonnique dans les colonies. En 1785, quinze loges des Illuminati avaient été créées en Amérique. Elles étaient dirigées par un groupe de New-Yorkais, dont Clinton Roosevelt, Charles Dana, le gouverneur De Witt Clinton et Horace Greeley. Roosevelt a ensuite écrit un livre influent, *The Science of Government as Founded on Natural Causes*[27], qui est devenu le manuel pour la mise en œuvre des programmes des Illuminati en Amérique.

La Révolution américaine diffère sensiblement des révolutions française, espagnole et russe. Il ne s'agissait pas d'un soulèvement local contre des maîtres oppresseurs. Il s'agissait plutôt de la prise de contrôle de la propriété par ceux qui avaient travaillé à son développement et qui estimaient ne rien devoir aux propriétaires absents et lointains de la Couronne britannique. Cette Révolution fut largement exempte de massacre de masse, du règne de la terreur ou des atrocités habituellement associées aux soulèvements contrôlés par la maçonnerie cananéenne. Néanmoins, le même maître de l'espionnage britannique, Lord

---

[27] *La science du gouvernement fondée sur des causes naturelles*, NDT.

Shelburne, qui avait dirigé la Révolution française depuis Londres, s'arrangea pour placer nombre de ses agents à des postes cruciaux parmi les révolutionnaires américains. Ces agents sont intervenus aux moments critiques et ont par la suite été présentés comme des patriotes capables et audacieux. Tout comme les banquiers suisses avaient influencé la Cour de France en plaçant leur agent, le financier Necker, à une position clé pour précipiter une dépression économique, de même Lord Shelburne a joué un rôle décisif dans la manipulation des forces américaines pendant la Révolution. Le plus célèbre de ces agents fut Benedict Arnold, dont le nom reste synonyme de trahison. Arnold n'était que l'officier le plus visible d'un réseau beaucoup plus vaste mis en place par la famille Mallet-Prevost, le nom le plus important de l'espionnage suisse. Augustin Prevost devint Grand Intendant de la Loge de la Perfection qui fut créée à Albany en 1768. Solomon Bush devient inspecteur général adjoint de la maçonnerie pour la Pennsylvanie en 1781, et Abraham Forst de Philadelphie est nommé inspecteur général adjoint pour la Virginie en 1781. Le 5 octobre 1785, les archives maçonniques indiquent que "le Frère Augustine Prevost, un Prince du Secret Royal, nous a honorés de sa visite." Rétrospectivement, nous constatons que les agents maçonniques ont circulé librement entre les zones britanniques et les zones contrôlées par les Américains pendant toute la Révolution. Au cours d'une bataille, un régiment anglais a perdu ses objets de valeur maçonniques. Ceux-ci furent rapidement rendus par le général George Washington sous un drapeau de trêve, et escortés par une garde d'honneur. Après la bataille de Yorktown en 1781, un grand banquet a été donné au cours duquel les maçons britanniques, français, allemands et américains se sont tous assis et ont célébré la victoire ensemble.

La famille Prévost, à Genève, en Suisse, était l'une des membres les plus puissantes du Conseil des 200. Le général Augustine Prevost, Prince du Royal Secret, a commandé les forces britanniques en Amérique du Nord pendant toute la Révolution ; son frère, Mark Prevost, était son second. Ils rédigèrent les ordres du major André, qui "dirigea" l'opération de trahison de Benedict Arnold. Pris sur le fait, André, le fils d'un banquier d'affaires suisse influent, ne pouvait être sauvé. Il fut pendu par les Américains qui l'avaient capturé. Le plus célèbre traître américain, Benedict Arnold, a passé l'après-guerre confortablement en Angleterre. Le fils du général Augustin Prevost, Sir George Prevost, était le commandant des forces britanniques en Amérique du Nord pendant la guerre de 1812.

À la fin de la guerre d'Indépendance, la plupart des Américains croyaient avoir gagné leur autonomie vis-à-vis de la Grande-Bretagne. Ils étaient désormais libres de mettre au point un instrument de gouvernement qui leur garantirait, à eux et à leur postérité, l'indépendance à perpétuité. Le résultat de la convention du peuple de Sem fut la Constitution des États-Unis, un document remarquablement simple, mais incroyablement complet. Elle leur garantissait leur indépendance principalement parce qu'elle excluait délibérément les Cananéens de la participation au gouvernement. C'était un document véritablement racial, écrit par et pour le peuple à la peau claire de Sem. Ses dispositions étaient explicitement conçues pour n'être applicables à personne d'autre. Parce qu'il avait été écrit comme un document sémitique, rédigé pour assurer la sécurité et la prospérité du peuple blanc de Sem, toute modification ou dilution future de cette "intention originale" de la Constitution serait un acte antisémite. L'objectif premier de la Constitution des États-Unis était de protéger les citoyens libres de toute intrusion d'une agence gouvernementale cananéenne arbitraire et tyrannique. L'érosion progressive de ces dispositions de la Constitution et sa subtile altération pour permettre et encourager les attaques contre les citoyens libres des États-Unis par un gouvernement centralisé cananéen démoniaque, constitue une agression raciale et religieuse des plus graves contre le peuple de Sem. Ainsi, toutes les modifications ultérieures de cette Constitution, qui ont été promulguées dans ce but, constituent une attaque injustifiée et flagrante inspirée par le désir de commettre une persécution raciale et religieuse, dans le but ultime de perpétrer un génocide total à l'encontre du peuple de Sem.

Au cours des deux cents années qui ont suivi, tous les arguments pour et contre la Constitution, tels qu'ils ont été présentés dans nos tribunaux, et plus particulièrement à la Cour suprême des États-Unis, ont été sans valeur, car ils ont refusé de mentionner l'objectif explicite de la Constitution, à savoir la protection du peuple de Sem contre la persécution raciale et religieuse. De nombreux universitaires admettent librement que la Constitution a été écrite pour limiter les pouvoirs du gouvernement et pour garantir les libertés du peuple, mais comme ces discussions ne mentionnent jamais qui sont ces "gens", elles ne se rapprochent jamais de la réalité. Certes, la Constitution cite certains "droits" fondamentaux, mais ces droits ne s'appliquent qu'au peuple de Sem. Il est impossible de citer la Constitution dans des discussions sur les droits des Papous ou des Slaves, parce que ce document n'a jamais été destiné à de telles applications. Ce que les Cananéens ont réussi à faire, c'est de déformer ou d'étendre la Constitution des États-Unis jusqu'à ce que son intention initiale, qui était explicitement exprimée dans son langage, soit maintenant étendue à tous, les peuples du monde ; notre Constitution actuelle n'est ni plus ni moins qu'une Charte des Nations unies, et c'est précisément la façon dont les juges américains "interprètent" maintenant la Constitution. Chacune de ces interprétations est non seulement un acte de haute trahison, mais aussi un acte d'agression contre le peuple de Sem. Les Constitutions des États étaient également explicites dans leur attachement à la religion chrétienne du peuple de Sem. La Constitution de Caroline du Nord de 1776 exigeait que "toute personne qui nie l'existence de Dieu ou la vérité de la religion protestante ... ne soit pas capable d'occuper un poste ou un lieu de confiance à des fins lucratives". Cette disposition est restée en vigueur jusqu'en 1830. La Constitution du Delaware, en 1776, exigeait que "tout titulaire de poste déclare sa foi en Jésus-Christ".

La ratification de la Constitution des États-Unis a rapidement été suivie par la première d'une longue série de tentatives visant à la subvertir. Il s'agit de la conspiration édouardienne, dirigée par Timothy Dwight, le président de l'université de Yale. Les conspirateurs étaient des ecclésiastiques et des professeurs calvinistes, c'est-à-dire des Cromwelliens, semblables à ceux qui avaient commis un régicide en Angleterre et décapité le roi Charles Ier. Ils étaient aidés par des politiciens vénaux, qu'ils contrôlaient facilement par la corruption et le chantage. Ce complot avait pour but l'annulation du premier amendement. Par la corruption et l'intrigue, ils prévoyaient d'établir l'église calviniste comme la religion officiellement autorisée et subventionnée par l'État fédéral dans chaque État respectif. Nous avons déjà signalé que le fondateur de cette religion, Cauin, ou Cohen, avait mis en place une autocratie théologique en Suisse qui tuait ou emprisonnait rapidement quiconque osait critiquer ses actes d'oppression. Cauin avait ensuite exporté cette "religion" diabolique en Angleterre, où ses excès ont dévasté tout le pays. La conspiration édouardienne a été révélée par un ecclésiastique anglican, le révérend John Cosens Ogden, qui a publié à Philadelphie en 1799 les résultats de ses recherches dans son ouvrage *A View of the New England Illuminati*, qui démontre comment les puritains se sont inlassablement engagés dans la destruction de la religion et du gouvernement des États-Unis. Bien que ce livre soit paru pour la première fois en 1799, il pourrait être réédité aujourd'hui avec pratiquement le même texte. Il suffirait de l'actualiser en y incluant les noms des conspirateurs actuels. Nous connaissons le nom de Timothy Dwight comme l'un des trois organisateurs du Russell Trust à Yale, également connu sous le nom de Skull and Bones, ou la Confrérie de la mort. Le même petit groupe de conspirateurs a participé à tous les complots visant à détruire la République américaine fondée par et pour le peuple de Sem.

La révélation de cette conspiration n'a pas dissuadé les comploteurs, qui l'ont bientôt fait suivre d'une autre, la Junte d'Essex de 1804-1808. Les principaux conspirateurs étaient nés dans le comté d'Essex, au Massachusetts, ou à proximité, d'où le nom du complot. Ils ont travaillé en étroite collaboration avec des agents des services de renseignements britanniques à Boston pour provoquer la sécession des États de la Nouvelle-Angleterre des États-Unis. Ces Judas n'étaient pas des révolutionnaires hagards et porteurs de bombes ; ils étaient issus des principales familles de commerçants et de banquiers de la Nouvelle-Angleterre. Leur chef était le sénateur du Massachusetts George Cabot, un descendant direct du Génois Cabot qui avait été commissionné par le roi Henry VII et qui avait débarqué au Labrador près de deux siècles plus tôt ; les autres conspirateurs étaient le juge John Lowell, ancêtre de la famille Bundy de la

Fondation Ford et d'autres dirigeants d'organismes de premier plan ; les Higginson, Pickering, Parson et le juge Tapping Reeve, de Litchfield, dans le Connecticut, qui se trouvait être le beau-frère d'Aaron Burr. La conspiration avait été alimentée par les efforts d'un agent de premier plan des services de renseignement britanniques, Sir John Robison, qui travaillait en étroite collaboration avec le réseau d'Aaron Burr. Après que le président Thomas Jefferson eut été informé des détails de la junte de l'Essex, les malfaiteurs abandonnèrent à contrecœur leur rêve d'une dissolution rapide de l'Union, pour se consacrer ensuite à une stratégie à plus long terme, qui culmina avec la guerre civile de Sécession.

Le service secret de renseignement britannique avait été financé par Lord Shelburne pour promouvoir les intérêts de la Compagnie des Indes orientales et de la Banque d'Angleterre, dont il est devenu le principal réseau de renseignement, ainsi que des familles de banquiers Hope et Baring, et de leurs alliés suisses, les banquiers Prevost et de Neuflize. Leurs partisans les plus compétents aux États-Unis étaient John Jacob Astor et Aaron Burr. Astor a été trésorier de la Grande Loge de New York de 1798 à 1800. En 1800, il a obtenu un laissez-passer gratuit perpétuel dans tous les ports du monde que la Compagnie des Indes orientales avait placés sous son contrôle. Cela lui donna un énorme avantage financier sur ses concurrents. En échange de ce traitement favorable, il a fourni le soutien financier pour le complot visant à remplacer le président Thomas Jefferson par Aaron Burr, après que Jefferson ait dévoilé le complot de la junte de l'Essex.

Tout au long de la guerre d'Indépendance, Burr a travaillé comme agent double, faisant des rapports quotidiens aux forces britanniques depuis West Point. Plus tard, Burr est devenu l'avocat des intérêts d'Astor, rédigeant leurs contrats et effectuant des travaux commerciaux pour la Compagnie des Indes orientales. Il truquait régulièrement les élections dans la région de New York grâce à ses relations avec les loges maçonniques. Il avait fondé la Société de St Tammany à New York en 1789. Elle était symboliquement constituée de treize tribus, chacune ayant à sa tête un Grand Sachem ; l'ensemble du réseau était supervisé par un Grand Sachem au siège. Ce dernier est devenu le célèbre - ou tristement célèbre - Tammany Hall, qui a contrôlé la structure politique de la ville de New York pendant de nombreuses années, avec son lot de corruption et de favoritisme. Il n'a jamais été autre chose qu'une filiale des loges maçonniques, dont l'organisation en était ouvertement l'imitation.

Le chef des francs-maçons à New York en 1783 avait été le Rand Master William Walter, un général de l'armée britannique. Avec le retrait des troupes britanniques, il confia son commandement à Robert Livingston, qui avait d'étroits liens familiaux avec les Lees de Virginie et les Shippen de Philadelphie (qui ont joué un rôle important dans le scandale Benedict Arnold ; Arnold avait épousé Peggy Shippen). Robert Livingston s'est installé comme Grand Maître de la Loge de New York en 1884 ; son frère Edward fut plus tard élu maire de New York. Avec le soutien de ces puissants alliés en coulisses, Burr a pu conclure de nombreux accords financiers fructueux. Il obtint facilement une charte pour la Manhattan Company, dont le but déclaré était de fournir de l'eau à la ville. Aucune canalisation n'a jamais été construite. Au lieu de cela, il a utilisé la charte pour créer une banque, la Manhattan Company. Celle-ci fut ensuite reprise par la société d'investissement Kuhn, Loeb, Co. de New York, représentant les Rothschild. Aujourd'hui, il s'agit de la Chase Manhattan Bank, fleuron de la fortune des Rockefeller.

Burr est devenu vice-président en 1801, sous la direction de Thomas Jefferson, qui était alors président des États-Unis. Burr réussit à persuader le président Jefferson de nommer le banquier suisse Albert Gallatin au poste de secrétaire au Trésor. La famille de Gallatin était constituée des membres éminents du Conseil de gouvernement des 200 ; son cousin n'était autre que le tristement célèbre Jacque Necker, dont la politique financière avait précipité la Révolution française en ruinant les finances de la France. Burr et Galatin s'attelèrent alors à la mise en œuvre de politiques qui vont faire échouer la jeune République. Ils distribuent des pots-de-vin en or le long de la frontière aux Indiens et aux renégats, afin qu'ils assassinent les colons ;

Gallatin provoque alors délibérément la Rébellion du Whisky, la première véritable insurrection contre le gouvernement.

Le 11 juillet 1804, Burr tira sur Andrew Hamilton à Weehawken, dans le New Jersey. Il dut alors s'enfuir de New York. John Jacob Astor lui donna 40 000 dollars pour l'aider dans sa fuite, puis 70 000 dollars supplémentaires ; il s'agissait de sommes considérables pour l'époque. Burr s'enfuit à Philadelphie, où il put s'entretenir avec le colonel Charles Williamson, un membre des services secrets britanniques. Deux villes de l'État de New York, Williamson et East Williamson, portent le nom de cet agent britannique. Cette conférence a donné lieu à une lettre de l'ambassadeur britannique Anthony Merry au bureau de Londres :

> "Je viens de recevoir une offre de M. Burr, l'actuel vice-président des États-Unis, de prêter son concours au gouvernement de Sa Majesté pour toute question dans laquelle il jugerait bon de l'employer, en particulier pour tenter de séparer la partie occidentale des États-Unis de celle qui se trouve entre l'Atlantique et les montagnes, dans toute son étendue. Sa proposition à ce sujet sera exposée en détail à Votre Seigneurie par le colonel Williamson, qui me l'a transmise et qui s'embarquera dans quelques jours pour l'Angleterre."

Ce document étonnant a été mis au jour de nombreuses années plus tard par l'historien Henry Adams. C'est l'une des preuves les plus surprenantes de haute trahison par un élu des États-Unis qui ait jamais fait surface. Elle a été rédigée le 4 août, un mois après le meurtre du président Alexander Hamilton.

Le plan britannique de création d'une nation occidentale distincte en concurrence avec les États-Unis a subi un revers fatal lorsque Napoléon a vendu le territoire de la Louisiane aux États-Unis.

Néanmoins, le plan fut poursuivi par Edward Livingston, qui avait reçu 21 000 dollars de John Jacob Astor pour se rendre en Louisiane, où il devint Grand Maître de la Loge de Louisiane. Burr a ensuite été jugé pour trahison à Richmond, en Virginie. Son avocat était Edmund Randolph, ancien Grand Maître de

Virginie ; l'affaire a été entendue par le juge en chef John Marshall, alors Grand Maître de Virginie. Bien que des preuves accablantes de la culpabilité de Burr aient été présentées, il a été acquitté par le juge Marshall. Une journée de routine pour la maçonnerie aux commandes du système judiciaire. Burr se rendit ensuite à Londres, où il informa les douaniers :

> "Les raisons de ma visite sont connues de Lord Melville [Henry Dundas, chef des opérations spéciales du service de renseignement britannique] et du Premier ministre Canning."

Burr est alors devenu opiomane, profitant des plaisirs de la pipe avec des personnalités telles que Jeremy Bentham et la famille Jardine.

Le complice de Burr, Edward Livingston, fut ensuite nommé secrétaire d'État par le président Andrew Jackson ; peu après, Livingston fut officiellement nommé Grand Prêtre des Maçons des États-Unis, ce qui incita l'ancien président John Quincy Adams à lui adresser ses célèbres *Lettres sur la maçonnerie*. Ces lettres indiquaient que :

> "les serments de secret des maçons rendaient impossible à quiconque d'occuper une fonction de confiance publique".

Lord Shelburne et les agents des services secrets britanniques ont poursuivi leurs complots contre la République des États-Unis, aidés par les traîtres décrits avec une remarquable justesse par Disraeli lorsqu'il mentionnait : "les hommes déterminés de la Maçonnerie", des hommes dont la loyauté à vendre œuvrait à la cause de la restauration du Temple de Salomon afin d'y placer les richesses du monde entier. Leur dévouement au secret a reçu un revers considérable lorsque l'un de leurs membres, le capitaine William Morgan, a fait défection et a publié un livre décrivant certains de leurs rituels secrets. Ils l'ont immédiatement assassiné. L'affaire a fait sensation dans tout le pays. Un parti antimaçonnique fut formé ; il fut dirigé pendant quelques années par un membre du Congrès de Pennsylvanie, Thaddeus Stevens, qui joua plus tard un rôle important à la tête des républicains radicaux au Congrès après la guerre civile. Lors de la convention nationale du parti antimaçonnique en 1832, Stevens a prononcé le discours principal. Il a informé les délégués assemblés que les maçons occupaient par l'intrigue la plupart des postes politiques importants aux États-Unis. Il a dénoncé l'Ordre maçonnique comme :

> "une institution secrète et meurtrière, liée par serment, qui met en danger la continuité du gouvernement républicain".

Plus tard, Stevens a proposé une loi au sein de la législature de Pennsylvanie, une résolution d'enquête, pour enquêter sur l'opportunité de faire de l'adhésion à l'Ordre un motif de contestation péremptoire devant un tribunal, lorsque l'un des deux principaux responsables d'un procès, et non les deux, était un maçon. Il aurait exclu tous les maçons du jury dans les procès criminels où l'accusé était un maçon, et aurait rendu illégal pour un juge appartenant à l'Ordre de siéger dans un procès où un maçon était impliqué. La résolution a été rejetée de justesse. Stevens a alors présenté une résolution demandant que la maçonnerie soit supprimée, et a obtenu la conduite d'une enquête juridique sur les méfaits de l'Ordre. Il s'est exprimé à Hagerstown, dans le Maryland, sur la proposition suivante :

> "Partout où le génie de la liberté a libéré un peuple, le premier objet de sa sollicitude devrait être la destruction de la franc-maçonnerie."

Il réussit à faire élire un gouverneur antimaçonnique de Pennsylvanie, mais après cette victoire, la vigueur de sa croisade antimaçonnique s'est affaiblie et il l'a progressivement abandonnée sous la pression.

Le grand problème de tout opposant public à la franc-maçonnerie, tel que Thaddeus Stevens, est le grand secret de l'Ordre, avec la peine de mort invoquée pour tout membre qui violerait son programme secret ou ses loyautés internationales. Depuis 1776, la franc-maçonnerie est un gouvernement international omniprésent qui opère par la trahison depuis les États-Unis, et elle exerce ces pouvoirs depuis lors. En raison de son caractère secret, un opposant fait face à des difficultés insurmontables pour présenter au peuple des informations détaillées sur ses activités de conspiration. Depuis le meurtre du capitaine William Morgan, plus aucun maçon américain n'a osé dévoiler ses opérations furtives. Pendant une trentaine d'années, le présent auteur s'est concentré sur les activités de conspiration des principaux banquiers internationaux, sans se rendre compte que c'est leur implication et leur engagement premier envers la franc-maçonnerie qui régissent chacune de leurs actions. Seule la découverte de la Malédiction de Canaan, et de la Volonté de Canaan qui s'en est suivie, a forcé l'auteur à conclure à contrecœur que derrière chaque conspiration financière se trouvait l'attachement démoniaque à une secte satanique, qui se manifestait à travers les opérations de la franc-maçonnerie.

Les emblèmes de ce culte sont audacieusement apposés sur le grand sceau des États-Unis et sur nos billets de la Réserve fédérale (dettes impayées du peuple américain). Les mots "Annuit Coeptis" annoncent la naissance du "Novus Ordo Seclorum", le Nouvel Ordre. Les Cananéens se sont même approprié la Grande Pyramide de Gizeh, construite par Sem, pour en faire leur emblème. Cependant, pour démontrer qu'ils n'ont pas encore mis en œuvre les phases finales de leur conspiration, ils indiquent que le sommet de la pyramide est manquant, précisant que "la parole perdue" de la Franc-maçonnerie est toujours absente. L'"œil" représente le Grand Architecte de l'Univers, un concept cabaliste ; il est enfermé dans un triangle, qui est le symbole de la magie. Les treize étapes font référence à Satan, Bélial et à sa rébellion, que la gematria cabalistique attribue aux treize colonies, aux treize rayures, aux treize feuilles d'olivier, aux treize flèches du sceau et aux treize lettres de "E Pluribus Unum", qui soulignent toutes l'importance du chiffre treize dans toute entreprise contrôlée par la Franc-maçonnerie. Cela leur rappelle leur guerre contre le Christ et ses douze disciples. L'aigle est représenté comme le symbole de Rome, l'ennemi historique des Cananéens, qu'ils ne pourront jamais oublier, l'adversaire qui a rasé leur capitale, Carthage, et qui a cherché à contrôler leur bestialité par l'administration de lois (les fasces)[28]. Par conséquent, tous les francs-maçons doivent être

---

[28] Voir le fascisme et ses symboles, dont le faisceau des licteurs romains, utilisé pour rendre la justice. NDÉ.

vigoureusement antifascistes, c'est-à-dire qu'ils doivent se placer contre l'État de droit. L'aigle a neuf plumes de queue, représentant le cercle intérieur des neuf chez les Illuminati, et aussi le nombre de degrés dans le rite d'York ; les treize étoiles sont disposées pour former le sceau de Salomon.

Le Grand Sceau, qui est rempli de ces symboles de la franc-maçonnerie, a été conçu par Benjamin Franklin, Thomas Jefferson, Churchill et Houston, tous des francs-maçons. L'aile droite de l'aigle comporte trente-deux plumes, ce qui correspond au nombre de degrés ordinaires du rite écossais ; l'aile gauche en a trente-trois, la plume supplémentaire symbolisant le 33ème degré, qui est conféré pour services exceptionnels rendus à la maçonnerie.

Détailler tous les emblèmes maçonniques avec lesquels le Grand Sceau est associé demanderait plus d'espace que nous n'en disposons ; ces significations ésotériques cachées montrent que le nombre combiné de plumes dans les deux ailes de l'aigle est de soixante-cinq ; en gematria, c'est la valeur de la phrase hébraïque "yam yawchod", "ensemble dans l'unité", qui est citée dans le Psaume 133:1. "Voici, comme il est bon et agréable que des frères vivent ensemble dans l'unité !" Les étoiles à cinq pointes représentent l'Étoile Flamboyante Maçonnique et les cinq points de communion. L'œil qui voit tout a une valeur cabalistique de soixante-dix plus trois plus deux cents, égale à la valeur de la phrase "eben mosu habonim", "la pierre que les bâtisseurs ont refusée", qui est familière à tous les Archimaçons royaux ; elle représente aussi celle de Hiram Abiff, l'architecte du Temple du Roi Salomon.

CHAPITRE 7

LA GUERRE DE SÉCESSION

La guerre civile de Sécession a été la plus tragique des effusions de sang des descendants de Sem de l'histoire. Ce peuple profondément religieux, réfugié des oppresseurs cananéens et des massacres subis en Europe, a réussi à établir aux États-Unis la société la plus productive du monde. Leur Constitution avait libéré les grands talents de ce peuple pour accomplir l'œuvre de Dieu sur cette terre. Bien sûr, le peuple de Satan, les Cananéens, était animé par la haine et l'envie. S'il est une passion que l'Amérique a toujours suscitée dans le monde, c'est bien celle de l'envie. Les États-Unis étaient la nation la plus admirée au monde, car leur Constitution garantissait à leurs citoyens le droit sans entrave à la liberté individuelle, ce qu'aucune autre nation ne pouvait offrir à son peuple. Dans les États du Sud, le peuple de Sem avait aménagé des plantations productives et des manoirs impressionnants, construits selon la tradition du néoclassicisme grec, exprimant ainsi leur conviction que c'était de la seule façon qu'ils souhaitaient vivre sur cette terre. Comme les anciens Grecs, le peuple de Sem avait des esclaves pour subvenir à leurs besoins quotidiens, les descendants de Canaan, sur lesquels la malédiction de Canaan avait été prononcée, et qui les engageaient à ce statut.

Malgré les efforts des descendants de Sem pour maintenir leurs esclaves dans un environnement sain et confortable (du seul point de vue économique, c'était une exigence absolue, car l'essentiel de leur capital d'exploitation était investi en eux), l'existence de ces esclaves devint leur talon d'Achille, que les Cananéens utilisèrent habilement comme arme pour fomenter une attaque sournoise contre eux. De nombreux documents de l'époque attestent de la gentillesse de traitement à l'égard des esclaves, telles les observations de Samuel Phillips Day, correspondant spécial du *London Morning Herald*, qui écrivait :

> "Le dimanche 8 juin 1861, à Asheville, dans le Kentucky, je suis allé faire un tour en voiture avec des amis. Jugez de ma surprise, lecteur, lorsque je découvris la quasi-totalité de la population noire à l'étranger ; certains défilant sur les routes et d'autres se déplaçant en calèche ! Ils étaient si bien habillés, si raffinés et semblaient si heureux et satisfaits que j'ai été pratiquement obligé de m'exclamer : "Ces gens ne sont sûrement pas des esclaves !" La réponse qu'on me fit : "Ils le sont certainement." Certaines des femmes portaient des châles en dentelle et des montres en or et ressemblaient (exceptée pour leur couleur de peau) à des duchesses londoniennes allant à un bal. Les hommes aussi étaient bien habillés. J'ai réfléchi un instant à la condition des ouvriers britanniques et des couturières londoniennes ... le contraste était trop douloureux pour s'y attarder ... L'idée m'a traversé l'esprit qu'il n'y avait rien de si méchant dans l'esclavage après tout - qu'il possédait un côté lumineux aussi bien qu'un côté sombre."

Les commentaires de Samuel Phillips Day étaient honnêtes ; il est douteux qu'un propriétaire de plantation du Sud ait traité ses esclaves aussi mal que l'ouvrier britannique moyen a été traité par ses brutaux propriétaires terriens de la noblesse noire et les opérateurs d'usine. Ce n'est pas par hasard que le communisme mondial, le fabianisme et d'autres remèdes désespérés sont nés, non pas dans les quartiers d'esclaves du sud des États-Unis, mais dans les quartiers ouvriers de Londres et de Manchester. Cependant, la vie quotidienne des esclaves du Sud, telle qu'elle fut observée par de nombreux voyageurs, a été salie pour toujours par la promotion implacable d'un seul livre, *La Case de l'Oncle Tom* de Harriet Beecher Stowe. Aujourd'hui encore, tout Noir qui ose dire que nous ne sommes peut-être pas aussi mal lotis que nos frères de la jungle africaine est hué comme un "Oncle Tom". La propagande, l'invasion et la guerre civile sont les seuls remèdes acceptés pour les "injustices" infligées aux Noirs. Ce n'est pas un hasard si le livre de Harriet Beecher Stowe est devenu le plus grand succès de librairie de son temps - il a été inlassablement promu dans toute la nation, dans le cadre de la campagne de promotion du livre la plus réussie de notre histoire. La force qui a promu la *Case de l'oncle Tom* était la même force qui, dès 1799, a cherché à dissoudre notre République constitutionnelle, qui avait poursuivi ses efforts à travers la Junte de l'Essex, et qui a trouvé son aboutissement final dans la guerre civile.

Malgré les provocations répétées des Cananéens du Nord, les États du Sud se sont montrés remarquablement diplomates, faisant librement des concessions aux demandes qui ne visaient qu'à les forcer à entrer en guerre. Le Compromis du Missouri, rédigé en 1820, fut accepté même s'il interdisait l'esclavage dans le nouvel État. Il limitait le droit de vote aux "hommes blancs libres", excluant ainsi les femmes, les esclaves et les Indiens de l'exercice du droit de vote. En 1849, le peuple de Californie a adopté une constitution qui interdisait l'esclavage. Le Compromis de 1850 prévoyait que l'interdiction de l'esclavage devait être laissée à l'appréciation des États, contrecarrant ainsi les tentatives des Cananéens de faire de ce problème un prétexte à l'intervention fédérale et une cause de guerre entre les États.

Il est historiquement prouvé que la guerre civile a été précipitée par l'action contre Fort Sumter en Caroline du Sud, de l'autre côté de la baie de Charleston. Cette ouverture des hostilités est directement liée à la puissance du rite écossais à Charleston, qui est officiellement connue sous le nom de "Mother Lodge of the World"[29]. Elle a été fondée par Moïse Lindo sous le nom de "King Solomon Lodge"[30]. Lindo avait le monopole du commerce de l'indigo, une teinture très nécessaire similaire à la "phoenicia" ou teinture pourpre qui avait été le principal

---

[29] Loge-mère du monde entier. NDT.

[30] Loge du Roi Salomon, NDT.

monopole de ses ancêtres cananéens, et qui ont changé leur nom de "Cananéen" en "Phéniciens" à cause de ce monopole. Selon l'*Encyclopaedia Judaica*, Isaac et Abraham da Costa (da Costa était l'un des principaux noms des Marranes) étaient parmi les autres fondateurs de la Loge du Roi Salomon. En 1793, la pierre angulaire d'une nouvelle synagogue, Beth Elohim, a été posée à Charleston selon le rite des francs-maçons. Charleston est également connue comme le berceau du judaïsme réformé en Amérique (nous avons déjà noté que ce mouvement a pris naissance à Francfort-sur-le-Main avec les Rothschild, et qu'il a abouti aux succès du sionisme mondial). Le cimetière de Charleston date de 1764.

Parmi les autres organisateurs de la Loge de Charleston, on compte Stephen Morin, maçon du 25ème degré, inspecteur pour l'Amérique du Nord, qui avait été initié au Rite de la Perfection à Paris en 1761 ; Henry A. Francken, inspecteur général adjoint pour l'Amérique du Nord, 25ème degré, initié en Jamaïque en 1762 ; Augustine Prevost (plus tard commandant des forces britanniques en Amérique du Nord pendant la guerre révolutionnaire), 25ème degré, initié en Jamaïque en 1774 ; Moses Michael Hays, 25ème degré, initié à Boston en 1767 en tant qu'inspecteur général adjoint pour l'Amérique du Nord ; John Mitchell, 25ème degré, initié à Charleston, nommé adjoint pour la Caroline du Sud ; B. Spitzer, adjoint pour la Géorgie ; Moses Cohen, 25ème degré, initié à Philadelphie en 1781 ; A. F. A. de Grasse Tilly, 25ème degré, initié à Charleston en 1796.

John Mitchell avait résidé à Philadelphie pendant la guerre d'Indépendance ; grâce à ses relations maçonniques, il s'était fait nommer général adjoint de l'armée américaine, bien qu'il soit resté à Philadelphie pendant toute l'occupation britannique ! Lui et son collègue, Benedict Arnold, furent plus tard jugés pour corruption, en raison de leurs détournements illégaux de fournitures de l'armée, mais là encore, grâce à leurs puissantes connexions maçonniques, ils furent acquittés.

Mitchell s'est ensuite installé en Caroline du Sud.

Le comte Alexander de Grasse (Tilly) était le fils de l'amiral français qui aida George Washington à vaincre les forces britanniques à Yorktown. Les forces adverses se sont ensuite réunies pour un cordial banquet maçonnique. De Grasse a plus tard mis en place des conseils suprêmes du rite écossais dans toute l'Europe ; il a ensuite été nommé commandant suprême de la France. Il joue un rôle crucial dans la promotion de l'activité insurrectionnelle en Caroline du Sud, qui culmine avec le tir sur Fort Sumter. Un autre membre de la Loge de Charleston, James Moultrie, a été la principale figure derrière la crise de la nullité en Caroline du Sud dans les années 1820 et 1830. Il a été nommé Grand Secrétaire Général du Rite Ecossais pour tous les états du Sud.

Au XIXème siècle, les agitateurs maçonniques ont parcouru le monde, enflammant les populations de cris passionnés en faveur de la "libération" et des "droits de l'homme". Malheureusement pour ceux qui ont été trompés par ces manipulations, les seuls droits qu'ils poursuivaient étaient les droits des Cananéens maçonniques de combattre et d'exterminer le peuple de Sem. Toute autre considération était subordonnée à cet objectif premier. En conséquence, chaque nation qui a été attirée dans le piège des "Droits de l'Homme" est devenue une dictature absolue dont les fonctionnaires ont utilisé leurs pouvoirs pour détruire le peuple de Sem, leur but démoniaque, et une partie de leur rébellion satanique contre Dieu. En tant que Grand Maître, Lafayette a dirigé la révolution de Juárez au Mexique ; en Amérique du Sud, Bernardo O'Higgins et Simon Bolivar, tous deux maçons, ont dirigé les forces révolutionnaires contre l'Espagne, pays après pays. Comme les gouvernements espagnols de ces pays étaient également catholiques, ces révolutions se sont avérées faire partie intégrante de la guerre ouvertement déclarée par la maçonnerie contre l'Église catholique.

En Italie, Mazzini et Garibaldi ont dirigé les forces révolutionnaires athées qui ont abouti à l'arrestation du pape et à l'établissement de l'"unification" en Italie en 1860. Dès le début, ce soulèvement maçonnique a été planifié et financé par les services secrets britanniques, et dirigé par Lord Palmerston, ministre des Affaires étrangères de l'Empire britannique. Lorsque Louis Kossuth, le révolutionnaire hongrois, se rendit aux États-Unis, les organisations maçonniques de tout le pays planifièrent pour lui des manifestations à grande échelle et des banquets de la victoire. Il est douteux qu'un quelconque visiteur de ces rivages ait été auparavant ou depuis lors célébré au point de recevoir Louis Kossuth. Même aujourd'hui, il existe encore de nombreux bâtiments et avenues dans les villes américaines du pays qui portent le nom de Kossuth, en souvenir de ce leader de la franc-maçonnerie.

En 1845, Mazzini est à l'origine du mouvement de la Jeune Amérique aux États-Unis. Bien que principalement actif dans les zones rurales en tant que mouvement d'agriculteurs, ce mouvement a été dirigé par Mazzini pour jouer un rôle actif dans le mouvement abolitionniste croissant, qu'il dirigeait également. Son ami, William Lloyd Garrison, qui écrivit plus tard l'introduction de la biographie autorisée de Mazzini, devint le plus incendiaire des propagandistes abolitionnistes. Il a appelé son journal *The Liberator*. Garrison a lancé ce journal en 1831. Dès le début, il a été financé par des bailleurs de fonds anonymes, qui ont veillé à ce que des abonnements gratuits au "Libérateur" soient distribués dans tous les États du Sud. L'État de Géorgie a été amené à offrir une récompense de 500 dollars pour l'arrestation de Garrison ou la détention de tout membre de sa Société antiesclavagiste américaine. Garrison se rendait fréquemment à Londres pour des conférences avec Mazzini sur la stratégie du mouvement abolitionniste. Ils se rencontraient généralement dans les bureaux du célèbre avocat londonien William Ashurst. Peu de Sudistes ont jamais entendu le nom de Mazzini, et encore moins savent que cet ardent révolutionnaire maçonnique a été le véritable instigateur de la guerre de Sécession. Il était connu en privé comme un membre des cognoscenti (ou gnostiques) comme le parrain de la campagne antiesclavagiste aux États-Unis.

Cette propagande abolitionniste a suscité un large ressentiment dans tout le Sud. Le 16 décembre 1835, l'État de Caroline du Sud a publié une résolution officielle sur la question :

> "Il est résolu que la formation des sociétés abolitionnistes et les actes de certains fanatiques se disant abolitionnistes dans les États non esclavagistes de cette confédération sont en

violation directe des obligations du pacte de l'union, asociales et incendiaires à l'extrême."

Notez qu'en 1835, la Caroline du Sud a utilisé le terme commun jusqu'à l'issue de la guerre civile, une confédération d'États associés en vertu des dispositions d'un pacte, la Constitution des États-Unis. La propagande abolitionniste constituait bien une invasion directe des États du Sud et, en tant que telle, un état de guerre non déclaré ; elle constituait également, comme le soulignait la résolution de la Caroline du Sud, une violation directe des termes du pacte. Néanmoins, cette invasion par la propagande se poursuivit, jusqu'à ce qu'elle soit enfin suivie par l'invasion militaire directe de la guerre civile sécessionniste.

Bien que l'esclavage ait existé dans les États du sud sous l'autorité directe de la malédiction biblique de Canaan, la guerre contre le peuple de Sem a été menée sans pitié par les envahisseurs cananéens, qui ont suivi fidèlement les préceptes de leur fondateur dans la volonté de Canaan, "haïssez vos maîtres et ne dites jamais la vérité". Le successeur idéologique de la conspiration d'Edward et de la junte d'Essex dans les États de la Nouvelle-Angleterre était un curieux culte pseudoreligieux, souvent appelé "la religion de la Nouvelle-Angleterre", mais également connu sous le nom d'unitarisme et de transcendantalisme. Il est directement issu du culte démoniaque de Baal, adapté au fil des siècles par des influences "libératrices" et "humaines" telles que le pythagorisme, le néoplatonisme et l'humanisme séculier (qui avait été financé par la famille bancaire des Médicis). La "religion de la Nouvelle-Angleterre" était tout simplement la dernière hérésie moderne prêchée contre le peuple de Sem. Le culte était dirigé par le révérend William Channing ; l'un de ses principaux assistants était un professeur du nom de John Brown, le fils du célèbre révolutionnaire qui devait mourir sur la potence pour l'insurrection du Harper's Ferry. Ce culte survit aujourd'hui principalement grâce aux prédications de certains qui se disent "fondamentalistes". Ces renégats prêchent la doctrine de la volonté de Canaan, et ils travaillent avidement pour la défaite finale et l'extermination du peuple de Sem. Ces "Transcendantalistes" ne se sont pas donné la peine de cacher le fait qu'ils ont pris les bases de leurs doctrines "religieuses" directement dans la Kabbale, prêchant que chaque personne a une âme en trop et qu'il n'y a pas d'autorité finale en matière religieuse, invalidant ainsi la Bible tout entière et les déclarations de Dieu. Leur véritable penchant a toujours été dominé par le despotisme oriental, et leurs doctrines sont originaires d'Extrême-Orient. Par conséquent, leur première ligne d'attaque a été le renversement de la Constitution des États-Unis, principale sauvegarde du peuple de Sem ; leur campagne a abouti à l'adoption d'"amendements" qui ont totalement invalidé l'intention initiale de cette Constitution. C'est sur cette base que les juges fédéraux des tribunaux fédéraux prennent aujourd'hui des décisions, toujours contre le peuple de Sem, renforçant toujours la mainmise du despotisme oriental sur notre peuple captif.

À un moment donné, le leader des abolitionnistes, William Garrison, a publiquement brûlé une copie de la Constitution, la désignant comme "une alliance avec l'enfer" ! Les abolitionnistes n'ont cessé de nier qu'il y avait une quelconque autorité pour l'esclavage dans la Bible, ignorant ainsi la Malédiction de Canaan (*Genèse* 9:25) et bien d'autres commandements. Ils ont également travaillé désespérément pour prévenir le mouvement d'émancipation pacifique dans le Sud ; la libération progressive des "esclaves", qui avait été dirigée par Thomas Jefferson, avait reçu une large approbation parmi les propriétaires de plantations. Ils ont favorablement accueilli l'émancipation parce qu'ils étaient confrontés à la même réalité économique qui a mis à bas l'empire communiste, à savoir que sans incitations et sans la promesse d'un gain final, peu de gens étaient prêts à faire plus que le strict minimum de travail pour survivre. Dans ces conditions, toute croissance économique était impossible. L'émancipation n'était pas une simple mesure humanitaire ; elle était accueillie favorablement par les propriétaires de plantations, car ils étaient confrontés à la ruine en raison des exigences quotidiennes liées aux coûts du maintien de leur population croissante d'esclaves. Thomas Jefferson est un exemple remarquable ; malgré sa brillante carrière, il mourut ruiné. Il tentait désespérément, culture après culture, de faire de Monticello une entreprise rentable ; dans tous les cas, il fut vaincu par les dépenses croissantes liées à l'entretien de ses esclaves.

L'attaque "religieuse" contre la Constitution des États-Unis, le pacte qui avait été rédigé par le peuple de Sem afin de protéger leur liberté religieuse, a pris une tournure plus inquiétante. En 1857, les dirigeants financiers des puissances cananéennes, la Maison Rothschild, se réunirent pour célébrer le mariage de la fille de Lionel, Léonora, avec son cousin Alphonse, fils de James de Rothschild de la branche de Paris. Lors de cette réunion, Disraeli a déclaré :

> "Sous ce toit se trouvent les chefs de la famille Rothschild, un nom célèbre dans toutes les capitales d'Europe et dans toutes les divisions du globe. Si vous le souhaitez, nous diviserons les États-Unis en deux parties, une pour vous, James, et une pour vous, Lionel. Napoléon fera exactement tout ce que je lui conseillerai" (p. 228, *The Rothschilds*, par John Reeves).

La tragique guerre civile que les Cananéens ont planifiée et exécutée contre le peuple de Sem dans les États du Sud a en fait commencé en 1859, avec l'invasion du sud par le maniaque meurtrier John Brown. Les abolitionnistes avaient déjà dépensé des millions de dollars pour promouvoir les rébellions d'esclaves dans le Sud, mais cette propagande coûteuse n'a eu que très peu d'effet. Comme Day et d'autres observateurs l'avaient rapporté, les esclaves menaient une vie très confortable. Après l'échec de cette tactique, il devint évident pour les conspirateurs qu'une véritable invasion militaire était la seule solution à leur propagande mensongère. Les banquiers d'affaires de la Nouvelle-Angleterre, qui étaient directement contrôlés par les Rothschild, avaient maintenant pour instruction de financer une attaque militaire contre le Sud. Leur instrument était le terroriste déjà bien connu, John Brown. Il était financé par un groupe connu sous le nom de "The Secret Six", composé de Thomas Wentworth Higginson, du révérend Théodore Parker, du Dr Samuel Gridley Howe (marié à Julia Ward, issue d'une riche famille de banquiers qui écrira plus tard "l'hymne de la République"), de Franklin Benjamin Sanborn, de George Luther Stearns et de Gerrit Smith. Smith avait été le premier pourvoyeur de fonds de John Brown. Il était le fils du partenaire commercial de John Jacob Astor (le patron de la East India Company, maître du commerce de l'opium, et chef tout-puissant des services secrets britanniques). Sa mère était une Livingston ; il était apparenté aux chefs maçonniques, Edward et Robert Livingston. Smith était le plus grand propriétaire foncier de l'État de New York, disposant d'un million d'acres, dont des terres qu'il avait données à John Brown en 1848. La contribution totale de Smith aux raids militaires de John Brown et à d'autres causes radicales s'élève à plus de huit millions de dollars, une somme considérable pour l'époque. Le révérend Théodore Parker est l'exemple type de l'inspiration "religieuse" du mouvement abolitionniste ; sa mère était une Stearns et il a épousé une membre de la famille Cabot. Il a fait ses études à la Harvard Divinity School, et il est devenu un ministre transcendantaliste et congrégationaliste de premier plan. Il a toujours été un "activiste" dans la grande tradition maçonnique. En 1854, il avait été inculpé par un grand jury pour avoir incité à l'attaque d'un palais de justice où était détenu un esclave en fuite. Il était un membre actif du Comité de Vigilance, et il était le principal organisateur des Six Secrets pour financer le raid de John Brown. Il s'est ensuite expatrié, vivant en Europe. Il mourut à Florence (le berceau de l'humanisme séculier).

Thomas Wentworth Higginson, de la principale famille bancaire de Nouvelle-Angleterre, était originaire de Newburyport, dans le Massachusetts, lieu de naissance d'Albert Pike, qui est devenu le dirigeant national de la maçonnerie américaine. Higginson a activement aidé le révérend Parker dans l'attaque du palais de justice et s'est livré à de nombreuses autres activités illégales et malfaisantes. Sa cousine a épousé Théodore Roosevelt.

Samuel Gridley Howe et sa femme Julia ont fondé et édité un journal antiesclavagiste enflammé, *The Commonwealth*. Comme beaucoup d'agitateurs cananéens aux États-Unis, Gridley était un descendant de révolutionnaires calvinistes ; son ancêtre était un officier de l'armée de Cromwell, John Ward de Gloucester, qui s'est ensuite enfui aux États-Unis pour éviter d'être puni pour les atrocités qu'il avait commises sous la bannière de Cromwell.

Franklin Benjamin Sanborn était un disciple de premier plan du révérend Parker et de Ralph Waldo Emerson.

Le Sénat a ordonné son arrestation en 1860. Il était l'agent principal de John Brown à New York depuis 1857. George Luther Stearns a épousé une membre de la famille Train. Il était le chef des Free Soilers, les agitateurs antiesclavagistes de l'État du Kansas ; leurs déprédations ont donné naissance au terme "Bloody Kansas"[31]. Il a fait don de sommes importantes à John Brown et a acheté une ferme pour le terroriste et sa famille. L'agent principal de Stearns au Kansas était Martin Conway. Originaire de Baltimore, Conway avait été envoyé au Kansas pour y diriger les forces de l'État libre ; il est devenu plus tard le premier membre du Congrès du Kansas. Le 11 octobre 1873, il tire trois coups de feu sur le sénateur Pomeroy, le blessant grièvement. Conway fut alors conduit à l'hôpital St Elizabeth, où il fut diagnostiqué comme fou irrécupérable. Il y mourut plus tard.

Parmi les autres dirigeants de la Nouvelle-Angleterre profondément impliqués dans la planification des soulèvements dans le Sud, on peut citer Samuel Cabot ; il avait payé 4000 dollars de fusils qui furent envoyés aux forces de John Brown au Kansas. Les fusils ont été utilisés pour massacrer des familles entières pendant l'orgie de terrorisme de John Brown. La banque Cabot a par la suite fourni 57 000 dollars pour les dépenses militaires de John Brown. Il n'y a aucune trace prouvant qu'ils aient jamais été remboursés, ou qu'une tentative ait été faite pour les collecter. Il s'agissait d'un don à la cause du terrorisme, une technique bien connue des banquiers. Parmi les autres soutiens financiers de John Brown, on trouve John Murray Forbes, un riche constructeur de chemins de fer (sa mère était une Perkins), qui a servi au sein du Comité national républicain.

Entre 1827 et 1843, les plans des conspirateurs ont subi un revers temporaire avec l'émergence du Parti antimaçonnique en

---

[31] Le Kansas sanglant, NDT.

tant que force nationale. Ce mouvement politique a menacé de dénoncer l'ensemble de la conspiration comme une opération maçonnique. Dès le début, le Parti antimaçonnique a été handicapé par son incapacité à pénétrer le voile du secret qui dissimulait tous les actes des conspirateurs. Sans preuve directe de cette conspiration qui pouvait être présentée au tribunal ou au peuple, ils ont rapidement perdu leur soutien populaire. En fait, ils furent bientôt infiltrés par les conspirateurs mêmes qu'ils cherchaient à démasquer, et ils furent réduits à l'impuissance ! Albert Pike s'est ensuite vanté que "le parti antimaçonnique nous a été d'un grand secours." Après sa dissolution, la franc-maçonnerie n'a plus jamais été confrontée à une opposition organisée dans l'ensemble des États-Unis. Ceux qui évoquent ce sujet sont rapidement discrédités comme des "pauvres fous surmenés" et des "ignorants paranoïaques" qui voient des maçons derrière chaque arbre. Dans la plupart des cas, ils sont rapidement envoyés dans l'asile de fous le plus proche, tout comme le communisme soviétique traite ses "dissidents".

Pendant quelques années avant le déclenchement de la guerre civile, la conspiration des jeunes maçons américains avait été active dans les États du Sud, jetant les bases de la guerre civile qui approchait. John A. Quitman, originaire de New York, s'est installé dans le Mississippi et a épousé une fille issue d'une riche famille du Sud. Il a reçu le mandat de former une organisation de rite écossais dans le Mississippi. Le 1er février 1848, le magazine *Freemason* de Boston annonce que le frère John Quitman, qui est maintenant major général dans l'armée américaine, a été nommé Souverain Grand Inspecteur général du 33ème degré. Toutes les Loges du Sud avaient désormais l'ordre de lui obéir. Quitman était également devenu l'un des chefs les plus farouches du mouvement sécessionniste dans le Sud ; ce mouvement était désormais fermement contrôlé par les conspirateurs maçonniques cananéens. Quitman a également parrainé un plan d'annexion du Mexique et financé une invasion de Cuba par des mercenaires. Il avait été élu gouverneur du Mississippi, lorsqu'il fut inculpé à La Nouvelle-Orléans pour son rôle dans le projet d'invasion de Cuba, et il fut forcé de démissionner de cette fonction. Là encore, un dirigeant du rite écossais, la branche révolutionnaire de la franc-maçonnerie, a été profondément impliqué dans la planification des guerres et des révolutions dans le monde entier. Le leader idéologique de l'invasion cubaine était une certaine Jane McManus, dont on avait entendu parler pour la dernière fois en tant que petite amie du révolutionnaire, Aaron Burr.

Afin d'obtenir un soutien populaire pour sa campagne présidentielle, le sénateur Stephen Douglas, l'adversaire de Lincoln, a engagé un certain George Sanders, "un agent de Young America", pour éditer le *Democratic Party Review*. Sanders est identifié dans le *Who's Who* comme un "révolutionnaire". Agent politique américain de la Compagnie de la Baie d'Hudson, il avait travaillé pour la Banque d'Angleterre et, en tant que consul des États-Unis à Londres, il avait aussi travaillé en étroite collaboration avec Mazzini. Londres était à l'époque le siège mondial des mouvements révolutionnaires maçonniques. Sanders consacra bientôt les pages du *Democratic Party Review* à l'éloge des efforts de Mazzini et d'autres agitateurs maçonniques.

En 1853, Killian H. van Rensselaer, un des "patrons" new-yorkais, ou propriétaires héréditaires, ouvre le siège occidental du rite écossais à Cincinnati, Ohio. Au même moment, une autre organisation secrète, les Chevaliers du Cercle d'Or, commence ses opérations à Cincinnati. L'organisation, qui, comme d'habitude, était bien financée, a rapidement enrôlé et formé quelque 100 000 membres aux tactiques paramilitaires. Ces membres se répandent dans les États du Sud ; ils forment le noyau de ce qui deviendra l'armée confédérée pendant la guerre civile. La plupart des Sudistes n'envisagent pas de lutte armée avec le Nord et ne s'y préparent pas. La cause du "Sud" a toujours été dirigée et promue par des infiltrés du "Nord". Le décor était maintenant planté pour la guerre civile.

La nation a été encore plus polarisée par l'affaire Dred Scott. Scott, un nègre âgé et infirme qui était soutenu financièrement par ses propriétaires, a été poussé dans une confrontation juridique directe, amplement financée par les fonds des banquiers d'affaires de la Nouvelle-Angleterre. L'affaire a été portée devant la Cour suprême. Inscrite dans les archives du tribunal sous le nom de "Dred Scott v. Sanford, 19 Howard 393", l'affaire a été tranchée par le juge en chef Taney daté du 6 mars 1857. La question soulevée était simplement la suivante :

"Un nègre dont les ancêtres ont été importés dans ce pays et vendus comme esclaves peut-il devenir membre de la communauté politique formée et mise en place par la Constitution des États-Unis et, à ce titre, bénéficier de tous les droits, privilèges et immunités garantis par cet instrument au citoyen ? Les mots "peuple des États-Unis" et "citoyens" sont des termes synonymes et ont le même sens... "le peuple souverain"... La question qui se pose est de savoir si la catégorie de personnes décrite dans le recours comprend une partie de ce peuple et est constituée de membres constitutifs de cette souveraineté. Nous pensons qu'elles ne le sont pas, qu'elles ne sont pas incluses, et n'étaient pas censées l'être, sous le terme "citoyens" dans la Constitution, et qu'elles ne peuvent donc prétendre à aucun des droits et privilèges que cet instrument prévoit et garantit aux citoyens des États-Unis. Au contraire, ils étaient à l'époque considérés comme une classe d'êtres subordonnés et inférieurs, qui avaient été soumis par la race dominante, et, qu'ils soient émancipés ou non, restaient néanmoins soumis à leur autorité, et n'avaient pas de droits ou de privilèges autres que ceux qui détenaient le pouvoir et que le gouvernement pouvait choisir de leur accorder ... De l'avis de la Cour, la législation et l'histoire de l'époque, ainsi que le langage utilisé dans la Déclaration d'indépendance, montrent que ni la catégorie des personnes qui avaient été importées comme esclaves, ni leurs descendants, qu'ils soient devenus libres ou non, n'étaient alors reconnus comme faisant partie du peuple, ni n'avaient l'intention d'être inclus dans les termes généraux utilisés dans cet instrument mémorable ... Ils avaient été considérés pendant plus d'un siècle auparavant comme des êtres d'un ordre inférieur, et tout à fait inaptes à s'associer à la race blanche, que ce soit dans les relations sociales ou politiques, et tellement inférieurs qu'ils n'avaient aucun droit que l'homme blanc était tenu de respecter, et que le nègre pouvait être réduit en esclavage à son profit, à juste titre et légalement ... Cette opinion était à l'époque fixe et universelle dans la partie civilisée de la race blanche. Elle était considérée comme un axiome dans la morale comme dans la politique, que personne ne pensait contester, ou supposait être contestable ; et les hommes de tous les grades et de toutes les positions dans la société l'appliquaient quotidiennement et habituellement dans leurs activités privées, ainsi que dans les questions d'intérêt public, sans douter un seul instant de la justesse de cette opinion... Il y a deux clauses dans la Constitution qui indiquent directement et spécifiquement la race noire comme une classe de personnes à part, et montrent clairement qu'elles n'étaient pas considérées comme une partie du peuple ou des citoyens du gouvernement alors formé ... le droit d'importer des esclaves jusqu'en 1808 ... et les États s'engagent l'un envers l'autre à maintenir le droit de propriété du maître, en lui livrant tout esclave qui aurait échappé à son service ... le droit de propriété sur un esclave est distinctement et expressément affirmé dans la Constitution ... la Cour des États-Unis n'avait aucune compétence en l'espèce, et ne pouvait rendre aucun jugement à ce sujet ... Son jugement en faveur du défendeur doit, par conséquent, être annulé et un mandat doit être délivré pour que l'action soit rejetée pour défaut de compétence."

Le président de la Cour suprême a payé cher cette décision. Son nom a presque entièrement été effacé de l'histoire juridique de cette nation ; il a été menacé à plusieurs reprises d'assignation à résidence pendant la guerre civile par le président Lincoln, et après la guerre, ses deux filles âgées, évitées comme futures mariées, ont mené une existence précaire en tant qu'employées du gouvernement tout en bas de l'échelle des salaires, toujours au bord du dénuement total.

Après la décision Dred Scott, les événements ont rapidement évolué vers une véritable confrontation militaire, les Chevaliers du Cercle d'Or prenant place dans tous les États du Sud. John Brown a ensuite attaqué Harper's Ferry, un incident qui devait déclencher un soulèvement d'esclaves dans tout le Sud. La révolution populaire attendue ne s'est pas concrétisée, et Brown a été capturé et pendu. À ce jour, il reste un martyr dans les cercles cabalistiques de la Nouvelle-Angleterre, les fondamentalistes. Leur leader idéologique, Ralph Waldo Emerson, a écrit : "Il rend la potence aussi glorieuse que la croix. Emerson a plus tard promu John Brown comme "un nouveau saint dans le calendrier".

Afin de provoquer l'attaque du Fort Sumter, Lincoln envoya de lourds renforts au fort. Même son secrétaire à la Guerre, Seward, s'opposa à son geste, suggérant plutôt que Fort Sumter soit cédé pacifiquement à l'État de Caroline du Sud. Lincoln lui-même anticipait avec impatience l'imminence du bain de sang et ne voulait entendre parler d'aucun compromis. Lincoln souffrait d'une forme de démence héréditaire qui ne venait pas de la famille Lincoln, car ses membres n'étaient pas ses véritables ancêtres. Sa mère, Nancy Hanks, étant une sans-abri, avait été recueillie par la famille Enloe dans le cadre d'un acte de charité ; elle a été chassée par Mme Enloe après être tombée enceinte d'Abraham Enloe. Ward H. Lame, le partenaire juridique de Lincoln, a ensuite écrit une biographie de Lincoln, déclarant que Lincoln était issu d'une union libre et désignant son vrai père comme Abraham Enloe. Le 8 avril 1863, le *Yorkville Enquirer* notait que la mère de Lincoln, Nancy Hanks, était :

> "une femme célibataire de basse extraction [Canaan signifie "bas". Éd.] ... généralement réputée pour avoir entre un huitième et un seizième de sang noir dans ses veines, et qui s'est toujours associée aux noirs sur un pied d'égalité".

En 1863, l'*Atlanta Intelligencer* nota à propos de son vice-président, Hannibal Hamlin, qui avait été nommé d'après le chef historique des forces cananéennes de Carthage, Hannibal, que Hamlin avait été identifié par le sénateur d'État John Burham, du comté de Hancock, dans le Maine, qui vivait dans la région et connaissait les origines de Hamlin. Le sénateur a rapporté que l'arrière-grand-père de Hamlin était un mulâtre, qui avait épousé une Canadienne ; son grand-père, pendant la guerre révolutionnaire, commandait une compagnie composée uniquement de mulâtres, de nègres et d'Indiens sous les généraux Sullivan et Green. Ce capitaine Hamlin est enregistré comme ayant détourné les fonds envoyés pour payer ses troupes ; il aurait également volé du vin et d'autres fournitures. Le père du père d'Hannibal Hamlin vivait à Paris, dans le Maine, et avait un frère nommé Africa. Quand Hannibal Hamlin est né, un de ses oncles a regardé dans son berceau et s'est exclamé :

> "Pour l'amour de Dieu, combien de temps ce maudit sang noir va-t-il rester dans notre famille ?"

En Louisiane, John Slidell, qui était également new-yorkais, était le chef du parti sécessionniste de l'État ; son second était un certain Judah P. Benjamin. Slidell était le protégé maçonnique du Grand Maître Edward Livingston, également new-yorkais, membre clé de l'appareil de trahison dirigé par Aaron Burr. Benjamin, originaire des Antilles, était un sujet britannique. Il a été engagé par Slidell en tant qu'assistant juridique. Il est ensuite devenu secrétaire d'État au sein du gouvernement confédéré. Après la guerre de Sécession, il fut autorisé à quitter les États-Unis sans entrave, et il vécut ses dernières années dans un luxe splendide en tant que l'un des conseillers de la Reine les mieux payés de Londres, tandis que son ancien supérieur, Jefferson Davis, languissait dans une prison fédérale, chargé de lourdes chaînes.

Au Texas, les conspirateurs sécessionnistes ont été bloqués pendant un certain temps par Sam Houston, un Virginien qui était le fondateur du Texas. Houston a jugé que les efforts sécessionnistes étaient illégaux. Les conspirateurs ont alors réussi à faire déposer le gouverneur Houston par une élection "à la croupe", ce qui était similaire aux tactiques utilisées par les Cromwelliens pour faire condamner le roi Charles Ier en Angleterre. Les conspirateurs ont alors affirmé que leurs délégués sécessionnistes avaient reçu 40 000 voix, contre seulement 10 000 pour les partisans de Houston. Ce résultat a été plus tard cité comme un soutien "populaire" à l'"insurrection", comme on a ensuite qualifié l'action des États du Sud. La Confédération a été officiellement établie à Montgomery, en Alabama, sous la présidence du commandant suprême du rite écossais Howell Cobb. Il était assisté de façon compétente par les partisans du rite écossais de la Charleston Mother Lodge et par des représentants d'autres groupes maçonniques.

Ainsi, le peuple américain a été entraîné dans une guerre civile qu'il n'avait ni envisagée ni souhaitée. Il a été manipulé par des conspirateurs maçonniques cananéens travaillant ensemble dans les États du Nord et du Sud. Le bain de sang qui en résulta s'avéra être le plus grand désastre jamais subi par le peuple de Sem. La grande civilisation qu'ils avaient passé quelque deux cents ans à construire sur cette terre était maintenant balayée, "Autant en emporte le vent" ; la Constitution qu'ils avaient rédigée pour protéger leur existence en tant que peuple de Sem fut supprimée, remplacée par des "Amendements" qui les réduisaient au statut de serfs, tout en donnant aux Cananéens le pouvoir total de mettre en place une dictature tyrannique.

Néanmoins, la division prévue des États-Unis en deux petits pays faibles, chacun devant être facilement contrôlé depuis le siège européen des Rothschild, n'a pas eu lieu. À un moment donné, le rassemblement des troupes françaises et espagnoles au Mexique semblait condamner l'avenir des États-Unis et provoquer la division souhaitée par les Rothschild. Cependant, le tsar de Russie, un grand dirigeant du peuple sémite, apprit l'existence de ce plan. Il dépêcha immédiatement deux de ses escadres aux États-Unis, l'une qui débarqua à San Francisco, commandée par l'amiral Lesowsky, et la seconde, qui arriva au port de New York, commandée par l'amiral A. A. Popoff. Il va sans dire que ces noms ne sont pas connus des étudiants en histoire américaine. Cependant, la présence de cette flotte russe a servi à préserver l'Union. James de Rothschild se retrouva sans l'empire qu'il avait prévu au Mexique, tandis que Lionel dut renoncer à son contrôle sur les États du Nord. À cause de ces loyaux services rendus à l'Union américaine, le tsar fut plus tard assassiné par des agents de Rothschild, et la Russie fut condamnée à être livrée aux atrocités des révolutionnaires cananéens démoniaques.

La guerre civile a ravagé les États du Sud, tout en laissant le Nord intact. La civilisation du peuple de Sem était en ruine. Une fois de plus, comme pendant la guerre d'Indépendance, des hordes de mercenaires allemands se sont déplacées dans le Sud. Les femmes du Sud racontèrent que leurs maisons avaient été mises à sac par des soldats de l'Union qui ne parlaient qu'un anglais approximatif. Pourtant, ces horreurs n'étaient qu'un signe avant-coureur de ce qui allait arriver. La défaite des États du Sud, sous financés et mal préparés était une évidence, car ils étaient dépassés par la supériorité numérique et financière des États du Nord. Leur défaite a été suivie d'une brutalité sans égale envers la population vaincue. Pendant des générations, les familles du Sud ont souffert de maladies génétiques directement imputables à la famine imposée par leurs conquérants ; des maladies autrefois inconnues comme le scorbut, le rachitisme, les maladies des gencives et d'autres pathologies ont donné naissance à la représentation péjorative du peuple du Sud par l'industrie de l'édition, du cinéma et de la télévision, détenue et contrôlée par les Juifs de New York et de Los Angeles. Cependant, aucune explication de leur état pitoyable n'est jamais offerte.

Le World Book de 1949 déclare sous le titre "Reconstruction" que "ce plan était inégalé dans l'histoire pour sa générosité envers l'ennemi vaincu". Ceci est typique du parti pris anti-Sud de l'industrie de l'édition ; aucun écrivain du Sud ne peut être publié à New York à moins qu'il ne dépeigne ses compatriotes du Sud comme des coureurs de jupons alcooliques et des homosexuels. En fait, cette "générosité" a consisté en une occupation militaire pendant de nombreuses années après la guerre, une fiscalité ruineuse, une famine systématique et des tribunaux militaires brutaux dans lesquels les habitants du Sud ont été incapables d'obtenir justice (le même système est largement en place aujourd'hui).

Dans son premier discours inaugural, Lincoln avait clairement déclaré :

> "Je n'ai pas l'intention, directe ou indirecte, d'interférer avec l'institution de l'esclavage dans les États où il existe. Je crois que je n'ai aucun droit légitime de le faire, et je n'ai aucune envie de le faire."

Malgré cette promesse, le 1er janvier 1863, Lincoln publie sa Proclamation d'émancipation. Elle avait en fait été rédigée le 22 septembre 1862 ; Lincoln avait préparé le premier projet dès juillet 1862. Lincoln a justifié sa décision comme relevant d'une "nécessité militaire", et donc justifiée par la Constitution. Cette affirmation n'a jamais été contestée devant les tribunaux. Le jour même où Lincoln publia cette proclamation, la législature de l'État de l'Illinois, qui n'était pas un foyer de réactionnaires du Sud, la dénonça officiellement :

"Il est certain que la proclamation d'émancipation du président des États-Unis est aussi injustifiable en droit militaire qu'en droit civil ; une gigantesque usurpation, qui transforme immédiatement la guerre, prétendument commencée par l'administration pour la défense de l'autorité de la Constitution, en croisade pour la libération soudaine, inconditionnelle et violente de trois millions d'esclaves noirs... La proclamation incite cette population à pratiquer l'insurrection civile pour en faire une sorte de croisade - un moyen de guerre dont l'inhumanité et le diabolisme sont sans exemple dans la guerre civile, ce que nous dénonçons et que le monde civilisé dénoncera, comme une honte ineffaçable pour le peuple américain."

Le mot clé de la résolution de l'Assemblée législative de l'Illinois est "diabolisme". Peut-être que quelqu'un au sein de l'Assemblée législative a réalisé que c'était le triomphe de la volonté de Canaan, une célébration des concepts démoniaques des Cananéens. Ils le célèbrent depuis lors.

Les forces maçonniques cananéennes du monde entier ont salué la Proclamation d'émancipation comme une grande victoire pour leur programme de révolution mondiale. Garibaldi, à l'époque le plus célèbre dirigeant maçonnique et révolutionnaire du monde, a signé une proclamation de l'Italie à Lincoln déclarant : "Nous vous saluons, fils de Cham rachetés". On ne sait pas si Garibaldi connaissait les origines réelles de Lincoln. Il l'a certainement salué comme un camarade révolutionnaire. Un incident peu connu de la guerre de Sécession est l'offre faite par Lincoln à Garibaldi de prendre le poste de commandant en chef des armées des États-Unis en 1861 ; il a renouvelé cette offre en 1862. Garibaldi l'avait sérieusement envisagée, mais il fut contraint de la décliner en raison d'autres engagements.

Les écrivains européens sont généralement consternés par les excès commis par les troupes de l'Union et l'administration Lincoln pendant la guerre. Le grand écrivain français Alfred de Vigny avait écrit à une dame du Sud le 10 septembre 1862 :

"Ces abominables actes de cruauté perpétrés par les armées du Nord à La Nouvelle-Orléans rappellent l'invasion des

Barbares, des Huns d'Attila, voire pire que les Vandales. Je comprends bien votre haine pour ces hommes dépravés et féroces qui noient dans le sang tout votre pays bien-aimé ... Un État sage n'est pas celui qui recourt à la force brute, au meurtre et au feu pour trouver une solution aux problèmes complexes des droits des États. C'est une question qui aurait dû être réglée dans le cadre d'un débat public."

Un débat public était exactement ce que les conspirateurs maçonniques cananéens ne voulaient pas ; ils ont réussi à l'éviter chaque fois que la question a été soulevée. Le *Times* de Londres, le 21 octobre 1862, commentait dans son éditorial :

"Le nom de Lincoln doit-il être classé dans le catalogue des monstres, des assassins en gros et des bouchers de l'humanité ? ... Lorsque le sang commencera à couler et que des cris perceront l'obscurité, Monsieur Lincoln attendra que les flammes montantes disent que tout est consommé, puis il se frottera les mains et pensera que la vengeance est douce."

Le *Times* ne le savait pas, mais toute la carrière politique de Lincoln a été consacrée à la vengeance des Cananéens contre les gens à la peau claire de Sem, ceux qui devaient toujours être considérés comme ses ennemis en raison de la couleur de sa peau. La guerre civile n'était que la dernière campagne d'une bataille menée subrepticement au cours des trois mille dernières années. Après l'assassinat de Lincoln, les Républicains radicaux du Congrès ont décidé d'imposer des mesures encore plus draconiennes contre le sud vaincu. Les Sudistes avaient enfreint le principe de base du canaanisme maçonnique, c'est-à-dire le despotisme oriental ; tout refus d'obéir au commandement du gouvernement central dictatorial doit automatiquement être suivi de la punition la plus sévère. Peu importait que la Constitution des États-Unis ait été écrite par le peuple de Sem, ou qu'elle lui garantisse des droits au sein de ses États ; peu importait que le gouvernement fédéral soit légalement limité dans son autorité au District de Columbia ; peu importe qu'aucune autorité fédérale ne puisse entrer dans un État sauf sur demande expresse du corps législatif de l'État. Tout cela fut systématiquement violé, puis les violés durent alors subir des punitions encore plus sévères.

Des hordes de "marchands de tapis" ont suivi les troupes fédérales dans les États du Sud comme des rapaces avides ; des tribunaux fédéraux et des asiles de fous fédéraux ont été mis en place dans les États pour la première fois, en violation flagrante des interdictions constitutionnelles qui leur étaient opposées. Il s'ensuivit une série de mesures "légales" qui furent saluées par le révolutionnaire Mazzini, reconnu comme "le prophète" par les organisations maçonniques du monde entier. Mazzini s'adressa avec enthousiasme aux conquérants du Nord :

> "Vous avez fait plus pour nous en quatre ans que ce que vos frères européens ont pu faire en cinquante ans d'enseignement, de prédication et d'écriture !"

Ces mesures ont effectivement mis au rebut la Constitution originelle. Une "loi sur les droits civils" rédigée à la hâte a été alors adoptée par le Congrès. Le président Andrew Johnson y a immédiatement opposé son veto, notant que le droit de conférer la citoyenneté appartenait à plusieurs États et que "la tendance du projet de loi est de ressusciter l'esprit de rébellion". En effet, nombre des mesures adoptées par les républicains radicaux visaient délibérément à provoquer la résistance ouverte des Sudistes, afin qu'ils puissent être exterminés par la supériorité écrasante des forces militaires cantonnées dans leurs États. La loi sur les droits civils a été adoptée malgré le veto de Johnson, tout comme d'autres mesures similaires.

Les troupes fédérales ont alors ordonné la tenue de "conventions" dans les États du Sud, qui s'apparentaient aux conventions convoquées par les auteurs de la Révolution française. Ces conventions ont reçu l'ordre de faire trois choses : (1) annuler l'ordonnance de sécession ; (2) répudier toutes les dettes des Confédérés ; et (3) déclarer l'esclavage aboli. L'encyclopédie Collier's note que ces conventions constitutionnelles tenues dans les États du Sud étaient composées (1) de scalawags (renégats du Sud) ; (2) de marchands de tapis[32] ;

---

[32] L'expression *carpetbaggers*, marchands ambulants, se réfère aux commerçants itinérants qui étaient en réalité des profiteurs de guerre, NDT.

et (3) de nègres. Le World Book les énumère dans un ordre légèrement différent, comme les Noirs, les carpetbaggers et les scalawags. Ces conventions ont mis en place des gouvernements républicains radicaux dans les États du Sud, qui n'étaient rien d'autre que des gouvernements d'occupation, mis en place par la force militaire. De 1868 à 1870, les États du Sud ont de nouveau été représentés au Congrès, mais uniquement par des délégués choisis par ces trois groupes. Collier's note qu'après l'élection de Grant à la présidence en 1868 :

> "Il était important de maintenir les gouvernements républicains radicaux des États du Sud parce que ces organisations corrompues fournissaient des voix au Parti républicain. C'est en grande partie pour cette raison que le 15ème amendement a été adopté par le Congrès et que sa ratification a constitué une condition de réadmission dans l'Union pour la Virginie, le Mississippi, le Texas et la Géorgie. Les gouvernements de reconstruction dans le Sud ne pouvaient être maintenus que par la force."

Ainsi, Collier's fait une déclaration définitive sur le Quinzième Amendement qu'il a été adopté par chantage des États du Sud, et qu'il s'agissait simplement d'un stratagème politique du Parti républicain pour maintenir son pouvoir politique. La raison pour laquelle ces gouvernements d'état brutaux et étrangers des Cananéens maçonniques ne pouvaient être maintenus que par la force était due à leur haine inébranlable et à leur brutalité envers le peuple de Sem. Les tribunaux militaires et fédéraux dont les diktats ne peuvent être appliqués qu'en vertu de la loi martiale ne sont concevables par aucun peuple civilisé. L'occupation militaire du Sud était similaire à l'occupation militaire actuelle de l'Allemagne de l'Est, de la Tchécoslovaquie et d'autres nations européennes par les armées soviétiques. Une idéologie étrangère a été imposée à un peuple vaincu par la force brutale. Les Treizième, Quatorzième et Quinzième amendements à la Constitution des États-Unis ont tous été promulgués respectivement en 1865, 1868, 1870 sous la loi martiale. L'occupation militaire des États du Sud n'a pris fin qu'en 1877, douze ans après la fin de la guerre civile. L'occupation a été maintenue tout au long de ces années uniquement à titre de mesure punitive, dans l'espoir de faire mourir de faim les derniers survivants blancs de la guerre civile.

Nous constatons donc que le Treizième amendement, promulgué en 1865, pendant l'occupation militaire, a aboli l'esclavage ; le Quatorzième amendement, qui a modifié le statut de la citoyenneté aux États-Unis, a été promulgué en 1868 pendant l'occupation militaire ; et le Quinzième amendement, qui dicte les procédures de vote, a été promulgué en 1870 pendant l'occupation militaire. Ces amendements étaient similaires aux ordres émis par les commandants soviétiques aujourd'hui en Allemagne de l'Est ou en Tchécoslovaquie. En 1868, lorsque le Quatorzième Amendement fut ratifié, la Grande-Bretagne expédiait encore des cargaisons de prisonniers politiques par bateau vers la rivière Swan en Australie occidentale pour y effectuer des travaux d'esclave. Beaucoup d'entre eux étaient des "politiciens irlandais", qui ont été déportés pour anéantir la résistance populaire à l'occupation britannique de l'Irlande.

La loi sur les droits civils du 9 avril 1866 stipule que "toutes les personnes nées aux États-Unis et non soumises à une puissance étrangère, à l'exclusion des Indiens non imposés, sont par la présente déclarées citoyens des États-Unis". Cette loi a annulé l'art. 1, Sec. 2, Cl. 3 de la Constitution définissant les "personnes libres" ; même ainsi, la loi sur les droits civiques a maintenu l'exclusion des "Indiens non imposés" de la citoyenneté. Cette loi exclut également tous les membres de l'Ordre maçonnique de la citoyenneté, parce qu'ils sont soumis à une puissance étrangère.

L'état de loi martiale sous lequel ces trois amendements à la Constitution ont été ratifiés a été autorisé par la première loi de reconstruction, datée du 2 mars 1867 : alors qu'il n'existait plus de gouvernement d'État légal ni de protection adéquate de la vie ou des biens dans les États rebelles, les dix États du Sud ont été divisés en cinq districts militaires. Le président Johnson a opposé son veto à ce projet de loi le même jour, notant que "le projet de loi place les populations des dix États qui y sont nommés sous la domination absolue du régime militaire, mais chaque État a pourtant un gouvernement réel." Johnson a en outre noté que le commandant est "un monarque absolu", ce qui constitue une violation évidente des dispositions prévues par la Constitution. Il a également déclaré : "Il s'agit d'un projet de loi adopté par le Congrès en temps de paix [la guerre était terminée depuis deux ans]." Il a en outre noté l'absence de "guerre ou d'insurrection" et que les lois étaient déjà en vigueur dans les États du Sud. Johnson a conclu son message de veto comme suit : "La Constitution interdit l'exercice du pouvoir judiciaire de quelque manière que ce soit, sauf par les tribunaux établis et ordonnés." Johnson a donc exclu l'exercice des tribunaux militaires dans les États du Sud.

La deuxième loi sur la reconstruction, datée du 23 mars 1867, a établi un contrôle militaire sur le vote dans les États du Sud. Des élections libres ? Le président Johnson a de nouveau opposé son veto le même jour. "Aucune considération ne pouvait m'inciter à donner mon approbation à une telle loi électorale, quel qu'en soit le but, et surtout pour le grand objectif d'élaboration de la Constitution d'un État." Le projet de loi a été adopté malgré son veto.

La troisième loi sur la reconstruction, datée du 19 juillet 1867, a étendu des pouvoirs encore plus importants aux commandants militaires des États du Sud. Elle prévoyait qu'aucun officier militaire d'un district ne devait être sous les ordres d'un officier civil des États-Unis. En donnant un pouvoir absolu au commandant, la troisième loi sur la reconstruction confirmait que les États du Sud étaient soumis à la loi martiale absolue, un point important à soulever dans le cadre d'une contestation constitutionnelle de la validité des Treizième, Quatorzième et Quinzième amendements. Il convient également de souligner que si ces amendements étaient et sont illégaux, ayant été promulgués sous la loi martiale, tous les amendements ultérieurs à la Constitution sont également invalides, car non seulement ils ne sont pas correctement numérotés, mais ils doivent également être considérés comme ayant été promulgués conformément aux dispositions de ces trois amendements, qui ont modifié les exigences en matière de citoyenneté et de droit de vote !

La quatrième loi sur la reconstruction a imposé des restrictions de vote encore plus importantes aux États du Sud occupés militairement.

Parce qu'il s'est opposé aux quatre lois de reconstruction, qui étaient manifestement inconstitutionnelles, les républicains radicaux ont tenté de mettre en accusation le président Johnson et de le démettre de ses fonctions. Cette tactique a été la favorite de ceux qui étaient battus aux élections, comme les présidents Nixon et Reagan[33] allaient le découvrir plus tard. La tentative de destitution de Johnson n'a échoué qu'à une voix près. Les Républicains radicaux n'avaient adopté les quatre lois de reconstruction que parce qu'ils avaient pris la précaution, en juillet 1866, de réduire le nombre de juges de la Cour suprême de dix à sept, craignant que le président Johnson ne nomme des juges qui maintiendraient son opinion sur les lois de reconstruction. Telle est la "loi du pays". En avril 1869, après l'élection de Grant à la présidence, le Congrès a de nouveau augmenté le nombre de juges à neuf, nombre qui est toujours le même aujourd'hui. Le Congrès a ensuite dénoncé les présidents pour leurs tentatives d'"encadrer" la Cour suprême, un privilège qui semble leur être réservé. Grant a nommé des juges qui ont décidé à l'unanimité de maintenir les lois de reconstruction anticonstitutionnelles. En tant que président de la Cour suprême, Salmon P. Chase, le banquier new-yorkais, a résisté à toutes les contestations des lois de reconstruction par les États captifs du Sud, déclarant que ces lois étaient effectivement "constitutionnelles". De 1830 à 1860, il était réputé dans l'Ohio pour son travail d'aide aux esclaves en fuite ; il était appelé "le procureur général des esclaves en fuite". Il a ensuite fondé la Chase Bank, qui s'est maintenant alliée à la Manhattan Company d'Aaron Burr pour former la Chase Manhattan Bank.

Les Républicains radicaux au Congrès étaient dirigés par le fougueux Thaddeus Stevens, un avocat de Pennsylvanie qui, grâce à des investissements judicieux dans l'immobilier, était

---

[33] Et un certain Donald Trump… NDÉ.

devenu le plus gros contribuable de Gettysburg. C'était un grotesque infirme, au pied bot, décrit par ses contemporains comme "le renard", à la voix creuse et à la moue permanente. Il était chauve à cause d'une maladie et portait une perruque de couleur marron. Pendant de nombreuses années, son seul compagnon a été sa maîtresse mulâtre, une certaine Lydia Smith ; il est d'ailleurs mort dans son lit.

L'occupation militaire était la principale force qui soutenait les déprédations des "carpetbaggers" dans les États du Sud. Ils avaient fait irruption pour amasser rapidement d'énormes fortunes en faisant confisquer les biens des Sudistes appauvris, incapables de payer les augmentations ruineuses votées par les législatures des "scalawag". Pendant la Reconstruction, six millions d'acres dans l'État du Mississippi ont été vendus pour payer des arriérés d'impôts. Les législatures scalawag se sont lancées dans de grandes dépenses, accumulant d'énormes dettes d'État envers les banquiers. Pendant la Reconstruction, la dette de l'État de Louisiane est passée de quatorze à quarante-huit millions de dollars ; celle de la Caroline du Sud de sept à vingt-neuf millions ; celle de la Floride de seulement 524 000 à cinq millions de dollars. Le Fairfield Herald de Caroline du Sud a écrit dans son éditorial du 20 novembre 1872 :

> "La reconstruction est une politique infernale, qui a foulé aux pieds le plus juste et le plus noble des États, notre grand État sous les sabots profanes des sauvages africains et des brigands - une politique qui a abandonné des millions de nos frères et sœurs nés libres et à l'âme généreuse, des compatriotes de Washington, Rutledge, Marion et Lee, au règne des barbares charlatans, mangeurs de poux et adorateurs du diable, des jungles du Dahomey, et dirigés par les boucaniers de Cape Cod, Memphrémagog, Hell et Boston."

Notez que même un éditeur du Sud connaissait le culte du diable des Cananéens. Il est étonnant que cela ait été écrit pendant l'occupation militaire, ou plutôt, pendant sa fin. Les descendants des "carpetbaggers" possèdent maintenant toute la presse du Sud, et un tel éditorial ne pourrait jamais être lu nulle part dans le Sud aujourd'hui.

L'occupation militaire du Sud a été renforcée par l'adoption par le président Grant de la loi sur la force de 1870, qui porte bien son nom. Cette loi a suspendu l'habeas corpus et a placé le pouvoir total entre les mains des occupants militaires des États du Sud. Ses Enforcement Acts de 1871 ont placé les élections du Congrès dans le Sud sous le contrôle des autorités fédérales, une méthode qui a été relancée dans les années 1960 et 1970, lorsque les autorités fédérales ont de nouveau envahi les États du Sud pour placer les élections sous leur supervision. C'est sous ces auspices que la Constitution des États-Unis a été réécrite et annulée. En 1877, douze ans après la fin de la guerre civile, douze ans après la ratification du Treizième amendement, neuf ans après la ratification du Quatorzième amendement et sept ans après la ratification du Quinzième amendement, le président Hayes a retiré les troupes fédérales des États du Sud.

Le pillage du Sud appauvri par les scalawags a été caractérisé par la carrière de Franklin Israel Moses Jr. en Caroline du Sud. Son père avait été nommé juge en chef de la Cour suprême de Caroline du Sud pendant la période de la Reconstruction, et avait occupé cette fonction de 1868 à 1877. Fait significatif, son mandat a pris fin lorsque les troupes fédérales ont été retirées. En 1866, Moses Jr. commença à publier un journal, le *Sumter News*, qui approuva avec enthousiasme les quatre lois de reconstruction. Il est élu président de la Chambre par la "Loyal League", un groupe de scalawag. Pendant plus d'une décennie, il a dépensé des millions de dollars pour mener une vie somptueuse, argent qu'il a accumulé en acceptant des pots-de-vin au cours de son mandat et en remplissant de faux bulletins de salaire pour des centaines d'employés de l'État qui n'existaient pas. Il a également été très actif dans le domaine des contrats d'État frauduleux. Il a acheté un manoir de 40 000 dollars (l'équivalent de 10 millions de dollars actuels), et était réputé pour être le plus grand dépensier de Caroline du Sud. Avec le retrait des troupes fédérales, qui ont protégé avec zèle les "droits" de ces crapules, il a été mis en examen pour ses actes criminels. En 1878, pour éviter les poursuites, il s'enfuit dans le Massachusetts, où il meurt finalement en 1906. Pendant le reste de sa vie, il a été connu comme un drogué et un escroc. La saga de Moïse est parfaitement représentative des actes des scalawags et des carpetbaggers du Sud.

Dans *The Tragic Era* de Claude Bowers, l'un des nombreux livres qui ont documenté les excès de la période de la Reconstruction, Bowers écrit à la page 29 :

> "... en Louisiane, Sheridan, en faisant claquer son épée, balbutiait des épithètes pour tenter de sauver les radicaux qu'il servait de la destruction qu'ils méritaient..."

Bowers décrit la Reconstruction comme étant de nature "cromwellienne", une description tout à fait pertinente. La révolution dans le Sud qu'elle a servi à introduire était essentiellement une interprétation cromwellienne de l'Ordre maçonnique cananéen. Les moqueries des lois électorales et même du système juridique de la Reconstruction ont été remarquablement exposées par Bowers lorsqu'il a écrit sur l'épisode Durell. Un groupe conservateur avait élu John McEnery au poste de gouverneur, mais un conseil électoral illégal avait ignoré son élection et donné le poste de gouverneur à son adversaire, W. P. Kellogg, sans même compter les votes, bien qu'un conseil électoral légal ait déjà certifié l'élection de McEnery. Bowers écrit :

> "Le juge fédéral Durell, les doigts tremblants d'ivresse, avait rédigé son injonction de minuit contre le conseil d'administration légal, et avait ordonné au maréchal américain Packard, le directeur républicain, de prendre possession de la Maison d'État... Le lendemain matin, le juge a déclaré la commission illégale et l'a empêchée de compter les résultats des élections."

Bowers a noté que "l'audace du crime a ébranlé la nation." Qualifiant Durell de "tyran ivre", Bowers fait la chronique de la protestation générale contre son acte vicieux. Aujourd'hui, le nom de Durell est toujours méprisé dans l'État de Louisiane comme synonyme de tyrannie judiciaire fédérale. Durell était typique des despotes orientaux, agissant avec l'appui des troupes fédérales, comme ils le font encore aujourd'hui, utilisant la Constitution des États-Unis comme papier hygiénique alors qu'ils écrasent le peuple de Sem sous les talons de leur Ordre maçonnique judiciaire de la tyrannie cananéenne. Ce sont les Durells qui ont fait des tribunaux fédéraux les institutions les plus détestées de la vie américaine actuelle.

À cause des déprédations de scalawags tels que Durell et Moïse, les Sudistes vaincus avaient perdu plus de 500 millions de dollars en espèces pendant la guerre civile, résultat de leurs achats patriotiques d'obligations confédérées, qui ont été répudiés à cent pour cent par les législatures de scalawags. Il ne restait plus que leurs propriétés foncières. Près de la moitié de leurs actifs étaient constitués d'esclaves, et ceux-ci avaient maintenant disparu. Une grande partie de leurs terres étaient désormais confisquées, en raison des lourdes taxes imposées par l'autorité des troupes fédérales. Sur une population totale de soixante millions d'habitants, les dix États du Sud avaient subi cinq millions et demi de pertes, soit environ dix pour cent ; un quart de la population masculine était morte ou invalide en 1865. Il semble impossible que même les membres du peuple de Sem puissent continuer à vivre après de telles pertes, et pourtant ils ont survécu, même si les douze cruelles années de la période de reconstruction ont été conçues pour qu'aucun d'entre eux ne survive.

C'est un fait que la législation promulguée pendant les périodes de loi martiale n'est valable que pendant la période pour laquelle la loi martiale est déclarée et maintenue. Il est étonnant de constater que les Treizième, Quatorzième et Quinzième amendements n'ont jamais été contestés sur la base de ce principe fondamental de la loi. Le Treizième amendement a aboli l'esclavage, même si le président Johnson a informé le Congrès qu'il n'avait pas le pouvoir d'interférer avec l'esclavage ; le Quatorzième amendement a modifié les exigences en matière de citoyenneté, même si le Congrès n'avait pas le pouvoir d'agir sur cette question. Johnson a exhorté les États du Sud à rejeter le Quatorzième Amendement ; il a opposé son veto aux quatre lois de reconstruction, montrant ainsi que le pouvoir exécutif du gouvernement était inébranlablement opposé aux excès des Républicains radicaux au Congrès.

L'*Oxford Companion to Law* déclare :

"Au Moyen-Âge, la loi martiale signifiait la loi administrée par la Cour du Constable et du Maréchal - elle signifie maintenant la loi applicable en vertu de la prérogative royale sur un territoire étranger occupé pour le moment par les forces armées de la Couronne."

Ainsi, les troupes fédérales qui occupaient les États du Sud exerçaient une prérogative royale, qui n'avait rien à voir avec la Constitution des États-Unis - d'où le veto du président Johnson sur les lois de reconstruction. Il s'agissait de l'exercice d'un pouvoir absolu sur la population par un officier militaire qui relevait directement du président. Aucune loi martiale n'a été imposée en Grande-Bretagne depuis le dix-septième siècle.

"La loi martiale peut, exceptionnellement, être instaurée au sein même de l'État, en remplacement du gouvernement organisé et de l'administration de la justice, lorsqu'il existe un état de guerre, ou une rébellion, une invasion, ou d'autres troubles graves ; dans ce cas, la justice est administrée par ses tribunaux martiaux et militaires."

Il ne peut y avoir deux gouvernements exerçant la même autorité dans la même région ; lorsque les gouvernements militaires ont été établis par les lois de reconstruction dans les dix États du sud de 1865 à 1877, aucun autre gouvernement n'avait de souveraineté dans ces États ; ainsi, aucune législation ne pouvait être promulguée sauf sous le couvert de la loi martiale ; par conséquent, lorsque la loi martiale a pris fin, toutes les lois promulguées sous la loi martiale étaient nulles.

Le *Black's Law Dictionary* dit de la loi martiale que :

"l'autorité militaire exerce un contrôle sur les civils ou l'autorité civile sur le territoire national. Ochikubo c. Bonesteel, D.C.Cai. 60 F supp. 916, 928, 929, 930."

Le *Webster's Dictionary* dit de la loi martiale :

"De Mars, dieu romain de la guerre. La loi s'applique à toutes les personnes et à tous les biens se trouvant en territoire occupé par les autorités militaires."

L'*Oxford English Dictionary* dit de la loi martiale :

"1548 Hall Chron. Hen IV 7b. Il ... a fait en sorte que des hommes vigoureux et ambitieux attirent des hommes plus âgés sur des questions pouvant être déterminées comme étant le droit commun de la cour martiale."

L'OED définit en outre la loi martiale comme :

"Le type de gouvernement militaire d'un pays ou d'un district, dans lequel le droit civil est suspendu et les autorités militaires sont habilitées à arrêter tous les suspects à leur discrétion et à punir les délinquants sans autre forme de procès."

1537 Hen VIII. Let, Dk Norfk St Papr ii 537 ... Le cours de nos lois doit céder la place aux ordonnances et aux domaines martiaux, notre plaisir est que vous fassiez procéder à de telles exécutions sur un bon nombre d'habitants de villes, de villages et de hameaux qui ont offensé dans cette rébellion et qui peuvent être un spectacle fertile pour tous ceux qui, dans l'avenir, pratiqueront des pratiques similaires.

L'OED cite Wellington qui a déclaré en 1851, à propos du droit militaire dans le Hansard, que :

"la loi martiale n'était ni plus ni moins que la volonté du général qui commande l'armée". En fait, la loi martiale ne signifiait aucune loi du tout."

Ainsi, ces trois amendements à la Constitution ont été ratifiés alors que les dix États du Sud étaient sous la loi martiale et "n'avaient pas de loi du tout". Les "Force Acts", les quatre "Reconstruction Acts" et le "Civil Rights Act" ont tous été adoptés par le Congrès alors que les États du Sud n'étaient pas autorisés à organiser des élections libres et que tous les électeurs étaient sous la surveillance étroite des troupes fédérales. Même la Russie soviétique n'a jamais mis en scène de telles moqueries sur les procédures électorales !

En 1987, le Congrès est allé encore plus loin en modifiant les conditions d'obtention de la citoyenneté. Le *Washington Post* du 17 mars 1987 a rapporté que le Congrès proposait désormais des ventes de citoyenneté à 185 dollars chacune, avec un prix préférentiel de 420 dollars pour les familles entières ! On s'attendait à ce que quelque deux millions d'étrangers achètent ces offres de citoyenneté à prix cassé. La seule condition était qu'ils soient des criminels, c'est-à-dire qu'ils soient présents aux États-Unis en violation ouverte des lois des États-Unis. C'est la plus grande menace pour le peuple de Sem depuis que le président Carter a persuadé Castro de lui permettre d'importer aux États-Unis plusieurs milliers d'homosexuels cubains et de Marielitos, des fous criminels. La vague de criminalité qui s'en est suivie à l'échelle nationale a terrorisé nos villes. L'accord Carter-Castro a ouvertement violé toutes nos procédures d'immigration obligatoires.

Deux conclusions s'imposent : premièrement, les Treizième, Quatorzième et Quinzième amendements, qui ont radicalement modifié les conditions d'obtention de la citoyenneté américaine, le droit de vote et d'autres questions fondamentales, ont été ratifiés alors que les dix États du Sud étaient sous la loi martiale et que leurs gouvernements légitimes avaient été remplacés par la force militaire ; deuxièmement, la législation adoptée pendant les périodes de loi martiale prend effectivement fin ou est automatiquement abrogée lorsque la loi martiale prend fin et que les troupes sont retirées. Les gouvernements de reconstruction, qui, comme le note Collier's, ne pouvaient être maintenus que par la force, ont pris fin lorsque cette force a été retirée.

Ces amendements à la Constitution n'ont donc plus de statut juridique depuis 1877, lorsque le président Hayes a retiré les troupes fédérales des États du Sud. Ces amendements sont donc invalides depuis 1877.

CHAPITRE 8

L'ÉTAT DE VIRGINIE

Les tentacules de la pieuvre cananéenne maçonnique ne sont nulle part plus profondément ancrés que dans l'État de Virginie. Connue dans la tradition américaine comme la "patrie des présidents", elle est réputée avoir fixé les normes de vie et de culture du Sud. En réalité, la Virginie est un État dégradé et arriéré qui, depuis le début de l'histoire, a été envahi et vaincu par "les hommes déterminés de la maçonnerie". Depuis la guerre civile, l'État a été dirigé par une succession de maçons, puis envahi par une foule de millionnaires, pour la plupart des maçons, qui ont racheté et expulsé les dernières vieilles familles de Virginie, les légendaires "First Families of Virginia", de leurs maisons historiques. Dans la plupart des cas, ces demeures ancestrales ont été transformées en publicités pour le type de décor qui figure dans *Better Homes and Gardens*.

L'État de Virginie est dominé par trois grandes zones résidentielles, le nord-est, qui est une cité-dortoir pour les travailleurs du gouvernement fédéral à Washington, D.C. ; l'axe de Richmond, qui est totalement dominé par la bureaucratie étatique en plein essor, et la zone de Norfolk, qui est dominée par une énorme base navale - et la bureaucratie de la défense. L'État n'est donc rien qu'un vaste réservoir de la bureaucratie. En y regardant de plus près, sa "culture" tant vantée s'évanouit comme la brume du matin. Ses "grands" écrivains sont deux riches dilettantes, James Branch Cabell et Ellen Glasgow, dont les livres illisibles, et non lus, languissent sur les rayons des bibliothèques jusqu'à ce qu'ils soient mis à disposition dans des ventes de garage.

Ces deux figures de l'establishment ont fait peu ou pas d'impression sur le monde littéraire. Cabell a écrit quelque dix-huit volumes sur un lieu imaginaire qu'il a appelé "Poictesme", dont l'importance n'était apparemment connue que de lui-même. La tradition littéraire de la Virginie a été enterrée avec Edgar Allan Poe. Au XXᵉ siècle, de jeunes écrivains et artistes fuirent l'État comme des réfugiés sous l'emprise des gangs qui peuple un marais fétide, avant que leurs talents ne soient irrémédiablement endommagés et empoisonnés par les vapeurs nocives émises par le domaine de Virginie, qui ressemble à une prison, résultat de sa domination par la bureaucratie. Ces jeunes ne reviennent jamais ; ainsi, la Virginie nourrit la vie culturelle d'autres États, mais jamais la sienne propre.

Comme aux jours les plus effrayants du règne de la terreur pendant la Révolution française, l'État de Virginie est envahi par des hordes d'agents et d'espions, dont la plupart n'ont aucune idée qu'ils sont en fait "dirigés" par le service de renseignement britannique, qui contrôle totalement les hauts fonctionnaires de l'État. Le FBI y maintient son école de formation à la base de la marine à Quantico, en Virginie. On y enseigne des techniques pour suivre les "subversifs", qui dans la plupart des cas s'avèrent être toute personne qui professe une croyance dans la Constitution des États-Unis. La CIA dispose également de son énorme quartier général babylonien à McLean, en Virginie, ainsi que diverses écoles de formation et des "maisons sûres" dans tout l'État, des zones fermées telles que Vint Hill et d'autres réserves sacrées. Ces agences maintiennent une liaison étroite avec les agences de police de l'État dans toute la Virginie. Le policier de base trouve très excitant de se faire dire qu'il peut monter la garde pendant que des agents du FBI ou de la CIA cambriolent la maison des "dissidents", volant tout ce qu'ils supposent être précieux pour l'accuser d'un crime ou l'interner dans un établissement psychiatrique. Certaines des choses qu'ils prennent, bien sûr, sont de simples "objets de valeur", qui enrichissent le bas de laine privé des agents. Bien qu'il y ait eu des milliers d'incidents de ce type au cours des cinquante dernières années, seuls quelques cas mettant en cause ces étranges intrus ont été portés devant les tribunaux contrôlés, où ils ont été rapidement rejetés comme de la "paranoïa" par les juges aux ordres.

L'État compte également un grand nombre d'espions dans des organismes tels que la Régie nationale des alcools, le Département des impôts et d'autres organismes dont le zèle découle directement des pires jours du règne de la terreur. Pendant l'Empire byzantin, l'empereur utilisait les bénéfices de son monopole sur les alcools et le vin pour payer ses énormes dépenses ménagères. Dans l'État de Virginie, un empereur byzantin local, le sénateur Harry Byrd, qui était alors gouverneur, a fait adopter la loi ABC en 1933 lors d'un plébiscite typique de la Virginie ; il s'est avéré plus tard qu'elle avait été copiée sur la loi créant le Soviet Liquor Trust en Russie ! Le patronage et les bénéfices de la société des alcools sont depuis lors devenus le pilier de la machine du parti. Le réseau d'agents de l'ABC au niveau de l'État terrorise les petits entrepreneurs avec leurs tactiques soigneusement élaborées, semblables à celles de la Gestapo, et leur surveillance constante.

Tout rapport défavorable signifie la perte de l'entreprise, après que la "licence", si importante, ait été suspendue. Ce pouvoir crée un climat politique idéal pour un contrôle totalitaire, des extorsions continues, qui sont appelées par euphémisme "contributions", soit à la machine politique, soit aux "collecteurs" qui promettent de transmettre les fonds aux partis concernés. Il n'est pas possible de savoir si cela se produit. Avec ces bénéfices, Byrd a construit la plus grande bureaucratie socialiste d'État par habitant des États-Unis, qui a perpétué sans effort son règne tout au long de sa fructueuse carrière politique. Pour maintenir l'illusion d'une "démocratie bipartite", Byrd autorisait généralement une opposition symbolique dans les campagnes politiques pour les postes de l'État, mais il n'a jamais permis à un opposant sérieux de contester son règne. Par conséquent, il n'a jamais eu à faire campagne ni à dépenser les millions qui avaient été récoltés pour payer ses supposés frais de campagne. Il remplissait régulièrement les bureaux de l'État avec des hommes ressemblant à Byrd, des hommes âgés, à la voix douce, aux cheveux blancs et buveurs, qui parlaient lentement et prudemment, avec les modulations du Old South typique d'un gardien de toilettes pour hommes dans un country club d'exception.

Byrd lui-même n'était que l'héritier d'une corruption antérieure de longue date. Après la guerre civile, les "carpetbaggers" avaient envahi la Virginie, s'emparant des restes des propriétés dans un état pitoyable des Virginiens vaincus et appauvris. La corruption a atteint son apogée en 1893, lorsque le sénateur Thomas Martin a acheté ouvertement le contrôle de la législature de l'État, comme lors d'une vente aux enchères de bétail. Martin était depuis longtemps l'avocat des intérêts de Morgan-Behnont en Virginie, et représentait leurs importantes possessions ferroviaires, la Chesapeake and Ohio Railroad, et la Norfolk and Western Railway.

Les témoignages du Congrès ont montré que J. P. Morgan et Kuhn Loeb Co. contrôlaient à eux deux 92% de tout le kilométrage des chemins de fer aux États-Unis. Tous deux étaient des façades pour les intérêts de Rothschild. Les fonds avancés à cette fin par les intérêts de Morgan-Behnont (Behnont était le représentant autorisé des Rothschild aux États-Unis) furent utilisés par Martin en 1893 pour acheter neuf membres du corps législatif pour 1000 dollars chacun ; cela lui donna le contrôle total de cet organisme. Son assistant dans cette corruption était William A. Glasgow, Jr, l'avocat en chef du Norfolk and Western Railway. Le principal allié de Martin dans le contrôle de la législature de l'État était son assistant aux compétences reconnues, le sénateur Hal Flood, grand-père du sénateur Byrd. Avec de telles perspectives politiques devant lui, le jeune Harry Byrd quitte l'école à l'âge de quinze ans. En 1919, Martin meurt, et Byrd prend la relève. Il a dirigé l'entreprise d'une main de fer pendant plus d'un demi-siècle. Politiquement, Byrd avait accès à tous les fonds dont il avait besoin pour contrôler l'État, c'est-à-dire les caisses noires politiques que les agents de Rothschild distribuaient régulièrement à travers les États-Unis pour maintenir leur contrôle sur la nation. Les fonds provenaient de Kuhn, Loeb Co. à New York, la plus grande maison bancaire traitant les investissements des Rothschild en Amérique. Byrd était né à Martinsburg, en Virginie occidentale ; un de ses camarades de classe était un certain Lewis Lichtenstein Strauss. Strauss est devenu plus tard un vendeur de chaussures itinérant. À l'aube de la Première Guerre mondiale, il apparaît soudainement à Washington comme "secrétaire" de l'administration alimentaire américaine, comme assistant d'Herbert Hoover, un agent de longue date des Rothschild qui avait été nommé par eux directeur de leur entreprise familiale, Rio Tinto. Après la Première Guerre mondiale, Strauss est nommé partenaire de la société Kuhn, Loeb Co. et Byrd, puis avec l'argent de Strauss à ses côtés, devient gouverneur de Virginie. Strauss achète un grand domaine à Brandy Station, en Virginie, qui fut le théâtre de la dernière grande charge de cavalerie aux États-Unis. Il poursuivit sa longue association avec Byrd pendant les années qu'ils passèrent ensemble à Washington. Lorsque Byrd prit sa retraite, Strauss devint le directeur de campagne de son fils.

Après la domination de l'État de Virginie par Martin pendant une trentaine d'années, Byrd était en place pour prendre le pouvoir, tout comme Staline attendait lorsque Lénine est mystérieusement tombé malade avant sa mort. Pendant les cinquante années suivantes, la Virginie a souffert de ce que l'on a appelé avec humour "le fléau Byrd", tandis que les sacrifices financiers consentis par Byrd pour servir son pays auprès du Sénat lui ont apporté un vaste empire familial de vergers, d'entrepôts, de banques, de journaux et de portefeuilles d'actions. Tout cela avait été amassé depuis son entrée au Sénat de Virginie en 1915. Historiquement, les millions de Byrd ont été gagnés grâce à de la main-d'œuvre bon marché, ce qui a permis de comprendre pourquoi il a converti de vastes régions de Virginie en régions où sévisse une pauvreté désespérée ; dans le même temps, les États voisins comme la Caroline du Nord ont connu une prospérité sans précédent. Le fléau Byrd, qui a donné naissance à la fameuse région rurale pauvre connue sous le nom d'Appalachia, a assuré à l'empire Byrd une réserve abondante de main-d'œuvre bon marché ; lui et ses sous-fifres ont combattu avec acharnement les efforts du gouvernement pour intervenir avec leurs divers programmes. Byrd refusa que les fonds fédéraux soient dépensés en Virginie à moins qu'il ne conserve le contrôle absolu de leur affectation ; ils devaient aller à ses partisans politiques ; aucun autre nécessiteux n'en fut jamais doté. Byrd réalisa que la distribution de fonds fédéraux amènerait une horde de superviseurs fédéraux dans son domaine, alors qu'il se battait pour rester en position de nommer chaque bénéficiaire de ces fonds, se garantissant le soutien futur de ceux qui avaient reçu "les largesses de Byrd".

Bien qu'il ait toujours été dépendant des contributions des agents des Rothschild, la machine de Byrd restait politiquement inattaquable en raison du réseau de loges maçonniques qui s'étendait sur tout l'État et qui était en place depuis deux cents ans. Elles contrôlaient toutes les entreprises et tous les bureaux d'État locaux dans chacun des comtés et hameaux de Virginie. Personne ne pouvait espérer un avancement ou une prorogation, ni même un prêt bancaire, sans l'approbation des maçons. L'historien Allen Moger écrit que :

> "l'étendue du pouvoir de Byrd stupéfiait les observateurs ; il reposait sur un réseau d'amis, sorte d'association d'hommes partageant les mêmes idées."

Moger ne nous dit pas à quoi les esprits similaires étaient attachés, ni qu'ils étaient "les hommes déterminés de la maçonnerie". Le livre de Moger, *Virginia: Bourbon to Byrd,* University of Virginia, 1968, ne mentionne même pas la maçonnerie dans l'index ! De plus, Moger ne mentionne la loi sur la Réserve fédérale que deux fois en passant, sans tenir compte du fait que ce projet de loi a été présenté à la Chambre par Carter Glass de Lynchburg, co-écrit par le sénateur Owen de Lynchburg, et signé par le président Woodrow Wilson de Staunton. En fait, le Virginien Woodrow Wilson a laissé à la nation un héritage inégalé ; il nous a donné l'impôt sur le revenu, la Première Guerre mondiale et le Federal Reserve Act. Aucun autre président ne peut prétendre avoir imposé à ses malheureux compatriotes autant de fardeaux écrasants.

Alors que Byrd maintenait l'État de Virginie dans la pauvreté, les journaux maintenaient l'État dans l'ignorance. Ayant été totalement pris en charge par l'Ordre maçonnique des Cananéens, ils s'abstenaient soigneusement d'imprimer quoi que ce soit que la Pravda (ou Vérité) de Byrd désapprouvait. Aucune censure n'était nécessaire ; chaque rédacteur et reporter de l'État savait ce que l'on attendait de son journalisme impartial. La zone "fédérale", la communauté-dortoir du nord-est à la frontière de Washington, était dominée par le *Washington Post*, propriété de la famille Meyer. Eugene Meyer, partenaire des banquiers internationaux de Lazard Frères, avait acheté le journal à bas prix et a progressivement chassé tous ses concurrents de l'affaire. L'activiste politique Lyndon LaRouche opérait également dans la région de Washington. On lui a laissé carte blanche jusqu'à ce qu'il publie un article selon lequel "la veuve noire", Katharine Graham, fille d'Eugène Meyer, avait tué son mari, Philip Graham, pour l'empêcher de donner le poste à sa petite amie actuelle. Peu après que LaRouche ait publié cette histoire dans son journal, 648 agents fédéraux se sont rués sur son quartier général à Leesburg, en Virginie, saisissant tous ses documents et emmenant plusieurs de ses assistants en prison. S'ils cherchaient l'acte de décès de Philip Graham, la raison apparente de la descente, ils ne l'ont pas trouvé ; les agences concernées avaient fermement refusé de le rendre public, ou même de laisser quiconque le voir. Si LaRouche avait eu des doutes sur le pouvoir derrière le *Washington Post*, il a vite été éclairé...

Byrd lui-même fixait traditionnellement la ligne du parti pour l'État dans sa chaîne de journaux, qui était dirigée depuis Winchester. Une enquête menée par des professeurs de journalisme a classé l'État de Virginie à la 49ème place dans le pays pour ce qui est des campagnes de service public de la presse. Les journaux de Byrd, comme la plupart des autres journaux de Virginie, étaient généralement considérés comme "le bas du panier" par la profession en raison de leurs salaires et conditions de travail inférieurs. La plupart des éditeurs de Virginie, tous maçons, se conformaient à l'image que Byrd cultivait, et aspiraient seulement à être acceptés dans la "squirearchie" locale. En même temps, ils publiaient continuellement des éditoriaux niant cyniquement qu'il y ait jamais eu une "machine Byrd" dans l'État de Virginie !

La presse orientale de l'État est totalement dominée par Media General, un conglomérat qui a été constitué à partir des journaux de Richmond et d'une publication de Norfolk. Les journaux de Richmond avaient de fortes connexions avec les scalawag et les carpetbaggers ; après la Seconde Guerre mondiale, ils ont servi de relais à la propagande de la CIA. Leur président, Joseph Bryan, avait servi dans les services de renseignements de la marine pendant la Première Guerre mondiale et en tant que président du 5ème district de la Réserve fédérale. Pour prouver ses excellentes références libérales, il a été nommé au conseil de surveillance de l'université de Harvard. Son fils a épousé une héritière de la Standard Oil, membre la famille Harkness Davidson. Il est également directeur de la Hoover Institution, un groupe de réflexion soi-disant de droite, et membre du très select Bohemian Club de San Francisco. Le premier vice-président de Media General est James A. Linen IV l'ancien vice-président du *National Enquirer*, qui est largement réputé pour être une opération de la CIA ou de la mafia, ou des deux, il est le fils de James A. Linen III, l'éditeur de longue date de *Time Magazine*. James A. Linen IV est également président de l'American Thai Corporation, qui opère dans le domaine du marketing de l'empire de la drogue connu sous le nom de "Golden Triangle"[34], une zone qui a été dominée par la CIA pendant des années. Le fondateur de l'OSS (plus tard la CIA), William J. Donovan, a été nommé ambassadeur en Thaïlande en 1953.

Pendant de nombreuses années, *Richmond Newspapers* a eu comme président du conseil d'administration Paul Manheim, associé de Lehman Brothers à New York. Les Lehman ont gagné des millions pendant la guerre civile, lorsqu'ils agissaient en tant qu'agents et intermédiaires auprès des deux belligérants, se déplaçant facilement dans les zones de guerre. Paul Manheim a également été directeur de Bankers Trust à New York et de Paramount Pictures à Hollywood. Son frère Frank Manheim, également associé de Lehman Brothers, a été directeur de Warner Brothers. Ils ont exercé un contrôle financier sur ces studios géants pendant les années où les producteurs produisaient sans

---

[34] Le fameux Triangle d'Or, NDT.

relâche des films de gauche ; cela n'aurait pas été possible sans leur approbation.

La mort de Harry Byrd n'a pas apporté de changement significatif à la main de fer qui régnait en Virginie ; les mêmes fonctionnaires de l'Ordre maçonnique des Cananéens ont continué à exercer le pouvoir absolu. L'État est devenu encore plus déprimé, ses habitants encore plus découragés et de plus en plus méfiants les uns envers les autres, embourbés dans la haine de soi et la morosité. L'excroissance de Byrd n'était que la manifestation, au XXᵉ siècle, d'un cancer qui a pourri la vie en Virginie depuis le tout premier établissement. L'ouvrage définitif de Vernon Stauffer, *New England the Bavarian Illuminati*, reproduit un discours du révérend Jedediah Morse, prononcé à Charleston le 25 avril 1799, dont voici un extrait :

> "On a longtemps soupçonné que des sociétés secrètes, sous l'influence et la direction de la France, tenant des principes subversifs de notre religion et de notre gouvernement, existaient quelque part dans ce pays... J'ai, mes frères, une liste officielle et authentifiée des noms, âges, lieux de naissance, professions, etc. des officiers et membres d'une Société des Illuminati (ou comme ils sont maintenant plus généralement et correctement appelés Illuminés) composée de cent membres, instituée en Virginie, par le Grand Orient de la France ... La date de leur institution est 1786 ..."

Morse a ensuite traduit une lettre en français pour le bénéfice du public, du Maître français aux disciples de Virginie,

> "À l'Est de la Loge de Portsmouth en Virginie, le 17 du 5ᵉᵐᵉ mois, en l'an de (V. L.) Vraie Lumière 5798 : La respectable Loge Provinciale française (R. L. Pte... Fse...), régulièrement nommée sous le titre distinctif de SAGESSE, n° 2660 par le GRAND-ORIENT DE FRANCE. À la (T .. R .. L. ..) très respectable Loge française, l'Union, n° 14, constituée par le Grand Orient de New York. S .. F .. V .. TT .. CC .. et RR .. FF."

Ces abréviations sont apparemment un code secret. La lettre poursuit en signalant la création de deux nouveaux ateliers maçonniques à Pétersbourg, en Virginie, et à l'est de Port de

Paix, dans l'île de Saint-Domingue. Elle se termine par la salutation suivante :

> "Que le Grand Architecte de l'Univers bénisse vos travaux et les couronnes de toutes sortes de succès. P .. L .. N .. M .. Q .. V .. S .. C .. TT .. CC .. et TT .. RR .. FF .. Par ordre de la très respectable Loge provinciale de la Sagesse, Guieu, Secrétaire."

Morse a déclaré qu'il y avait à l'époque au moins dix-sept cents Illuminati aux États-Unis :

> "Organisant systématiquement la subversion de ce pays ... Les changements qu'ils peuvent produire par leur influence et intrigue secrète, les arts nouveaux qu'ils peuvent ainsi exposer aux yeux des hommes, sont sans doute des moyens efficaces d'enseigner aux hommes le nouveau système de philosophie, qui met au défi et condamne toutes les vieilles opinions établies, par lesquelles les gouvernements des nations et la conduite des individus ont été jusqu'ici dirigés."

Ainsi, l'enquête du révérend Morse nous apprend que l'État de Virginie était depuis longtemps infiltré et qu'il était "dirigé" comme une colonie par les Illuminati français. Pendant ce temps, les habitants de la Virginie supposaient qu'ils avaient un gouvernement d'État composé de politiciens dévoués qui ne voulaient que servir cet État. Cela n'a jamais été le cas. La société secrète a toujours été aux commandes. Dès le début, les Cananéens maçonniques de Virginie ont toujours occupé les plus hautes fonctions. La carrière d'Edmund Randolph en est l'illustration parfaite. La Winchester Lodge n° 12 a été créée par la Grande Loge de Pennsylvanie en 1768. (Winchester a été le siège à vie de Harry Byrd pendant ses cinquante ans de règne en Virginie ; il était propriétaire du journal *Winchester*). La Grande Loge de Virginie a été établie à Williamsburg, qui était alors la capitale de la Virginie, le 13 octobre 1768, et on dit que c'est la plus ancienne Grande Loge d'Amérique. Le premier Grand Maître de la Grande Loge de Virginie fut John Blair. À cette époque, il était le gouverneur par intérim du Commonwealth de Virginie. Le 27 octobre 1786, Edmund Randolph est élu à l'unanimité Grand Maître de la Grande Loge de Virginie. Il était à l'époque le procureur général de l'État de Virginie. Depuis ce jour, le système juridique de la Virginie a toujours été entre les mains de l'Ordre maçonnique. Le lendemain de son élection comme Grand Maître, Edmund Randolph a signé la charte de la Loge de Staunton, qui est devenue la Loge n° 13. Le numéro 13, comme nous l'avons souligné, est d'une importance capitale dans l'Ordre maçonnique. Depuis lors, la Loge n° 13 a joué un rôle central dans la conduite des affaires de l'État. En fait, la Cour suprême de Virginie a installé ses bureaux dans le bâtiment maçonnique de la Loge n° 13.

Edmund Randolph a eu une carrière exceptionnelle, passant facilement d'une haute fonction à une autre, comme cela se produit généralement lorsque l'on a le pouvoir mondial de la hiérarchie maçonnique derrière soi. Son chemin a été considérablement plus facile après qu'il ait rejoint la loge de Williamsburg de l'ancien ordre des maçons d'York à l'âge de 21 ans, en 1774. Quelques mois plus tard, il a eu le grand honneur d'être nommé aide de camp du général George Washington lui-même. L'année suivante, il est nommé premier procureur général de l'État de Virginie. Il est nommé Grand Maître adjoint de la Grande Loge de Virginie en 1785, et il pose ensuite la pierre angulaire de la nouvelle Loge maçonnique à Richmond. L'année suivante, il est nommé Grand Maître. Non seulement Edmund Randolph était le symbole du pouvoir maçonnique, mais lui et sa famille représentaient également le pouvoir traditionnel de la Couronne britannique dans les colonies. Son père, John Randolph, était le procureur du roi, tout comme son grand-père, Sir John Randolph.

Le père d'Edmund Randolph, un tory de premier plan, a prouvé sa loyauté envers le roi en quittant la Virginie avec le gouverneur britannique sortant, Lord Dunmore, et en retournant en Angleterre avec lui. Il n'est jamais revenu en Amérique, et pourtant son fils a joué un rôle crucial dans la rédaction de la Constitution ! Edmund Randolph a été adopté par son oncle, Peyton Randolph, après la défection de son père ; son oncle était également le procureur du roi. Peyton Randolph était également Grand Maître de l'Ordre maçonnique ; il fut bientôt nommé premier président du premier Congrès continental. On voit donc que le pouvoir britannique dans les colonies, exercé par l'intermédiaire de ses King's Attorneys[35], l'a été aussi par les membres de l'Ordre maçonnique du rite d'York qui était traditionnellement dirigé par un membre de la famille royale. Peyton Randolph n'avait pas d'enfants ; Edmund hérita de ses vastes domaines.

Non seulement la loyauté d'Edmund Randolph à la cause américaine a été éclipsée par la défection de son père, mais il a lui-même montré de forts signes de loyauté envers l'Angleterre. Thomas Jefferson a rapporté que lorsque Patrick Henry a prononcé son célèbre discours, "Donnez-moi la liberté ou donnez-moi la mort"[36], c'est Edmund Randolph et son professeur de droit, George Wythe, qui se sont levés d'un bond en criant "TRAHISON !" Plus tard, Edmund Randolph et Patrick Henry ont failli se battre en duel à propos de leur querelle sur l'adhésion de la Virginie à l'Union. Le gouverneur de New York, George Clinton, membre des Illuminati et l'un des principaux maçons, proposa à Randolph de se joindre à New York pour s'opposer à la ratification de la Constitution. Au lieu de cela, Randolph se tut sur la question et fut récompensé par Washington avec le poste de premier procureur général des États-Unis ; Washington le nomma ensuite deuxième secrétaire d'État, après la démission de Thomas Jefferson. La Virginie fut le dixième État à ratifier la Constitution ; New York fut le onzième.

C'est Edmund Randolph qui a été la main invisible derrière la rédaction de la Constitution. Une convention avait été convoquée pour modifier les articles de la Confédération au point qu'ils soient acceptés par les États. Au lieu de cela, Edmund Randolph, qui était alors gouverneur de Virginie, a habilement guidé les délégués vers l'idée de rédiger un nouvel ensemble de lois, la Constitution, en tant qu'entité fédérale qui incorporerait les États. Il a présenté l'ordre du jour de cette nouvelle redirection aux délégués sans aucun avertissement préalable, et les a rapidement

---

[35] Procureur du roi, NDT.

[36] "Give me liberty or give me death!", NDT.

persuadés que ce serait la meilleure voie à suivre. C'est ainsi que le Grand Maître de Virginie, Edmund Randolph, de concert avec Aaron Burr et les services de renseignements britanniques, a imposé à la nation le concept d'un gouvernement fédéral qui pourrait régner au-delà des souverainetés des États. Tous nos problèmes politiques ultérieurs, y compris la guerre civile, ont eu pour origine cette conspiration maçonnique, qui a perfectionné la technique consistant à mettre fin à la souveraineté des différents États, et à les placer sous le despotisme maçonnique oriental d'un gouvernement fédéral central.

Cela s'est déroulé suivant le modèle typique d'une conspiration maçonnique cananéenne. Selon les archives de la Convention fédérale, le contingent de Virginie était composé de Son Excellence George Washington, George Wythe, le gouvernement Edmund Randolph, John Blair, James Madison, George Mason et James M. McClurg. Blair était l'ancien Grand Maître de la Grande Loge de Virginie ; Edmund Randolph était l'actuel Grand Maître.

George Wythe a lu les règles qui devaient être suivies pendant la convention. Le 29 mai 1787, il a été stipulé que :

"le gouvernement fédéral ne peut pas contrôler les querelles entre les États ni une rébellion dans un État ayant un pouvoir constitutionnel ou des moyens d'intervention exceptionnels".

Le gouvernement Edmund Randolph a alors ouvert la procédure en lançant une attaque totale contre les articles de la Confédération.

"J'observe que la confédération ne remplit aucun des objectifs pour lesquels elle a été créée. [Il les a ensuite énumérés ; nous citons le numéro 5.] 5. Elle n'est pas supérieure aux constitutions des États. Nous voyons donc que la confédération est incompétente pour tout objet pour lequel elle a été instituée. Notre principal danger provient des partis démocratiques de notre constitution."

Randolph a ensuite évoqué le spectre de l'absence de défense, affirmant que les États ne bénéficiaient pas de dispositifs de défense contre les attaques, et appelant à un plan de défense nationale. Il a ignoré le fait que les États venaient de conclure une révolte réussie contre la plus grande puissance militaire du monde. Dans le cadre de la conspiration maçonnique, Randolph utilisa cette menace pour imposer à la convention une nouvelle constitution, qui établissait un corps législatif national, un exécutif national et une instance judiciaire nationale, créant ainsi ce qui n'avait jamais été souhaité ou envisagé par les autres délégués, un pouvoir fédéral suprême ayant le contrôle de plusieurs états.

Comme c'est souvent le cas avec les maçons, la carrière publique de Randolph a été entachée par des scandales répétés, en raison de son implication avec des puissances étrangères. Il s'était profondément impliqué avec l'aventurier des Illuminati, Edmond Genet, qui avait été envoyé comme premier ambassadeur français dans la nouvelle République. Genet débarqua à Charleston le 8 avril 1793, pour être accueilli avec enthousiasme par ses collègues maçons de la Loge de Charleston, la Loge Mère du Monde. Genet commença immédiatement à agir comme un général conquérant, en émettant des commissions et des lettres de marque à ses collègues maçons.

Lorsqu'il est arrivé à Washington, au lieu de présenter immédiatement ses lettres de créance au président Washington, comme le protocole l'exigeait, il l'a ignoré. Au lieu de cela, Genet a donné un grand banquet, au cours duquel il a reçu des démonstrations et des députations comme, un monarque en visite. Au cours des cérémonies, le bonnet phrygien rouge des révolutionnaires Illuminati se transmettait avec révérence de table en table. Les observateurs ont vite constaté que "l'insolence de Genet devenait de jour en jour plus intolérable." Thomas Jefferson, qui était alors secrétaire d'État, était quotidiennement assiégé par des demandes d'annulation des lettres de créance de Genet et de pressions pour précipiter son départ de la capitale. Jefferson refusa d'accéder à ces demandes. Alors qu'elles se faisaient plus pressantes, Jefferson, plutôt que d'agir contre un maçon, démissionna de son poste de secrétaire d'État. Washington nomma Edmund Randolph pour lui succéder. En 1794, Genet s'affairait à organiser une armée pour envahir la Floride et la Louisiane et s'emparer de ces territoires pour en priver l'Espagne. C'était un élément clé d'un complot maçonnique visant à établir une république séparée aux frontières des treize colonies, et peut-être plus tard, à envahir et reconquérir les États-Unis pour le compte de l'Angleterre.

Lorsqu'il a été informé des objectifs militaires de Genet, le président Washington n'a eu d'autre choix que d'ordonner au secrétaire d'État Randolph de démettre Genet de ses fonctions et de le faire renvoyer. Incroyablement, Randolph n'a pas donné suite à cette demande directe du président. Pour protéger Genet, il a retardé la procédure. Cependant, Genet était membre de la faction Girondiste en France, qui avait été vaincue par Marat ; il a été rappelé et un nouvel ambassadeur, Joseph Fouchet, est arrivé de France. Le président Washington a également publié une proclamation arrêtant l'expédition proposée par Genet contre la Floride et la Louisiane. Ce document, daté du 21 février 1794, fut également retenu par Randolph pour aider Genet. Le 24 mars, exaspéré par les retards répétés de Randolph, Washington publia lui-même la proclamation. Entre-temps, Genet s'était rendu à Charleston, où il fut salué comme un héros conquérant par les membres de la Loge de Charleston, dont Stephen Morini, Abraham Israel, Isaac et Abraham da Costa, Samuel de la Motta, Israel Delieben et Abraham Alexander.

En août 1795, les dépêches de Fouchet en France sont saisies par des corsaires ; les documents sont remis au président Washington. Ces papiers diplomatiques contenaient un certain nombre de documents qui impliquaient clairement Edmund Randolph dans des transactions financières avec Fouchet, montrant des preuves de corruption et de trahison. Après avoir vu ces documents, le président Washington n'eut d'autre choix que d'exiger la démission de Randolph. Il est le seul secrétaire d'État à avoir dû démissionner sous de telles accusations. Randolph n'a plus jamais occupé de fonction publique, bien qu'il ait vécu trente-huit ans après sa disgrâce, mourant en 1813.

Après qu'Edmund Randolph ait envoyé sa démission, les comptes du secrétaire d'État ont prouvé qu'il manquait 49 000 dollars aux fonds du ministère. Une enquête ultérieure du département du Trésor a montré qu'il manquait 61 000 dollars supplémentaires, dont Edmund Randolph était le seul responsable. Ainsi, le Grand Maître de la Maçonnerie de Virginie a quitté son poste sous un nuage d'accusations de corruption, de trahison et de détournement de fonds. Cela n'était guère surprenant pour un homme qui avait juré de se rebeller contre Dieu et d'imposer le culte démoniaque de Baal à ses concitoyens sans méfiance. Les fonds gouvernementaux manquants n'ont jamais été retrouvés.

Edmund Randolph a consacré ses dernières années à la pratique du droit. En raison de ses relations maçonniques, il n'a jamais manqué de clients. Il a également travaillé pendant des années à la rédaction d'une vaste Histoire de la Virginie, qu'il a commencée en 1786 et finalement achevée en 1810. Pour une raison quelconque, il n'a pas tenté de la faire publier. Le manuscrit a été conservé pendant de nombreuses années à la Staunton Lodge n° 13, et a finalement été publié par l'University of Virginia Press en 1970. Bien que ce soit un ouvrage bien documenté et factuel, il ne contient pas une seule référence à la franc-maçonnerie ou au rôle que cette organisation a joué dans le contrôle de l'État en coulisses.

Au cours de sa carrière d'avocat, Edmund Randolph a reçu une publicité considérable en raison de sa défense de deux criminels controversés, George Wythe Sweeney et Aaron Burr. Sweeney était le neveu de George Wythe, qui est généralement considéré comme le père de la profession juridique aux États-Unis, en raison de son long mandat de professeur de droit au College of William and Mary à Williamsburg. Parmi ses élèves figuraient Thomas Jefferson, Edmund Randolph et de nombreuses autres personnalités politiques. Comme son ami proche, Edmund Randolph, l'engagement de George Wythe pour la cause de la Révolution a toujours été suspect. C'est Wythe et Randolph qui ont crié "Trahison !" à Patrick Henry. En 1793, George Wythe, siégeant en tant que juge de la Chancery Court de Richmond, a statué contre les Américains et a accordé aux créanciers britanniques le paiement intégral des débiteurs de Virginie pour tous les prêts antérieurs à la guerre révolutionnaire, les obligeant à respecter l'évaluation complète des prêts. De nombreux Virginiens ont exigé que Wythe soit lynché à cause de cette décision des conservateurs, bien qu'il s'agisse plus probablement d'une décision maçonnique.

Il avait une jeune femme qui est morte après seulement un an de mariage ; elle n'avait que seize ans. Henry Clay devient alors secrétaire de Wythe à la Chancery Court et, pendant quelques années, il fut comme un fils pour lui.

La gouvernante de Wythe, une esclave nommée Lydia Broadnax, est devenue sa compagne, et il a eu un fils avec elle, qu'il affranchit par la suite. Le Dr John Dove a rapporté les événements qui ont suivi dans un document connu aujourd'hui sous le nom de *Dove's Memorandum* :

> "Wythe avait une femme du nom de Lydia qui vivait avec lui comme épouse ou maîtresse, comme c'était assez courant dans la ville. De cette femme, il a eu un fils nommé Mike."

En 1806, Edmund Randolph fut appelé par Wythe pour rédiger un codicille à son testament, à condition qu'une partie de ses actions de la Banque de Virginie soit laissée à son fils, Mike. Wythe avait un petit-neveu nommé Sweeney qui devait être son principal héritier. Wythe prétendit que son neveu l'avait volé, et il fit appel à Randolph pour rédiger un second codicille laissant à Mike le reste de ses actions de la banque. En fait, la décision de Wythe était motivée par sa passion pour la jeunesse, qui lui servait depuis quelque temps de partenaire, selon la malédiction de Canaan.

La vieillissante Lydia, qui avait à peu près le même âge que le désormais vénérable Wythe, n'était plus une partenaire de lit satisfaisante. Wythe, toujours vigoureux au-delà de son âge, commença à se satisfaire de son beau bâtard mulâtre. Submergé par sa passion pour la jeunesse, il commit son erreur fatale. La tradition du vieux Sud voulait qu'un propriétaire puisse engendrer autant d'enfants mulâtres qu'il le souhaitait, car ils sont une denrée commerciale désirable, et plus la peau est claire, plus le prix est élevé ; une tradition tout aussi puissante voulait que ces descendants ne puissent jamais hériter d'argent ou de biens. On leur laissait souvent des vêtements, peut-être une montre en or, mais on n'attendait jamais du propriétaire qu'il leur accorde un statut en leur donnant de grosses sommes d'argent ou des terres.

Parce qu'il a violé ce principe fondamental, Wythe a été assassiné par son héritier légitime. Le testament de Wythe prévoyait que si Mike le précédait dans la mort, Sweeney recevrait la totalité de la succession. Sweeney a préparé du café pour son grand-oncle et Mike, et l'a fortement additionné d'arsenic. Ils moururent tous les deux dans l'agonie. Sweeney a été accusé de meurtre, et de nombreuses preuves préjudiciables ont été présentées contre lui ; qu'il avait acheté de l'arsenic, et Lydia témoigna qu'elle l'avait vu mettre quelque chose dans le café. Néanmoins, Sweeney, défendu par Edmund Randolph, fut acquitté par le jury. Ainsi, George Wythe, le père de la profession juridique aux États-Unis, avait un passé personnel truffé de métissages, d'homosexualité et de meurtres par empoisonnement à l'arsenic. Là encore, nous ne pouvons que supposer que la plupart des pitreries ultérieures de la profession juridique en Amérique se montreraient tout aussi colorées si sa véritable histoire pouvait être révélée au public. Il avait violé un principe fondamental de la société dans laquelle il vivait, et son meurtre est donc resté impuni. La scène est digne d'une tragédie de la Rome antique, mise en musique par Verdi ; un aristocrate vieillissant décide de laisser ses biens à son sodomite docile, et est rapidement empoisonné par un parent en colère. D'une certaine manière, on n'est pas surpris de constater que l'acteur principal de ce drame est également le fondateur reconnu de la profession juridique en Amérique.

Edmund Randolph s'employa à défendre un autre criminel notoire ; après avoir retardé l'action du gouvernement contre Edmond Genet, ce dernier est finalement déporté. Le complot visant à établir une république rivale en Louisiane est alors repris par les chefs maçonniques Edward Livingston et Aaron Burr. Burr est finalement jugé pour trahison dans le cadre d'une procédure à sensation qui se déroule à Richmond, en Virginie. Là encore, les maçons ont fait appel à leur ancien Grand Maître, Edmund Randolph, pour défendre Burr. Sans surprise, le juge en exercice était le juge en chef John Marshall, qui était à l'époque Grand Maître de la Loge de Virginie. Burr a été acquitté. En effet, pour le faire condamner, il aurait fallu avoir la force de défier toute la conspiration maçonnique cananéenne aux États-Unis. Rien de tel n'a jamais été tenté par personne.

L'étonnant acquittement de Burr par ses compagnons maçon a été répété des milliers de fois dans les tribunaux de Virginie. Stephen King rapporte dans *The Brotherhood* qu'en Angleterre, de cinquante à soixante-dix pour cent de tous les juges sont des maçons, et que quatre-vingt-dix pour cent des membres de la Laws Society (correspondant à notre Barreau) sont des maçons. Le système juridique des États-Unis, malgré les apparences, a une prépondérance encore plus grande de maçons. Nous n'avons donc pas de tribunaux fédéraux, d'État ou locaux ; nous n'avons que des tribunaux maçonniques. Il en résulte que les décisions judiciaires selon les critères de preuve, les requêtes pour ou contre, et autres procédures juridiques, sont décidées uniquement sur la base du fait de savoir si elles aideront ou blesseront un maçon impliqué dans le procès. Le Manuel maçonnique commande (p. 183-184) :

> "Chaque fois que vous voyez l'un de nos signes faits par un frère Maçon, et surtout le grand signe de détresse, vous devez toujours être sûr de lui obéir, même au risque de votre propre vie. Si vous faites partie d'un jury, et que l'accusé est un maçon, et qu'il fait le grand signe d'appel, vous devez lui obéir ; vous devez être en désaccord avec vos frères jurés, si nécessaire, mais vous devez vous assurer de ne pas faire condamner le maçon, car cela déshonorerait notre ordre."

C'est pour ces raisons que le membre du Congrès Thaddeus Stevens avait promu une résolution demandant la suppression de la franc-maçonnerie, la dénonçant comme :

> "une institution secrète, liée par un serment meurtrier qui met en péril la continuité et le fonctionnement du gouvernement républicain."

Il a également exigé que le fait d'être maçon soit un motif de contestation péremptoire devant un tribunal et a rendu illégal pour un maçon de siéger comme juge dans un procès impliquant un autre maçon. Pendant des années, des milliers d'Américains ont été perplexes devant les étranges décisions rendues par nos tribunaux. Ils ne savent pas ce qui s'est passé ; les victimes de ces injustices n'ont aucun moyen de savoir qu'elles ont été soumises aux suppositions arrangées d'un despotisme oriental se déguisant sous couleur de la loi ; qu'aucune justice ne peut être rendue si le juge a fait le serment, sous peine de mort, de toujours statuer en faveur d'un frère Mason ! Mais, demande le sceptique, que se passe-t-il si les deux parties à un procès sont des maçons et que le juge est un maçon ? Dans ce cas, mon ami, l'affaire sera jugée sur le fond. Cependant, si un non-Maçon est intéressé au procès, il est tenu de perdre.

Le manuel se poursuit :

> "Vous devez dissimuler tous les crimes de votre frère Maçon..., à l'exception du meurtre et de la trahison, et ce uniquement à votre gré, et si vous êtes cité comme témoin contre un frère Maçon, veillez toujours à le protéger. Mentir, ne pas dire la vérité dans cette affaire, garder ses secrets, omettre les parties importantes. Il peut s'agir d'un parjure, c'est vrai, mais vous respectez vos obligations."

Cet auteur connaît des cas où un maçon a été appelé à commettre un parjure contre son propre frère, afin de défendre un autre maçon. L'auteur a été impliqué dans de nombreux procès dans lesquels la subornation de parjure par des avocats maçonniques était à l'ordre du jour ; des dossiers modifiés, des documents juridiques que les greffiers du tribunal ont nié avoir reçus alors qu'ils leur avaient été remis personnellement, des juges qui ne prennent même pas la peine de lire les requêtes déposées par un non-Maçon, et des documents importants à l'appui de ses accusations volés chez lui, notamment des copies de chèques, des reçus et d'autres documents essentiels. Le testament de Canaan donne à ces criminels l'instruction de "ne jamais dire la vérité" et ils sont fidèles à l'avertissement de Canaan. C'est la justice telle qu'elle est rendue dans un système juridique dominé par les francs-maçons, et la Virginie est l'un des principaux contrevenants. Cet auteur a fréquemment envoyé des plaintes contre des avocats et des juges maçonniques aux procureurs des États-Unis ; dans chaque cas, le ministère de la Justice a répondu aux preuves documentées de chantage et d'extorsion : "Vous devriez engager un avocat privé." En d'autres termes, trouvez-vous un avocat maçonnique et prenez les choses en main. Le Manuel maçonnique dit :

> "Si vous trichez, vous trompez ou vous escroquez une autre société ou un autre individu, c'est entièrement votre affaire.

Si vous trompez le gouvernement, même, la maçonnerie ne peut pas et ne veut pas vous toucher ; mais faites très attention à ne pas tricher, tromper ou escroquer un frère Mason ou une loge. Qui que vous puissiez escroquer, respectez vos obligations [maçonniques]."

Il s'agit là encore d'une simple réaffirmation de la volonté de Canaan. Les tribunaux de Virginie sont particulièrement vicieux dans les procédures légales impliquant la présentation préalable du procès, ou l'interrogatoire de l'adversaire. Dans de nombreux procès civils, l'auteur a vu ses demandes de communication préalable ignorées par l'adversaire sans pénalité, mais dans tous les cas, lorsque l'adversaire et ses avocats maçonniques font les demandes les plus scandaleuses à l'auteur, le juge ne manque jamais de le placer sous ordre de la cour pour fournir ce que l'adversaire demande. Dans un procès récent où l'écrivain a poursuivi en justice pour récupérer le détournement substantiel des recettes de son histoire du système de la Réserve fédérale, le détourneur a demandé à ses avocats de placer l'écrivain sous-ordre de la cour pour qu'il produise tous ses comptes de dépenses et ses déclarations de revenus des trente-trois dernières années ! Lorsqu'il n'a pas pu le faire, il a été condamné à une peine de prison à durée indéterminée, l'alternative proposée par les avocats étant qu'il puisse remettre la totalité du compte bancaire des recettes de la vente de son livre. Ce fut fait ; le résultat de trente-cinq ans de travail est allé à une personne sans principes qui avait eu la prévoyance d'engager deux des cabinets d'avocats les plus influents de Virginie, ayant des liens politiques, pour le défendre. Dans tous les cas, comme je ne suis pas un maçon, je n'ai jamais nourri aucune attente d'obtenir justice dans un tribunal américain, et cela ne s'est en effet jamais produit.

Le système de jurisprudence américain, tel qu'il est pratiqué, est la consécration d'un système de despotisme oriental pour contraindre les non-Maçons de céder face à la mise en esclavage des Maçons. Ce système, qui n'a aucun rapport avec la Constitution des États-Unis, tire son autorité du livre de droit hindou de Manu, "Le monde entier est maintenu en ordre par la punition". C'est tout le contraire de la loi du peuple de Sem, telle qu'elle est inscrite dans la Common Law anglo-saxonne, et qui est fondée sur l'hypothèse que, parce que les hommes sont fondamentalement bons, ils ne devraient jamais être contraints de faire quoi que ce soit contre leur propre gré.

Karl Wittfogel expose ce système dans son ouvrage *The Hydraulic Society*, dans lequel il définit notre système juridique comme un système de despotisme oriental qui repose sur le contrôle par le gouvernement des réserves d'eau, leur attribution ultérieure à des adhérents privilégiés et la condamnation de tous les autres à souffrir du manque d'eau pour les activités agricoles ou les besoins domestiques. Ainsi, les agences gouvernementales ont fait de grands progrès en saisissant le contrôle de l'eau, le dernier en date étant l'effort désespéré de la bureaucratie de Virginie pour placer tous les puits ruraux sous le contrôle de l'État, et pour les mesurer, en faisant payer l'agriculteur pour l'eau présente sur sa propre terre ! Ce plan soviétique est soutenu frénétiquement par des "experts" agricoles, des universitaires et d'autres bureaucrates.

Le non-respect de l'ordre public qui en découle crée un climat dans lequel le citoyen ne peut plus croire ou faire confiance à quiconque encore moins à un fonctionnaire. Cela engendre le désespoir, qui à son tour engendrera bientôt un changement social. Nous avons atteint l'apogée de la manipulation cynique de notre système juridique par des parjures et des conspirateurs criminels agissant sur les instructions de leur ordre maçonnique cananéen. Soit nous rétablissons l'État de droit, soit ces despotes orientaux nous réduisent tous à l'état de serfs obéissant à tous leurs ordres. Entrer dans un tribunal de Virginie et entendre les ricanements des avocats et des juges maçonniques, méprisant quiconque n'a pas eu la prévoyance de s'engager dans leur sinistre conspiration, c'est réaliser la dégradation finale d'un État autrefois fier et de son peuple. La dignité de la fonction de gouverneur de Virginie peut être mesurée par le fait qu'elle a été achetée par une héritière de Dupont comme cadeau d'anniversaire pour son mari. Elle a expliqué plus tard lors d'un thé au Capitole :

> "Je voulais lui offrir des meubles anciens pour son anniversaire, et en faisant le tour du marché, j'ai découvert que le fauteuil du gouverneur était la chose la moins chère du marché !"

Un homme d'affaires de l'Ohio qui s'était installé en Virginie a découvert qu'il avait besoin d'une certaine mesure adoptée par le corps législatif de l'État afin de protéger son entreprise. Il a demandé nerveusement à un éminent propriétaire foncier de Virginie :

> "Puis-je trouver quelqu'un là-bas qui a besoin d'une aide financière ?" Ne soyez pas ridicule ! s'exclama son ami. "Tu ne pourrais pas acheter une seule de ces personnes. Ils ont tous été achetés et payés avant d'arriver là-bas !"

L'héritage de Byrd se perpétue dans le contrôle de fer maintenu sur tous les aspects de la vie en Virginie, la presse, le gouvernement local, l'éducation et le contrôle maçonnique du système judiciaire. La tradition des "carpetbaggers" a été maintenue dans la région lorsque deux riches "carpetbaggers", Rockefeller de New York et Robb du Texas et de l'Ouest, n'ont rencontré aucune difficulté pour y acheter un bureau. Rockefeller a acheté le gouvernorat de Virginie occidentale (qui avait été illégalement arraché au territoire de Virginie pendant la guerre civile). Robb y devient gouverneur de Virginie, après avoir revendiqué l'héritage d'un certain John Lewis, qui avait fui l'Irlande après avoir commis un meurtre. Jeune et bel officier de la Marine, Robb avait attiré l'attention du président Lyndon Johnson, qui l'a ensuite marié à sa fille. Robb est ainsi devenu le bénéficiaire des millions de Johnson, qui, comme l'empire Byrd, avaient été amassés au cours d'une carrière de toute une vie au service du public. En tant que gouverneur, Robb a créé sa propre révolution, congédiant impitoyablement les Virginiens ayant de bons antécédents, et les remplaçant par des Noirs et des féministes. Leurs politiques socialistes ont fait des ravages dans de nombreux domaines, notamment dans le département des services correctionnels, où des émeutes généralisées dans les prisons ont détruit les espoirs de Robb d'accéder à de hautes fonctions publiques. Dans le cadre de son plan cananéen visant à dégrader davantage les Virginiens, il a offert 1000 dollars en espèces à tout Noir qui s'inscrirait dans les écoles de Virginie, mais il y a eu peu de preneurs. L'État de Virginie étant en ruine à cause de la politique de Robb, le Parti républicain était en passe de récupérer la direction de l'État. Sachant qu'ils allaient perdre de toute façon, les démocrates ont décidé de présenter un Noir comme lieutenant-gouverneur, le premier candidat de ce type à un poste dans l'État. Étonnamment, les dirigeants nationaux républicains ont alors demandé aux républicains de Virginie de ne pas faire campagne dans l'opposition, en prétendant qu'ils pourraient être qualifiés d'"anti-Noirs". Les républicains ont abandonné leur campagne, et les démocrates surpris ont facilement gagné, sans opposition. Ils ont immédiatement imposé une augmentation d'impôts de 426 millions de dollars à tous les Virginiens ; les Républicains s'étaient fermement opposés à toute augmentation d'impôts. Il a été estimé que chaque vote pour les Démocrates dans cette élection coûterait aux malheureux contribuables de Virginie 1000 dollars de plus par an.

Cet exposé sur le pouvoir maçonnique et ses activités s'est limité à l'État de Virginie. Mais à New York, dans l'Illinois et dans d'autres États, les conspirateurs maçonniques dictent le choix des candidats politiques, leur mode de financement et leur élection. Les criminels sont déterminés à maintenir le contrôle maçonnique par le biais de leur système monétaire babylonien démoniaque, qui leur donne un pouvoir absolu ; ils contrôlent tous les aspects du système économique par leurs techniques de taxation et d'intérêt. Chaque loi du gouvernement est promulguée en vue de perpétuer ce programme.

En 1967, cet écrivain a lancé un appel public au peuple de Virginie, intitulé "Cinquante ans de honte", qui s'est conclu par une demande :

> "5. Restauration du gouvernement de la Virginie au peuple de la Virginie. Abolition de tous les trusts de type soviétique tels que le conseil d'administration de l'ABC et rétablissement de la libre entreprise et des petites affaires individuelles. Bientôt, l'ère Byrd ne sera plus qu'une tache sombre dans l'histoire de cet État juste. Travaillons ensemble pour obtenir la Virginie que nous aimons, la Virginie que nous voulons, la Virginie de nos grandes traditions !"

Malgré la diffusion de cet appel dans tout l'État, les citoyens de Virginie, lâches et démoralisés, craignirent d'y apporter la moindre réponse.

CHAPITRE 9

LES GUERRES MONDIALES

Albert Pike avait promis à ses alliés maçonniques en Europe qu'il faudrait trois guerres mondiales pour consolider la puissance mondiale des Cananéens. Nous avons maintenant assisté à deux de ces guerres mondiales et, comme promis, la Première Guerre mondiale devait mettre en place un régime communiste, la Deuxième Guerre mondiale devait l'élever au statut de puissance mondiale et la troisième guerre mondiale est prévue pour détruire à la fois le communisme et le christianisme dans une grande orgie d'anéantissement. Cette guerre à venir est destinée à sonner le glas final du peuple de Sem ; après sa conclusion, les Cananéens régneront sans partage dans le monde entier.

Les deux guerres mondiales qui ont déjà eu lieu au XXe siècle n'ont été que des guerres d'extermination, comme le prouve le fait que la plupart des attaques ont été dirigées contre des femmes et des enfants. Les millions de jeunes hommes de Sem qui ont été tués dans ces guerres n'ont pas eu la possibilité de se marier et de fonder une famille. Tout cela s'est fait selon le plan des Cananéens. Travaillant dans les coulisses pendant de nombreuses années pour placer leurs agents à des postes de direction et de pouvoir dans les différentes nations du monde, ils ont pu réaliser leurs propres plans, souvent en violation directe des intérêts des nations qu'ils ont infiltrées. De tous les pays, c'est aux États-Unis que cela a été le plus flagrant. Il est difficile de penser à un seul acte de politique étrangère au cours des cinquante dernières années que les agences de Washington ont dirigé à l'avantage du peuple américain. En obtenant des rôles dominants dans toutes les factions et tous les partis aux États-Unis, les Cananéens n'ont rencontré aucune opposition sérieuse dans la planification et l'exécution de leurs programmes. En conséquence, les guerres et les révolutions du XXe siècle n'ont été que de grandes célébrations devant l'image de Baal, des sacrifices humains à grande échelle d'un nombre tel que le monde n'en a jamais vu. L'accent mis sur les massacres de femmes et d'enfants est une mise à jour du XXe siècle des meurtres d'enfants et de l'immolation des femmes qui ont marqué les fêtes de Baal il y a plus de trois mille ans. Ce serait un choc pour les universitaires qui ont patiemment travaillé pendant des décennies dans l'espoir de trouver une explication logique aux deux dernières guerres mondiales, espérant y déceler une cause économique ou politique, de s'apercevoir que derrière ces massacres de masse à l'échelle mondiale, se trouvait en fait la volonté destructrice des sectateurs de Canaan.

Lors de la guerre des Boers, pour la première fois dans une guerre menée par une grande puissance européenne, les Britanniques ont utilisé les camps de concentration, la famine et la maladie comme armes cruciales pour soumettre l'ennemi. Ces atrocités ont été dirigées par Sir Alfred Milner, un agent de Rothschild qui avait fondé la Table Ronde (devenue plus tard le Council on Foreign Relations). Les enjeux étaient élevés ; les Rothschild avaient besoin de l'énorme capital que représentaient les richesses en or et en diamants de l'Afrique du Sud pour financer leur dernière course à la puissance mondiale. En raison de ces richesses, l'Afrique du Sud reste aujourd'hui l'un des principaux sujets de discorde dans le monde. La fureur autour de l'"apartheid" et des "problèmes raciaux" fournit une couverture pratique pour la véritable lutte des Rothschild pour protéger leurs avoirs en diamants, gérés par DeBeers, et leur trésor d'or, l'Anglo-American Corporation. Les Rothschild ont également réussi à récolter quelques milliards de dollars en spéculant sur le rand sud-africain. Grâce à leur campagne médiatique mondiale, ils ont fait chuter le rand de $1,45 à 25 cents.

Le système monétaire babylonien repose sur un gouvernement central fort, c'est-à-dire un despotisme oriental non représentatif, qui à son tour dépend de son financement continu par une banque centrale émettrice toute-puissante. La banque centrale exerce son pouvoir en obtenant le monopole sur l'ensemble de la monnaie et du crédit du peuple ; elle utilise ensuite ce pouvoir pour piller la nation par le biais d'énormes dépenses gouvernementales.

Après leur victoire sur Napoléon, les Rothschild ont établi des banques centrales dans toute l'Europe. Ils ont ensuite programmé ces banques centrales pour lancer les nations d'Europe dans une "course aux armements" coûteuse et ruineuse, même si aucune nation d'Europe n'avait l'intention d'en attaquer une autre. C'était une époque de paix continue. En 1886, il est apparu que ces nations ne pouvaient plus survivre à ces énormes dépenses ; elles devaient soit s'effondrer par une révolution interne, soit se lancer dans une guerre externe de grande envergure.

Les économies européennes ont stagné pendant près de trois décennies, sans aucun signe de soulagement en vue. Ces années, rappelons-le, ont été qualifiées d'"années dorées" de l'Europe. L'art, la musique et les institutions culturelles ont prospéré en dépit des conspirations cananéennes. Cependant, elles ne tardèrent pas à être mises en péril. La sortie de leur dilemme a été accordée par un Américain curieux, d'origine indéfinie, un académicien avare qui a convaincu les banquiers de Wall Street qu'il était leur homme. Woodrow Wilson fut élu président et signa la loi sur la Réserve Fédérale. Quelques mois plus tard, la Première Guerre mondiale était déclenchée.

Pendant les années précédant immédiatement la guerre mondiale, il y a eu un flux continu d'émigrants d'Europe vers les États-Unis. Ils avaient constaté que les "années d'or" n'étaient pas d'or pour ceux qui n'en avaient pas. Les maîtres de l'Ordre, les Cananéens, passaient de pays en pays et de grande propriété en grande propriété surfant sur une mer de champagne, mais pour la plupart des Européens, la vie était brutale et courte. Ils ne fuyaient pas "la belle vie", ils la cherchaient.

En novembre 1910, dans un club de millionnaires de l'île de Jekyll, en Géorgie, le problème du financement d'une guerre mondiale a été résolu. Paul Warburg, de la société Kuhn, Loeb, et Henry P. Davison, de la société J. P. Morgan, ont rencontré le sénateur Nelson Aldrich (Nelson Rockefeller lui doit son prénom) pour élaborer en secret un plan pour l'établissement d'une banque centrale américaine. Soixante-quinze ans plus tard, il est impossible de trouver un spécialiste ou un historien de l'establishment qui ait jamais entendu parler de la réunion de l'île Jekyll. Ils gagnent leurs confortables salaires en dissimulant au public ce qui s'est passé.

Les membres du peuple de Sem se sont toujours opposés à la mise en place d'une banque centrale, craignant de la voir abuser de son immense pouvoir sur eux. Les membres du Congrès, menés par le député Charles A. Lindbergh père, menèrent une lutte courageuse contre le pouvoir de l'argent de Wall Street. C'est pourtant ce dernier qui l'a emporté. Le 23 décembre 1913, une année importante pour la maçonnerie, Wilson signa la loi sur la Réserve Fédérale. Le peuple américain était maintenant prêt pour un grand tour de montagnes russes, passant de la dépression à la prospérité et inversement, et d'une guerre mondiale à une autre.

La planification effective du déclenchement de la Première Guerre mondiale était en cours depuis quelques années. La mèche devait être allumée par l'assassinat de l'archiduc Ferdinand, l'héritier du trône de l'Empire austro-hongrois. Son assassinat a été perpétré à Sarajevo le 28 juin 1914. En quelques semaines, les nations d'Europe se retrouvèrent toutes en guerre les unes contre les autres.

Il est surprenant de constater que le sort imminent de l'archiduc était connu depuis longtemps des politiciens européens, y compris de l'archiduc lui-même. Dans *The World War*, p. 45, Cassell cite le comte Ottkar Czernin, ministre autrichien des Affaires étrangères :

> "L'une des qualités de l'archiduc était son intrépidité. Il était tout à fait clair que le danger d'une tentative de meurtre serait toujours présent, et il parlait souvent très simplement et ouvertement d'une telle possibilité. Un an avant le début de la guerre, il m'a informé que les francs-maçons avaient décidé de le tuer."

Ce n'est pas une révélation aussi surprenante, quand on sait que l'Ordre maçonnique des Cananéens a toujours compté sur le meurtre et l'assassinat comme éléments clés dans sa marche vers le pouvoir mondial ; de nombreuses têtes royales sont tombées pour assouvir leur soif de vengeance.

Le 11 juillet 1914, Horatio Bottomley a publié dans *John Bull* un document obtenu de la légation serbe à Londres, daté du 14 avril 1914, qui s'est avéré être rédigé en "hispanique" et qui une fois décodé révéla qu'il s'agissait d'une offre de deux mille livres pour "éliminer" Ferdinand.

Le professeur R. W. Seton-Watson, dans son livre *Sarajevo*, p. 127, note que :

> "l'hispanique est en fait le dialecte employé par les Juifs de Salonique, et que l'homme qui a colporté ce document dans plusieurs bureaux de journaux londoniens et qui a finalement été accepté par le tabloïd *Bottomley*, était un Juif de Salonique. Cela suggère un lien avec le Comité pour l'Union et le Progrès, qui était dirigé depuis les loges juives de Salonique jusqu'à l'expulsion des Turcs dix-huit mois auparavant, et dont les revendications étaient activement hostiles à la Serbie."

Dans son livre *Jews of the War Zone*, p. 227, le lieutenant W. F. Bailey note que "les Juifs de Bosnie sont désignés comme des "Spagnolo"."

C. H. Norman note dans *A Searchlight on the World War*, p. 42, que :

> "les originaux étaient rédigés en espagnol". Il fut porté à la connaissance de l'auteur [car il était lié à une tentative de former une Loge anglaise du Grand Orient, dont il s'est retiré en apprenant la nature réelle de cette confédération contre la sécurité européenne] que la langue utilisée par le comité polonais du Grand Orient pour communiquer avec ses agents dans les Balkans est l'espagnol.

L'ambassadeur Gérard, dans son livre *Mes quatre années en Allemagne*, p. 137, note :

"Pendant les premiers jours de la guerre, j'ai pu converser avec des Serbes dans leur langue maternelle, qui, curieusement, était l'espagnol."

En fait, la langue n'était pas l'espagnol, mais une langue définie dans l'*Encyclopaedia Judaica* comme "Ladino", également appelée "Latino" :

"une langue judéo-espagnole parlée et écrite par les Juifs d'origine espagnole après leur expulsion en 1492 par Ferdinand et Isabelle la Catholique".

L'*Encyclopaedia Judaica* note différentes formes de ladino : le ladino oriental, parlé à Constantinople et à Smyrne, et le ladino occidental, parlé à Salonique, en Bosnie et en Serbie. De nombreux réfugiés juifs d'Espagne se sont installés en Serbie, où ils ont ensuite toujours conversé dans leur langue maternelle, le ladino occidental. Le livre de Pozzi, *Black Hand Over Europe*, mentionne :

"un certain M. Stevens, qui parlait espagnol, dont le travail consistait à abattre les meurtriers à Sarajevo après qu'ils aient commis l'assassinat, afin qu'ils ne puissent pas révéler le complot".

Ces révélations confirment l'insistance d'Albert Pike à Mazzini quelque quarante ans plus tôt pour impliquer les nations du monde dans trois guerres mondiales. Grant Richards, dans *The Cause of World Unrest*, 1920, p. 144, commente l'action du Comité pour l'Union et le Progrès :

"En effet, je peux aller jusqu'à dire que l'Union pour le Progrès est pratiquement née dans la loge maçonnique appelée "Macedonia Risorta" créée par le juif de Salonique, Emannuele Carass... bien que la franc-maçonnerie ait été interdite en Turquie, il y avait deux loges à Salonique placée sous l'autorité du Grand Orient d'Italie."

Mathias Erzberger, dans *L'expérience de la Grande Guerre*, souligne que le Grand Orient d'Italie était entièrement sous le contrôle du Grand Orient de France ; il fait référence au transfert de 700 000 francs de Paris à Rome entre les Grand-Orients au nom du trust caritatif juif, l'Alliance Israélite Universelle ; ce sont ces fonds qui ont été fournis pour l'assassinat de Sarajevo.

L'ouvrage de McCurdy *The Truth About the Secret Treaties*, 1925, cite à la page 45 l'article publié en 1914, "After Vivordan", par Ljuba Jovanovitch, présidente du Parlement serbe et ministre de l'Éducation :

> "Je ne me souviens pas si c'était la fin de mai ou début juin, quand un jour, M. Pashitch nous a dit que certaines personnes s'apprêtaient à se rendre à Sarajevo, afin de tuer François-Ferdinand, qui y était attendu le dimanche 28 juin à Vivordan. Il nous a dit cela, à nous et à d'autres, mais il n'interférait qu'avec Stefán Protitch, alors ministre de l'Intérieur ; cela a été préparé par une société d'hommes secrètement organisés. Protitch et tout le cabinet de Serbie étaient au courant du complot. Le roi Alexandre, le ministre russe Hartwig et l'attaché militaire russe Artmanov étaient impliqués dans le complot. Le neveu de M. Pashitch était membre de l'organisation maçonnique de la Main Noire ; il était le lien entre Protitch et les conspirateurs. L'agent de la Main Noire à Sarajevo était Gatchinovitch. La Main Noire, où les plans d'assassinat avaient été établis depuis longtemps, était connue et encouragée par le gouvernement serbe. Printzip a avoué que c'est par l'intermédiaire de Ciganovitch qu'ils avaient été dirigés vers le major Tankositch, qu'ils avaient reçu des armes et qu'on leur avait donné des leçons de tir.
>
> Après le procès de Salonique, le gouvernement Pashitch a envoyé Ciganovitch, en récompense de ses services, en Amérique avec un faux passeport au nom de Danielovitch. Après la guerre, Ciganovitch est revenu et le gouvernement lui a donné un terrain près d'Usakub, où il a ensuite résidé ... Dimitrievitch, qui était le chef des services de renseignements, qui a dirigé l'assassinat du roi Alexandre et de la reine en 1903, a été exécuté à Salonique en 1918 pour le faire taire au sujet du complot de Sarajevo."

Il y avait donc de nombreuses personnes, à la fois des conspirateurs et des fonctionnaires haut placés, qui connaissaient bien avant l'assassinat de l'archiduc François-Ferdinand. Il est probable que personne parmi eux ne souhaitait interférer avec le complot, en raison de la certitude d'en souffrir des représailles immédiates.

Il y avait de nombreux francs-maçons dans les cercles gouvernementaux de toute l'Europe qui devaient également être informés du complot ; ils attendaient sans doute l'issue avec beaucoup d'impatience. Une fois Ferdinand éliminé, il ne restait plus que quelques jours pour provoquer le déclenchement de la Grande Guerre. Lord Grey, ministre britannique des Affaires étrangères, écrit dans son livre *Twenty-five Years*, Chap. 2, p. 25 :

> "Si l'affaire lui avait été confiée [au Kaiser], le conflit austro-serbe n'aurait pas entraîné de guerre européenne."

Cela semble contredire l'accusation souvent répétée selon laquelle c'est l'empereur Guillaume qui a provoqué la guerre ; cela peut aussi expliquer pourquoi il n'a jamais été jugé comme "criminel de guerre", malgré les demandes répétées pour qu'un tel procès ait lieu. Des déclarations telles que celle de Grey (qui, après tout, était son "ennemi") l'auraient disculpé.

Lord Fisher, Premier Lord de l'Amirauté, a déclaré dans le *London Magazine*, en janvier 1920, "La nation a été trompeusement forcée de déclarer la guerre." Cette déclaration démentirait également la "culpabilité de guerre" du Kaiser.

L'urgence d'impliquer les États-Unis dans la participation directe à la Première Guerre mondiale était nécessaire pour que les Cananéens acquièrent l'autorité nécessaire pour infliger des lois encore plus oppressives au peuple de Sem. En 1916, cinquante-quatre pour cent du peuple américain était d'origine allemande : un vote visant à faire de l'allemand la langue officielle de la République avait échoué par une seule voix lors de la formation de la République. Pendant les cent premières années de cette nation, l'allemand était la seule langue à être entendue aux alentours de beaucoup de lieux américains. En 1916, un sondage demandait au peuple américain : "Si nous entrions en guerre, choisiriez-vous de vous ranger du côté de l'Allemagne ou de l'Angleterre ?" Une majorité écrasante a répondu qu'elle préférait entrer en guerre au côté de l'Allemagne. Ce n'était guère surprenant ; la politique de l'Angleterre, son ingérence et ses tentatives continuelles de détruire la République américaine n'était pas un secret pour le peuple américain, malgré les efforts de nos historiens pour dissimuler ou couvrir ces campagnes. Des groupes probritanniques tels que les Pilgrims, l'Union anglaise et d'autres opérations bien financées dans la région de New York déversaient de la propagande britannique, mais celle-ci n'avait que peu ou pas d'effet sur le reste de la nation.

Il n'y avait pas encore de raison concevable pour que les États-Unis s'impliquent au nom de l'un ou l'autre des belligérants. Aucune menace n'avait jamais été proférée à l'encontre de l'un ou l'autre de ses territoires ; le résultat souhaité devait donc être atteint par les moyens détournés habituels. La société J. P. Morgan, qui avait vu le jour à Londres sous le nom de George Peabody and Company, avait consenti d'importants prêts à l'Angleterre à partir des sommes énormes dégagées par les opérations du nouveau Système de Réserve Fédérale. J. P. Morgan dirigeait le Conseil consultatif fédéral, qui dépendait du Conseil des gouverneurs de la Réserve Fédérale. En tant que vétéran de la réunion de l'île de Jekyll, Paul Warburg était vice-président du conseil des gouverneurs. Tout était bien en main.

William Jennings Bryan, qui avait fait campagne contre la croix d'or sur laquelle les banquiers internationaux prévoyaient de crucifier le peuple américain, se trouvait maintenant à la tête du mouvement "Keep Us Out of War". Le 3 février 1917, il s'adressa à une assemblée de cinq mille personnes à New York. Toute la procédure sera répétée en 1940, quasi à l'identique, et avec le même résultat : nous entrerons en guerre.

Nous n'avons pas manqué de chefs religieux pour nous pousser dans cette guerre "sacrée". C'était un grand blasphème, car il s'agissait en fait d'une célébration rituelle de l'orgie de sacrifices humains à Baal. Frank North, président du Conseil fédéral de l'Église du Christ, a déclaré : "La guerre pour la justice sera gagnée." Les ecclésiastiques ont été chargés par des agents bancaires spéciaux du deuxième district de la Réserve Fédérale (New York) de faire de la propagande pour promouvoir les prêts de la Liberté. L'évêque William Alfred Quayle prétendait que :

"les Allemands enlevaient les femmes de Belgique, de Serbie, de Roumanie, de Pologne ; qu'ils avaient assassiné les passagers du Lusitania ; empoisonné des puits, crucifié des habitants et des soldats, ainsi que violé des hommes et des petits garçons."

Tout cela faisait partie d'une campagne de propagande bien financée de la part des agents britanniques. Comme d'habitude, le gouvernement des États-Unis était "dirigé" par le service secret de renseignement britannique. La propagande se voulait purement incendiaire, et aucune accusation n'était trop sauvage pour faire la une de la presse américaine. Le livre d'Alfred Ponsonby, *Falsehood in Wartime*[37], E. P. Dutton, 1928, est l'un des nombreux livres qui ont ensuite révélé les fantastiques mensonges utilisés pour inciter les Américains à entrer en guerre contre l'Allemagne. Le livre de Ponsonby était dédié à ses amis, le marquis de Tavistock et l'"historien Francis Neilson". À la page 17, Ponsonby écrit : "Général von Hutier de la 6ème armée allemande, "La méthode de Northcliffe au front est de distribuer par l'intermédiaire des aviateurs un nombre sans cesse croissant de tracts et de pamphlets ; les lettres des prisonniers allemands sont falsifiées de la manière la plus scandaleuse, des tracts et des pamphlets sont concoctés puis faussement attribués à des poètes, écrivains et hommes d'État allemands. À la page 19,

> "*Tant que les peuples seront armés les uns contre les autres, ils auront des hommes d'État menteurs, comme ils auront des canons et des mitrailleuses*".[38]

L'un des coups de propagande les plus notoires de la Première Guerre mondiale a été la "fabrique de cadavres" allemande, le Kadaver. Le 16 avril 1917, le *Time* rapporte que :

> "les Allemands distillent de la glycérine à partir des corps de leurs morts, les brûlent pour en extraire la graisse, les transforment en huiles lubrifiantes, puis produisent de la poudre à partir des ossements…"

L'histoire s'est révélée populaire et a été reprise pendant des semaines dans le *Times* (Londres). Le 22 octobre 1925, le *Times* accusa tardivement le général Charteris de cette histoire, qui s'était avérée être la plus grande opération de propagande de tous

---

[37] *Mensonges en temps de guerre*, NDT.

[38] En français dans l'original, NDT.

les temps. Dans une lettre adressée au *Times* le 4 novembre 1925, Charteris a nié toute implication dans cette histoire.

S'appuyant honteusement sur des documents falsifiés et des photographies trafiquées, les agents britanniques ont inondé des journalistes américains crédules de "copies piégées". Le résultat a été que la foule américaine a commencé à attaquer des commerçants allemands âgés, les rendant responsables des "atrocités" commises en Europe. Dans la plupart des cas, ces commerçants étaient les habitants les plus stables et les plus patriotes de leur région. Le principal moyen utilisé par Woodrow Wilson pour justifier sa déclaration de guerre contre l'Allemagne était la "guerre sous-marine" contre la marine américaine ; la clé de voûte de cette affirmation était le naufrage du Lusitania. En fait, le gouvernement allemand avait publié des avertissements aux Américains dans la presse new-yorkaise, leur conseillant de ne pas voyager sur le Lusitania, car on savait qu'il transportait des munitions. George Sylvester Viereck a montré à cet écrivain la coupure de presse de cette annonce, qu'il avait conservée dans ses dossiers. À ce jour, le gouvernement américain a refusé d'admettre que le Lusitania transportait des armes, consignées à l'armée britannique. Dans son numéro de novembre 1920, *The Nation* cite D. F. Malone, collectionneur du port de New York, qui déclare que le Lusitania transportait 4200 caisses de cartouches de fusil Springfield sur son registre, consignées au gouvernement britannique. L'administration Wilson avait refusé à Malone l'autorisation de publier ce rapport. Lorsque le sénateur LaFollette s'y est référé, ils ont tenté de le faire expulser du Sénat. Malone déclara qu'il témoignerait pour la défense de LaFollette, et la tentative fut abandonnée. Des documents ultérieurs ont révélé qu'il y avait 5400 caisses de munitions sur le Lusitania.

La guerre mondiale s'est terminée de manière satisfaisante avec le massacre de quelque cinquante millions de personnes, dont la plupart étaient des représentants de premier plan du peuple de Sem. Avec cet heureux résultat, l'Ordre maçonnique de Canaan décida de faire cent millions de victimes supplémentaires lors de sa prochaine tentative. Pour cela, ils ont réuni les membres les plus sinistres des loges maçonniques du monde à la Conférence de Paix de Versailles. Comme Ezra Pound l'a fait remarquer plus tard sur Radio Rome :

> "Le vrai crime est de mettre fin à une guerre pour rendre la suivante inévitable."

Woodrow Wilson est devenu célèbre pour avoir rédigé les Quatorze Points et créé la Société des Nations ; en fait, il s'est contenté de lire le scénario qui lui avait été préparé. Les Quatorze Points et l'autre ordre du jour de la Conférence de paix de Versailles avaient été précédemment établis lors d'une réunion secrète du Grand Orient de France et de la Conférence maçonnique internationale à leur siège, 2 rue Cadet, Paris, du 28 au 30 juin 1917.

La Conférence de paix de Versailles consistait en fait en un système à trois niveaux, chacun distinct des autres. Le premier était la conférence publique, la partie visible, à laquelle assistaient des essaims de journalistes du monde entier et qui faisait l'objet de nombreux rapports ; le deuxième niveau était celui des conférences secrètes des quatre grands, qui se réunissaient en privé pour comparer leurs notes et passer en revue les instructions de leurs maîtres cachés ; le troisième niveau était celui des conférences maçonniques nocturnes, connues seulement de quelques élus, au cours desquelles les décisions réelles de tous les ordres du jour de la conférence étaient discutées et décidées. Les ministres des puissances alliées victorieuses étaient bien traités pour leur coopération. Woodrow Wilson lui-même revint en Amérique avec des dons privés d'un million de dollars en or et en pierres précieuses pour ses efforts au nom de la Société des Nations. Lorsqu'il se rendit compte que le Congrès n'approuverait jamais ce démantèlement de la souveraineté américaine, il fut hanté par la crainte de devoir rendre ces pots-de-vin, et il fit une dépression nerveuse dont il ne se remit jamais.

La délégation Wilson à Paris était accompagnée d'un groupe de banquiers de Wall Street, parmi lesquels Bernard Baruch, Thomas Lamont du cabinet J. P. Morgan et Paul Warburg, de Kuhn, Loeb Co. À son arrivée à Paris, Paul Warburg fut agréablement surpris de constater que son frère, Max Warburg, était le chef de la délégation générale. Aux côtés de Wilson se trouvait son conseiller de longue date, le colonel Edward M. House et le gendre de House, l'avocat de Wall Street Gordon Auchincloss.

Le secrétaire d'État Robert Lansing était accompagné de ses deux jeunes neveux, John Foster et Allen Dulles. Ils étaient les descendants directs des familles de renseignements suisses Mallet Prevost, qui avaient implanté le rite écossais aux États-Unis. Un ouvrage pourtant très détaillé de Ronald Pruessen (publié par Macmillan) sur John Foster Dulles, *The Road to Power*, ne mentionne même pas la franc-maçonnerie de tout le livre. Les frères Dulles joueront plus tard un rôle crucial dans la mise en place du régime hitlérien en Allemagne, préparant la voie à la Seconde Guerre mondiale, respectivement comme secrétaire d'État et fondateur de la CIA dans l'après-guerre. Allen Dulles est resté directeur de la Schroder Bank, qui gérait les fonds personnels d'Hitler ; Dulles a consigné plusieurs millions de dollars à la Schroder comme fonds "secrets" pour la CIA. Aucune comptabilité n'a jamais été établie.

Une autre déception pour Woodrow Wilson à Paris a été sa détermination à obtenir une reconnaissance diplomatique complète des terroristes bolcheviques sanguinaires en Russie, un objectif que partageait avec ferveur le Premier ministre anglais, Lloyd George. Ils ont été consternés de constater que d'autres diplomates européens, craignant l'insurrection communiste dans leur propre pays, étaient catégoriques sur le fait qu'aucune reconnaissance ne devait être accordée à la Russie soviétique. Déplorant leur défaite comme une victoire du "sectarisme et de l'intolérance", Wilson et Lloyd George se sont tournés vers d'autres questions à l'ordre du jour. Leur programme visant à rendre la prochaine guerre inévitable fut considérablement allégé par Bernard Baruch qui, en tant que conseiller économique de la Conférence de paix, imposa à l'Allemagne le fardeau écrasant de réparations impossible à payer et les força à rechercher une solution politique. Une inflation ruineuse anéantit la classe moyenne et prépara le terrain pour un programme révolutionnaire ; qu'il s'agisse du communisme ou d'une autre faction n'était pas une préoccupation première pour les conspirateurs. Qui que ce soit, ils seraient fermement contrôlés.

La voie était désormais libre pour l'émergence d'Adolf Hitler en Allemagne. Son parti politique, le National-Socialisme, a reçu l'appellation mondiale de "nazi" parce qu'il était le parti politique des Ashkenazim, les Juifs allemands (ashkenazim signifie Allemagne en hébreu). Il existe des documents portant la signature d'Adolf Hitler juste au-dessus de celle de Max Warburg, qui, avec les opposants, était le principal soutien des "nazis". Hitler a également bénéficié d'un soutien occulte considérable de la part des adeptes d'Ostara, une société qui pratiquait les principes de la magie tibétaine, adaptés aux théories raciales aryennes. Le culte était centré sur Ostara, la déesse anglo-saxonne du printemps, à qui était dédié le mois d'Oster, ou avril. L'anniversaire d'Hitler était le 20 avril, ce qui peut expliquer pourquoi il a été choisi pour diriger ce mouvement. Pendant la période nazie, c'était un jour de grande fête dans toute l'Allemagne. Le 20 avril 1935, les S.A. ont remis à Hitler quarante et un avions, avec le message suivant :

> "Mon Führer ! Les S.A. supplient leur chef, pour célébrer son anniversaire, le 20 du mois de Pâques [le païen Ostermond-Ed.] 1935, d'accepter leur contribution au réarmement du peuple allemand - l'escadron de chasse des S.A."

La magie tibétaine prétend ne pas être corrompue par son principal rival, le kabbalisme ; elle prétend également être plus puissante que toute autre école d'occultisme connue, qu'il s'agisse de la magie égyptienne, kabbalistique ou hindoue. Certains des adeptes d'Ostara proches d'Hitler ont été initiés selon les plus hauts principes du lamaïsme occulte. C'est l'excès de confiance produit par les premiers succès du régime, qui avait aveuglé les conseils de ces adeptes ; par la suite, l'expansion en Autriche et en Tchécoslovaquie, les succès militaires d'une facilité inattendue durant les deux premières années de la Seconde Guerre mondiale, les ont conduits à leur chute. On ne saura peut-être jamais si les pratiques de l'Ostara sont réellement supérieures au kabbalisme et à celles de ses autres rivaux, mais, quel que soit le soutien magique reçu par Hitler et son entourage, ils n'ont pas fait le poids face à l'organisation internationale de l'Ordre maçonnique des Cananéens. Le plus grand défaut d'Hitler était son manque d'expérience en la matière ; il est douteux que de toute sa vie il ait jamais entendu parler des

Cananéens. Hitler et Mussolini, au début de leur régime, ont tous deux été prompts à interdire les francs-maçons, sans se rendre compte que la franc-maçonnerie et les Illuminati ont toujours été des mouvements clandestins. Ils avaient été proscrits à de nombreuses reprises dans de nombreux pays ; ces interdictions n'ont fait qu'encourager davantage leur conspiration furtive. Ni Hitler ni Mussolini n'avaient conscience de la puissance impressionnante des "hommes déterminés de la Maçonnerie" qui exerçaient un contrôle total sur les pouvoirs "démocratiques".

Les ariosophes, la branche aryenne des théosophes constitue une des sources occultes les plus importantes des premiers temps du national-socialisme. Basés à Vienne, les ariosophes ont exercé une influence considérable sur les écrits d'Hitler pendant ses années de formation. Il est douteux qu'il ait jamais su que la théosophie ne fût qu'une extension du kabbalisme juif, donc issu de ceux qu'il considérait comme ses ennemis jurés.

Une fois la Seconde Guerre mondiale lancée de manière satisfaisante, il semblait que rien ne pouvait arrêter la progression triomphale d'Hitler sur les champs de bataille d'Europe. Il ne se rendit pas compte que Napoléon avait également avancé victorieusement sur ces mêmes champs, pour finir par mourir misérablement d'un empoisonnement à l'arsenic sur une île éloignée. Personne en Allemagne ne pouvait voir qu'il ne s'agissait que du premier acte d'un drame soigneusement mis en scène. Le deuxième acte s'ouvrit avec l'entrée en guerre des États-Unis, une possibilité jamais envisagée par Hitler, et le troisième acte fut la Gotterdammerung, l'immolation mélodramatique de l'Allemagne et de Brunhilde.

L'implication des États-Unis dans la Seconde Guerre mondiale était fondée sur l'opération réussie d'un travail de longue haleine que Hitler n'a seulement jamais envisagé. Il n'avait pas l'intention de provoquer les États-Unis ; lorsque le directeur des renseignements britanniques, Sir William Stephenson, a assassiné à plusieurs reprises de jeunes marins allemands dans les rues de New York, le gouvernement allemand a ignoré les incidents. Malgré les millions de dollars dépensés en propagande de guerre frénétique, le peuple américain est resté insensible à la "menace" du nazisme. Charles Lindbergh, Jr. a mené une campagne nationale intitulée "America First" qui avait pour but de nous tenir à l'écart de la guerre. La réponse au dilemme Roosevelt-Churchill fut Pearl Harbor, l'un des massacres de soldats et de marins américains les mieux planifiés de notre histoire. Il semblait que tous ceux qui étaient en position d'autorité à Londres et à Washington savaient que les Japonais avaient l'intention d'attaquer Pearl Harbor, ce qui n'était guère surprenant, car les codes secrets japonais avaient été déchiffrés des mois auparavant. Le cauchemar des comploteurs était que les commandants japonais puissent découvrir par inadvertance que leurs codes avaient été déchiffrés et annuler l'attaque de Pearl Harbor, car ils sauraient que les défenseurs seraient avertis. Les conspirateurs de Washington, tout en suivant en secret la lente progression de la flotte japonaise vers Pearl Harbor, évitèrent de prévenir Kimmel et Short, les commandants américains à Hawaii, qu'ils étaient en danger. Les alerter aurait bien sûr permis d'avertir les Japonais et de les faire reculer. Les commandants japonais ont déclaré plus tard qu'au premier signe d'alarme, ils étaient prêts à faire demi-tour vers Tokyo sans attaquer.

La réunion à la Maison-Blanche des conspirateurs le soir de Pearl Harbor fut pleine de suspense ; ils attendirent quelques heures de savoir s'ils avaient "gagné", c'est-à-dire si les Japonais avaient attaqué et détruit la flotte et les installations américaines à Pearl Harbor. Jamais aucun groupe n'a attendu une "mauvaise nouvelle" avec une telle intensité. Le président Franklin Delano Roosevelt, qui a vécu toute sa vie grâce aux dons de sa mère, puis à l'argent de l'opium amassé par son père, Warren Delano, ainsi qu'au banquier juif Bernard Baruch, qui avait négocié la dette de réparation à l'Allemagne ; le général George Marshall, que le sénateur McCarthy appellera plus tard "un mensonge vivant" ; tels furent les hommes qui misèrent tout sur ce pari pour impliquer les États-Unis dans la Seconde Guerre mondiale. S'ils échouaient, ils n'avaient aucun plan de secours, car Hitler avait refusé de représenter la moindre menace pour les États-Unis.

Un livre décrivant les exploits de Stephenson aux États-Unis, *A Man Called Intrepid*, p. 329, apporte la preuve irréfutable que les conspirateurs savaient ce qui allait se passer. Roosevelt a utilisé son fils, le colonel James Roosevelt, pour transmettre ses communications privées à Stephenson afin d'assurer le secret. D'après les informations fournies par James Roosevelt, Stephenson a télégraphié à Churchill à Londres :

> "Les négociations japonaises sont terminées. Les services attendent une action dans les deux semaines."

Ce message a été envoyé à Londres le 27 novembre, dix jours seulement avant Pearl Harbor.

Le chef d'état-major de Roosevelt, le général George Marshall, un des principaux responsables de la réunion de minuit à la Maison-Blanche, a déclaré plus tard devant le Congrès qu'il ne se souvenait pas où il se trouvait au moment de l'attaque de Pearl Harbor ; pourtant, un article du *Washington Post* montrait qu'il s'était adressé à une organisation d'anciens combattants quelques heures auparavant ; il s'était ensuite rendu à la Maison-Blanche. Marshall, une personne de caractère totalement amorphe, est présenté à notre jeunesse comme un grand leader à la moralité irréprochable.

Dans la campagne visant à faire entrer les États-Unis dans la Seconde Guerre mondiale, Roosevelt s'est appuyé presque entièrement sur l'aide des services secrets britanniques. Son Special Operations Executive avait été fondé en juillet 1940 sous la direction de "C", un certain Sir Steward Menzies. Menzies était réputé être le fils illégitime du roi Edward VII ; éduqué à Eton, il avait toujours évolué dans les plus hauts cercles de l'aristocratie britannique. Il a reçu le DSO lors de la Première Guerre mondiale. Lady Menzies avait été l'une des fondatrices du mouvement fasciste britannique en 1923, avec certains des plus grands propriétaires terriens d'Angleterre : le comte de Glasgow, doté de 2500 acres ; le duc Abercorn, possédant 2000 acres ; le marquis d'Ailsbury, avec ses 40 000 acres ; le comte de Cardigan, régnant sur 10 000 acres. Un groupe ultérieur, le Anglo-German Fellowship, avait été financé par F. C. Tiarks, partenaire de la Schroder Bank et directeur de la Bank of England, qui a fourni un financement crucial pour le régime d'Hitler. Le Duc de Wellington, l'Amiral Sir Barry Domvile et Lord Mount Temple, président de la Navy League, faisaient également partie de la communauté.

Les services de cryptage et de signalisation de la SOE ont été installés dans le bâtiment du siège de Marks and Spencer ; son président, Israel Sieff, avait été l'un des fondateurs du mouvement Fabien[39] de planification politique et économique. Avec Menzies se trouvaient les cofondateurs de SOE, Hugh Dalton, élevé au château de Windsor (son père avait été le tuteur de George V), Sir Frank Nelson, plus tard directeur général par intérim des Nations unies, Sir Robin Brooke, plus tard directeur de la Banque d'Angleterre, Hugh Gaitskell, plus tard Premier ministre, et Lord Christopher Mayhew.

Les opérateurs du SOE ont pris en main le général William Donovan pour créer leur organisation subsidiaire, l'Office américain des services stratégiques[40]. Les Britanniques, qui étaient passés maîtres dans tous les types d'espionnage et d'actions secrètes, ont trouvé des étudiants volontaires, bien qu'ineptes, dans les fils de millionnaires qui se sont portés volontaires pour l'OSS. Le président Lyndon Johnson a plus tard déclaré à propos de leurs successeurs à la CIA :

> "Réalisez-vous que ces garçons sont tous les fils de millionnaires dont les pères étaient terrifiés à l'idée de les voir entrer dans l'entreprise familiale de courtage ?"

Apparemment, tout le monde s'est bien amusé à Londres pendant la Seconde Guerre mondiale, des gens comme Paul Mellon, son beau-frère David Bruce, Henry Morgan de la famille J. P. Morgan et de nombreux autres frères de Yale, Harvard et Princeton.

La Seconde Guerre mondiale a réussi à atteindre son quota de cent millions de victimes, dont beaucoup étaient des familles entières des descendants de Sem, comme lors des holocaustes de Dresde et de Cologne. Parce qu'ils étaient les vainqueurs, les auteurs de ces atrocités n'ont jamais été jugés. Les Cananéens

---

[39] Apparenté à la Société Fabienne (Fabian Society), NDT.

[40] L'OSS, ancêtre de la CIA, NDT.

maçonniques avaient réussi à remporter un autre grand triomphe, celui des sacrifices humains massifs devant l'autel de Baal. L'une des premières tâches exigées des officiers de l'armée américaine lorsqu'ils entrèrent en Allemagne fut de rétablir les loges maçonniques, qui avaient été fermées par Hitler. En Italie, les vainqueurs ont rapidement rouvert les Loges du Grand Orient dans tout le pays. Elles ont été largement financées par des fonds secrets de l'OSS, et ont ensuite reçu d'importants paiements des agents de la CIA en Italie.

CHAPITRE 10

LA MENACE DU COMMUNISME

D
epuis trente-cinq ans, l'écrivain actuel écrit et parle
du "communisme" sans savoir de quoi il s'agit.
Après avoir consulté des centaines d'ouvrages de
référence sur le communisme, je n'ai trouvé aucune mention du
fait que le communisme n'était qu'une branche des forces
révolutionnaires mondiales de l'Ordre maçonnique de Canaan.
Nous avons déjà signalé que les membres de la Première
Internationale communiste étaient Lionel de Rothschild, Karl
Marx et Heinrich Heine. Non seulement Karl Marx a maintenu
des liens étroits avec les Jésuites et la franc-maçonnerie tout au
long de sa carrière, mais il était aussi directement lié à
l'aristocratie britannique par son mariage avec Jenny von
Westphalen, une descendante de la comtesse de Balcarras et
d'Argyll, deux des plus anciens titres d'Angleterre. La comtesse
avait été la gouvernante de Guillaume d'Orange avant que celui-
ci n'envahisse l'Angleterre et n'accorde la charte de création de
la Banque d'Angleterre. Ce sont ses relations maçonniques qui
permirent à Karl Marx d'obtenir un revenu régulier, grâce à des
piges rémunérées par les journaux de New York. Lénine a
également maintenu des liens maçonniques étroits pendant ses
années en Suisse, avant de retourner en Russie pour diriger la
révolution bolchevique. En Suisse, il était devenu membre d'une
loge secrète sous le nom de "Ulianov Zederbaum". Il a reçu un
soutien financier régulier, ainsi que des visites occasionnelles de
Sir Alfred Milner (fondateur de la Table Ronde et du Conseil des

Relations Étrangères[41]) et de Lord Palmerston, ministre des Affaires étrangères d'Angleterre. Milner et Palmerston avaient tous deux atteint le 33ème degré, ou degré révolutionnaire.

Pendant ce temps, l'homme le plus riche du monde, le tsar de Russie, semblait impuissant face au lent glissement de son pays vers l'anarchie. Bien avant l'avènement de Raspoutine, sa cour avait été envahie par les occultistes. Le 21 décembre 1902, la Tribune de Genève titrait dans une dépêche : "RUSSIE : un occultiste à la cour". Le correspondant du *Daily Mail* à Odessa télégraphia à ce journal les faits réels concernant la présence de l'occultiste Philippe à la cour du tsar. Philippe a acquis une grande influence sur le tsar. La dépêche précisait en outre que Philippe Nizier de Lyon avait été présenté à Nicolas par le Grand-Duc Nicolas Nicolaevitch. Auparavant, à Lyon, Nizier avait été poursuivi pour exercice illégal de la médecine. Un médecin français, Gérard Encausse, avait écrit de nombreux articles sur la Kabbale et la magie. Il avait été présenté par Philippe au Grand-Duc. Encausse avait écrit ses traités de magie sous le nom de "Papus". La *Gazette Suisse* note, le 20 décembre 1902, que :

> "Peu de gens savent qu'il existe à Paris une sorte de petite université de l'occultisme, où les étudiants s'inscrivent, passent des examens et obtiennent des diplômes. Par exemple, on peut obtenir un diplôme de licence en sciences occultes, ou de docteur en Kabbale. Papus en est le président et l'organisateur."

Ainsi, l'influence occulte à la cour du tsar Nicolas est directement liée à une école d'occultisme de Paris. Il n'est pas trop fantaisiste de supposer que cette école fonctionne avec le soutien du Grand Orient de Paris, puisque la franc-maçonnerie est toujours concernée par l'occultisme. L'incapacité ultérieure du tsar à agir de manière décisive en temps de crise, qui a directement conduit à la chute de son gouvernement, peut être due à la drogue ou à l'hypnose. L'autocrate le plus puissant du

---

[41] La Round Table, et le Council on Foreign Relations (CFR), deux institutions mondialistes. NDT.

monde a été décrit par les observateurs comme "remarquablement passif" et incapable d'agir directement alors que son régime était menacé par la révolution. Le roi Louis XVI avait d'ailleurs réagi de la même manière au début de la Révolution française, dans les semaines précédant sa déposition et son envoi à la guillotine. Il est difficile de croire que de tels autocrates absolus se résigneraient docilement à subir la "volonté du peuple" et ne résisteraient pas jusqu'à leur mort.

Apparemment à la merci des influences occultes de sa cour, le tsar Nicolas est arrêté et un gouvernement provisoire est mis en place. Ce gouvernement était dirigé par Kerensky, un maçon de 32ème degré, qui avait été choisi comme chef du gouvernement provisoire par Josef Sliozberg, le Grand Maître de l'Ordre international du B'Nai B'Rith en Russie. Kerensky n'avait qu'une seule mission : tenir le pays jusqu'à l'arrivée de Lénine dans le train scellé en provenance de Suisse. Après la révolution bolchevique, Kerensky fut autorisé à émigrer aux États-Unis, où il est devenu un conférencier bien payé dans les principales universités du pays. L'Ordre maçonnique des Cananéens prend toujours soin des siens.

La princesse Paley, épouse du Grand-Duc Paul, a déclaré que l'ambassadeur anglais à Saint-Pétersbourg, Sir George Buchanan, avait fomenté et dirigé la révolution russe sur instructions directes de Lloyd George, le chef du parti libéral en Angleterre.

Les bolcheviques ont reçu des fonds importants pour leur prise de pouvoir sur la Russie. Le 21 septembre 1917, Trotsky reçut un télégramme de Stockholm : "La direction de la Banque de Max Warburg & Co. l'informe qu'un compte courant lui a été ouvert à Stockholm pour les besoins de son entreprise." Trotsky s'était déjà vu remettre 10 000 dollars en espèces par les Rockefeller lors de son départ de New York ; d'autres fonds lui avaient été envoyés de Berlin par la Disconto Gesellschaft, la Nya Bank et la Siberian Bank, entre autres intermédiaires, tels que Helphand Parvus, Ganetsky, Koslousky et Krassin. Après la révolution, Krassin retourna travailler pour Siemens, le géant allemand de l'électricité ; en tant que représentant russe, il était soutenu par Hugo Stinnes, Felix Deutsch, directeur de l'A.E.G., et par Walter Rathenau.

Bien que tous les énormes dépôts du tsar dans les banques étrangères aient été conservés par ces banques sans que les membres de sa famille en soient rémunérés, une petite partie de ses avoirs russes avait été mise de côté par le nouveau gouvernement bolchevique sous forme de fonds secrets qui lui permirent d'exercer un contrôle final sur le gouvernement soviétique au cours des décennies suivantes. Ces fonds étaient gérés par Dzerzhinsky, fondateur de la Tcheka, mais aussi par l'agent secret britannique Sidney Reilly et W. Averell Harriman. Ce trust était la continuation du fonds Parvus qui avait amené Lénine au pouvoir, une opération qui avait été dirigée en coulisses par un influent personnage : le comte vénitien Volpi di Misurata, une figure de la noblesse noire qui avait porté Mussolini au pouvoir, orchestré les nombreuses guerres des Balkans et dirigé secrètement la révolution russe.

Curieusement, la révolution bolchevique fut accueillie avec l'approbation enthousiaste d'un grand nombre de grands financiers du monde. L'un des plus éminents d'entre eux, Jacob Schiff, associé principal de la société Kuhn, Loeb Co. de New York, télégraphia ses félicitations comme le relate le *New York Times* du 19 mars 1917 :

> "En tant qu'ennemi tenace de l'autocratie tyrannique du tsar qui fut le persécuteur impitoyable de mes coreligionnaires, je tiens à féliciter, par votre intermédiaire, le peuple russe pour ce qu'il a maintenant si merveilleusement accompli et je vous souhaite, à vous et à vos collègues du nouveau gouvernement, beaucoup de succès."

Le ministre, Milioukoff, un ami de longue date de Schiff répondit :

> "Nous sommes unis par la même haine et antipathie à l'égard des anciens régimes aujourd'hui renversés."

Voici encore une citation directe issue de la volonté de Canaan : "Haïssez vos maîtres."

L'un des événements les plus méconnus de l'histoire est l'"invasion" de la Russie par les Alliés après la révolution bolchevique. Cette "invasion" a de nouveau été présentée récemment dans la presse soviétique comme une raison urgente de ne pas "faire confiance" aux États-Unis. En fait, les troupes alliées ont été envoyées en Russie pour détourner la contre-révolution réussie des forces blanches, et en même temps, pour donner aux propagandistes de l'Armée Rouge, principalement à Trotsky, un cri de ralliement à la campagne rouge qui faiblissait, que la "Mère Russie" était envahie par des "troupes étrangères". C'était un appel irrésistible aux paysans russes, qui se sont immédiatement ralliés à l'Armée Rouge et lui ont donné la victoire totale. En fait, plusieurs divisions, pour la plupart britanniques et américaines, furent envoyées en Sibérie, où elles restèrent un an et demi, sans participer à aucune action. Aucune des troupes n'avait la moindre idée de ce qu'elles y faisaient ; elles rentrèrent chez elles aussi mystifiées qu'à leur départ. Si elles avaient été affectées à l'"invasion" de la Russie, bien sûr, elles auraient débarqué sur la côte européenne et auraient marché tout droit vers Moscou, qui aurait pu être facilement prise par ces divisions bien armées et entraînées.

Ils avaient en fait été envoyés en Sibérie pour trahir les Russes blancs. Cette manœuvre a été exposée dans le *New York Times* du 15 février 1920 :

> "lorsque Vladivostok a été libéré de la faction Kolchak, il en a résulté un sentiment proaméricain évident. Les leaders révolutionnaires ont monté les marches des immeubles d'en face, faisant des discours appelant les Américains de vrais amis, qui, à un moment critique, ont sauvé le mouvement actuel."

Le "mystère" de la présence militaire américaine en Russie n'a jamais été un mystère pour ses soutiens maçonniques secrets cananéens. Les trois directeurs de la Banque de la Réserve fédérale de New York qui finançaient l'effort bolchevique ont réalisé que sous Trotsky, l'Armée Rouge perdait la guerre. Son orgie de terrorisme et de massacres insensés avait retourné la paysannerie contre les "libérateurs", et l'Armée Blanche gagnait chaque jour en soutien. Pour renverser la situation, les directeurs de la Banque de la Réserve fédérale ordonnèrent aux troupes alliées d'entrer en Russie. Cantonnées près des forces de Kolchak, elles donnaient l'impression qu'elles étaient là pour soutenir la faction blanche. Le peuple russe comprit que les forces alliées avaient été envoyées pour restaurer l'ancienne autocratie. La presse américaine et britannique a alors uni la paysannerie russe derrière les révolutionnaires, et l'armée de Kolchak a rapidement battu en retraite. C'est ce qui explique le "sentiment pro-américain" à Vladivostok. La présence des Alliés en Sibérie assura le triomphe de l'Armée Rouge et l'imposition d'une dictature brutale au peuple russe.

Il existe une documentation abondante sur les actes de terrorisme ultérieurs qui ont horrifié le peuple russe et l'ont tourné définitivement contre les bolcheviks. La commission américaine Rohrbach produisit un rapport sur certaines des atrocités révolutionnaires :

> "Tout le sol en ciment de la salle d'exécution de la Tcheka de Kiev est inondé de sang sur plusieurs centimètres. Il est constitué d'un horrible mélange de sang, de cervelle et de morceaux de crâne. Tous les murs sont couverts de sang. Des morceaux de cervelle et de cuir chevelu y sont collés. Une gouttière de 25 centimètres de large par 25 centimètres de profondeur et d'environ 10 mètres de long est pleine de sang sur toute sa longueur jusqu'au sommet. Certains corps sont éviscérés, d'autres ont des membres coupés, d'autres encore ont littéralement été mis en pièces. Certains ont eu les yeux arrachés, le visage, le cou et le tronc étaient couverts de blessures profondes. Plus loin, nous avons trouvé un cadavre avec un coin enfoncé dans la poitrine. Certains n'avaient plus de langue. Dans un coin, nous avons découvert une quantité de bras et de jambes démembrées n'appartenant à aucun corps que nous avons pu localiser."

Une fois la menace de représailles des Russes blancs disparue, les bolcheviks ont déclenché la fureur totale de leur soif de sang cananéenne. Ils ont converti toute la nation russe en un gigantesque camp de concentration, afin de torturer et de tuer lentement les derniers descendants du peuple de Sem, qui les avait dirigés pendant mille ans. Plus tard, Soljenitsyne a informé un monde incrédule que les Soviétiques avaient assassiné soixante-six millions de personnes en Russie entre 1918 et 1957. Il a cité l'ordre de la Tcheka n° 10, émis le 8 janvier 1921 : "Intensifier la répression de la bourgeoisie." Il s'agissait bien sûr du peuple de Sem. En vertu de cet ordre, les camps de concentration ont été établis de façon permanente. Le juif Lazar Kogan fut l'un des patrons typiques de ces camps. Il regarda calmement mourir des milliers d'esclaves pendant qu'il supervisait la construction du canal de la mer Blanche. Il saluait tout nouveau détenu avec cette incroyable déclaration :

> "Je sais que vous n'êtes personnellement coupable de rien. Mais, en tant que personne éduquée, vous devez comprendre que la prophylaxie sociale doit être largement appliquée."

La "prophylaxie sociale" était un euphémisme cananéen typique pour justifier le massacre du peuple de Sem. Les victimes potentielles n'étaient plus considérées comme des êtres humains, mais seulement comme des cadavres attendant d'être jetés à la fosse. On les appelait simplement "zeks", terme russe désignant le prisonnier, "zakluchenny".

Après un demi-siècle de barbarie inégalée, l'"expérience russe" a été exposée dans toute son horreur par Soljenitsyne. Il écrit à propos des camps :

> "De nombreux camps étaient connus pour leurs exécutions et leurs fosses communes ; Orotukan, Polyarny, Svistoplas et Annuskha, même le camp agricole de Dukcha, mais le plus célèbre de tous à ce titre était la mine d'or de Zolotisty ... À Zolotisty, ils avaient l'habitude de convoquer une brigade en plein jour et d'abattre les membres les uns après les autres. Lorsque le chef de Goulag, Nikolai Andreïevitch Aglanov, arrivait, il aimait, lors de l'alignement, choisir une brigade qui avait été fautive pour une raison ou une autre et ordonner qu'elle soit mise à l'écart. Et puis il vidait son pistolet dans la masse effrayée, accompagnant ses coups de feu de cris joyeux. Les cadavres étaient laissés sans sépultures."

Soljenitsyne poursuit sur de nombreuses pages pour décrire les horreurs dont nos libéraux pleins de bons sentiments ne savaient rien :

"Mais certains transports de zeks condamnés sont arrivés trop tard, et ils ont continué à arriver avec cinq à dix personnes à la fois. Un détachement de tueurs les recevait à l'ancienne gare de Brickyard et les conduisait aux anciens bains publics dans une cabine tapissée de trois ou quatre couches de couvertures à l'intérieur. Là, les prisonniers condamnés recevaient l'ordre de se déshabiller dans la neige et d'entrer nus dans le bain. À l'intérieur, on leur tirait dessus avec des pistolets. En un mois et demi, environ deux cents personnes ont été exécutées de cette manière. Les cadavres étaient brûlés dans la toundra."

Soljenitsyne poursuit :

"A. B. V. a raconté comment les exécutions ont eu lieu à Adak - un camp sur la rivière Pechora. Ils emmenaient les membres de l'opposition "avec leurs affaires" hors de l'enceinte du camp par un transport de prisonniers pendant la nuit. Et à l'extérieur du camp se trouvait la petite maison de la troisième section. Les condamnés étaient conduits un par un dans une pièce, et là, les gardes du camp leur sautaient dessus. Leurs bouches étaient remplies de quelque chose de mou et leurs bras étaient attachés avec des cordes derrière le dos. Puis ils étaient conduits dans la cour, où des charrettes harnachées les attendaient. Les prisonniers attachés étaient empilés sur les chariots, de cinq à sept à la fois, et conduits au "Gorka", le cimetière du camp. À leur arrivée, on les faisait basculer dans de grandes fosses qui avaient déjà été préparées et ils étaient enterrés vivants. Non pas par brutalité. Mais il avait été établi qu'en les traînant et en les soulevant, il était beaucoup plus facile de s'occuper de personnes vivantes que de cadavres. Le travail a duré de nombreuses nuits à Adak."

Soljenitsyne n'est pas la seule personne à décrire la vie dans les camps de concentration soviétiques. Considérez la description suivante de la vie dans un goulag : Sergei Grigoryants raconte que les prisonniers sont réveillés à 5h30 du matin et qu'on leur sert une soupe de poisson aqueuse et du pain brun au petit déjeuner ; à 10h30, le repas principal, qui est une soupe aqueuse ; le dîner est du porridge. Grigoryants indique que les prisonniers sont constamment torturés par le manque de nourriture et le froid dans les cellules. La loi soviétique exige que la température dans les cellules soit d'au moins 64,4 degrés Fahrenheit ; cela est solennellement testé par les inspecteurs du camp. Ils apportent un chauffage électrique dans la cellule, l'allument jusqu'à ce que la température atteigne 64,4 degrés, font la note appropriée sur leur rapport, puis déplacent le chauffage dans la cellule suivante. La température revient alors à son niveau habituel de quarante degrés. Une lampe est maintenue allumée en permanence toute la nuit dans les cellules, de sorte que les prisonniers ne se reposent jamais vraiment. Selon Grigoryants, quelque 500 000 prisonniers par an sont libérés pour retourner dans la société soviétique, et leur présence a un effet très alarmant sur l'ensemble du pays. Là encore, quelle est la pertinence de ce rapport ? Il a été publié sous la forme d'une interview de Grigoryants dans le *New York Times* du 22 février 1987 !

Il serait logique de supposer que cette société socialiste a été construite sur la fortune confisquée du défunt tsar Nicolas II, mais ce n'est pas le cas. En 1913, le tsar était sans aucun doute l'homme le plus riche du monde, avec une fortune personnelle s'élevant à quelque trente milliards de dollars de 1913. Il possédait personnellement 150 000 000 d'hectares de terres, et avait à sa disposition 30 000 domestiques, 500 automobiles dans sa flotte personnelle, 6000 chevaux, 2 yachts, une réserve d'or personnelle d'un milliard de dollars à la Banque Impériale, avec cinq cents millions de dollars de bijoux, dont le fameux diamant Grand Mogul d'une valeur de 200 000 dollars de l'époque, une couronne évaluée à 75 millions de dollars et 32 000 diamants. Il contrôlait un sixième de la surface du globe. Dans la nuit du 6 novembre 1917, à 2 heures du matin, les gardes rouges conduisirent un camion à la Banque Impériale et retirèrent tout l'or et les bijoux des Romanoff. Une grande partie de l'or fut ensuite expédiée directement à la Kuhn, Loeb Co. de New York. On peut se rappeler que l'associé principal de la société Kuhn, Loeb, Jacob Schiff, avait dépensé 20 millions de dollars de ses propres fonds pour financer la révolution. Apparemment, ce fut un bon investissement. Le juif Victor Hammer a vendu une grande partie des joyaux de la Couronne à des collectionneurs en Europe et aux États-Unis.

Maria, la douairière de l'impératrice, s'est échappée avec les bijoux de sa collection personnelle. Le roi George V et le roi Christian du Danemark ont tous deux tenté à plusieurs reprises de la convaincre de leur confier ses bijoux pour qu'ils soient "mis en sûreté" ou du moins "évalués". Elle refusa obstinément, sachant qu'elle ne les reverrait probablement jamais. À sa mort en 1928, des agents spéciaux ont saisi les bijoux et les ont immédiatement transportés au palais de Buckingham. Ses pièces les plus importantes ont ensuite été vues dans la collection personnelle du Queen Mary.

Après la Révolution de 1905, le tsar s'était prudemment préparé à de nouveaux troubles en transférant quelque 400 millions de dollars en espèces aux banques de New York, à la Chase, à la National City, au Guaranty Trust, à la J. P. Morgan Co. et au Hanover Trust. En 1914, ces mêmes banques ont acheté le nombre d'actions de contrôle de la nouvelle Banque de Réserve Fédérale de New York, payant les actions avec les fonds séquestrés par le tsar. Ainsi, la famille Romanoff détient aujourd'hui le contrôle des banques de la Réserve fédérale !

Les autres dépôts du tsar comprenaient 35 à 50 millions de dollars à la Banque d'Angleterre, 25 millions de dollars à la Barclay's, 30 millions de dollars à la Lloyd's Bank, 100 millions de dollars à la Banque de France, 80 millions de dollars à la Rothschild Bank à Paris et 132 millions de dollars à la Mendelssohn Bank à Berlin. Depuis 1917, un nuage plane sur la structure financière des démocraties occidentales, menaçant leur structure financière bâtie à la va-vite, la crainte qu'un tribunal, quelque part, puisse éventuellement décider que les fonds du tsar doivent être remis à ses héritiers légitimes. Cela affecterait non seulement la propriété des actions de la Banque de Réserve Fédérale, mais, avec le paiement des intérêts, cela signifierait la fin de nos dix plus grandes institutions financières. Quelqu'un se demande-t-il pourquoi le gouvernement des États-Unis, qui est sous la direction totale des dix grandes banques, s'efforce continuellement de financer et d'alimenter l'empire soviétique qui s'effondre ? Quelqu'un peut-il prédire la calamité financière qui s'ensuivrait si les Romanoff étaient rétablis sur le trône de Russie et demandaient le remboursement de leurs avoirs spoliés, ou s'ils obtenaient une décision de justice à cet effet, où que ce soit dans le monde ?

Cette catastrophe se profilait à l'horizon à un moment donné. Le *New York Times* du 20 juillet 1929 a fait état du déroulement d'un procès intenté par la mère du tsar et trente-deux des héritiers Romanoff contre le Guaranty Trust et la National City Bank. F. Dudley Kohler, un avocat représentant James Egan, administrateur public, a publié l'avis juridique suivant dans le journal juridique :

> "Avis est donné par la présente à toutes les personnes, sociétés, banques, fiduciaires ayant des actifs, des dépôts et des titres de feu Nicolas II, qu'un relevé de compte est immédiatement demandé, et dans le cas où un tel relevé de compte n'est pas rendu, toutes ces personnes seront tenues responsables des montants, plus les intérêts et les frais de la procédure."

L'affaire et Kohler ont ensuite disparu des pages du *New York Times*. Apparemment, aucun relevé de compte n'a jamais été fourni. Si cela avait été le cas, cela aurait constitué une preuve juridique de la dette et aurait rendu le remboursement inévitable. Charles Recht, avocat de l'Union soviétique, a engagé Edward H. Fallows pour représenter le gouvernement soviétique, mais aucune autre procédure judiciaire n'a jamais été intentée.

Néanmoins, la demande des Romanoff a eu d'énormes répercussions. La menace d'un retrait massif de deux des banques les plus importantes et les plus précaires de New York a provoqué une pression clandestine contre l'argent liquide à Wall Street, qui a ensuite précipité le krach de 1929. Même si les Cananéens maçonniques contrôlaient les tribunaux aux États-Unis, ils ne pouvaient pas être certains que les Romanoff ne trouveraient pas un tribunal dans un autre pays qui leur accorderait un jugement, voire une injonction contre Guaranty Trust, une banque contrôlée par J. P. Morgan, et la National City Bank, la banque des Rothschild et des Rockefeller à New York. Cette menace, survenue au plus fort du boom boursier des années 1920, a fait planer une ombre sur les agissements des spéculateurs et a provoqué une pression immédiate sur les fonds à court terme, ce qui a entraîné la Grande Dépression.

Pour éviter de telles menaces à l'avenir, les accords Roosevelt-Litvinoff ont été conclus entre les États-Unis et la Russie en 1933 et 1934. Dans ces accords, les États-Unis ont reconnu unilatéralement toutes les créances du gouvernement soviétique sur les fonds du gouvernement impérial russe. La question de savoir si cela pouvait être appliqué aux fonds du tsar Nicolas n'a jamais été présentée devant les tribunaux.

Le pacte Roosevelt-Litvinoff a également fait savoir aux diplomates du monde entier que Roosevelt avait désormais officialisé le soutien étendu apporté au gouvernement soviétique par des "intérêts privés" tels que la Banque fédérale de réserve de New York et la J. P. Morgan Co. depuis 1917. Tout cela ne provenait pas de banques privées. Le pacte incluait un don de 20 millions de dollars du Fonds spécial de guerre de Woodrow Wilson, qui avait été voté par le Congrès ; l'argent était envoyé en Russie par l'intermédiaire du juif Elihu Root. La Croix-Rouge, Kuhn, Loeb. Co. et de nombreuses autres sociétés de Wall Street avaient participé activement au financement du gouvernement soviétique ; désormais, ce fardeau serait supporté directement par les contribuables américains, par le biais des subventions accordées aux communistes par le gouvernement américain.

Le soutien financier dévoué des communistes par les plus grands banquiers du monde n'est pas passé inaperçu. François Coty, le fondateur de la maison de parfum, a écrit, dans *Déchirer le voile*, article publié par la Revue Internationale des Sociétés Secrètes, 1930, à Paris :

> "Les termes de capitalisme, socialisme, communisme sont autant de thèmes répartis entre des démagogues bien payés pour créer la confusion dans l'esprit des masses destinées à devenir esclaves. L'esclavage universel est l'objectif immédiat du groupe Bleichroder qu'il s'efforce d'atteindre par le biais d'une nouvelle guerre."

Les Bleichroders étaient les représentants allemands de la Maison de Rothschild.

Wyndham Lewis, qui, pendant la Première Guerre mondiale, avait coédité *Blast and Vortex* avec Ezra Pound, a écrit dans son livre *Count Your Dead; They Are Alive!*

> "Un Rothschild ou un Morgan gagne son argent d'une manière très différente d'un Nuffield ou un Ford. Le premier traite l'argent comme une marchandise. Son activité est essentiellement liée à celle d'un prêteur sur gages. Il ne gagne rien... Il ne travaille ni ne produit quoi que ce soit. Mais pour autant, il n'est en règle générale pas dans le besoin ! Ces derniers, en revanche, de type Nuffield-Ford, sont créatifs en ce sens qu'ils font au moins quelque chose... Sans capital d'emprunt, il n'y aurait pas de communisme. Le bolchevik pur - disons un Pollitt ou un Strachey - bien qu'ils soient de parfaits idéologues, ne comprend pas le capitalisme ... Même Henry Ford n'est qu'un richissime koulak[42] [Ezra Pound l'a appelé "l'incarnation du mercenaire américain"], et de toutes les choses que le marxiste déteste sur terre, c'est le koulak qu'il déteste le plus. Avec le prêt à intérêt d'un autre côté, il a en revanche beaucoup d'affinités. En effet, si le Capital d'Emprunt était autorisé à poursuivre son chemin sans interférence, il en résulterait automatiquement le Communisme ... J'avais l'impression que les Soviétiques étaient bien trop durs avec les capitalistes. J'ai fait remarquer que ces Seigneurs du Capital qui ne semblent pas détester le communisme autant qu'on pourrait le penser ne nous ressemblent pas. Nous n'obtenons rien de ces gens, mais ils obtiennent beaucoup de nous. Plus ils s'enrichissent - et ils sont peu nombreux - plus nous nous appauvrissons."

Les observations de Wyndham Lewis ont peut-être été inspirées par les activités du club du livre de gauche, dirigé par Victor Gollancz dans les années 1930, et qui regroupait Harry Pollitt, chef du parti communiste de Grande-Bretagne, John Strachey du *Daily Worker* et Claud Cockburn, alias Frank Pitcairn, rédacteur en chef de *The Week*, qui était correspondant spécial du *Daily Worker* sur les champs de bataille de la guerre

---

[42] Terme désignant le paysan ukrainien traditionnel, NDT.

civile espagnole. Gollancz était à la tête de nombreux groupes de façade, tels que les Amis de l'Union soviétique, la Ligue des jeunes communistes et le Comité pour les victimes du fascisme. Aucun intellectuel n'a jamais créé un Comité pour les victimes du communisme.

Après la révolution bolchevique, il y a eu des soulèvements communistes avortés en Allemagne et en Hongrie. La révolution allemande a été rapidement éradiquée, mais Bela Kun, en Hongrie, a en fait instauré un règne communiste de terreur de courte durée. Ses meurtres de masse et ses orgies lunatiques (il avait été auparavant diagnostiqué comme malade mental) ont dévasté la nation et l'ont laissée en faillite. Lorsqu'un gouvernement légal a été rétabli, le gouvernement hongrois a publié les archives des loges maçonniques, prouvant que la "révolution communiste" était entièrement due à l'action des francs-maçons. Le gouvernement hongrois a ensuite fermé toutes les loges maçonniques du pays. Plus tard, le gouvernement hongrois a demandé un prêt aux États-Unis pour reconstruire leur économie en ruine. Ses fonctionnaires ont été rapidement informés que le "gouvernement des États-Unis" n'avait formulé qu'une seule condition avant d'accorder le prêt : que toutes les loges maçonniques soient restaurées et rouvertes. Cela prouve que même dans les années 1920, les Cananéens maçonniques avaient déjà pris le contrôle total du gouvernement des États-Unis.

Un autre grand massacre du peuple de Sem au cours du XXe siècle s'est produit pendant la Révolution espagnole (1936-1939). Les massacres ont été importants parce qu'il s'agissait d'une guerre des Cananéens contre les chrétiens, et parce qu'ils ont eu lieu dans la péninsule ibérique (de Héber, le peuple de Sem).

Le massacre des chrétiens en Espagne a commencé avec le transfert de l'ancien délégué à la paix de la Russie soviétique à Genève, le juif Rosenberg, également connu sous le nom de Moses Israelssohn, avec son équipe de cent quarante tueurs formés au bureau de l'ambassadeur en Espagne en août 1936. Ce groupe de spécialistes hautement qualifiés en matière de torture et de meurtre a inauguré l'une des campagnes les plus brutales de l'histoire de l'Europe. Leurs atrocités ont été largement ignorées de par le monde, car l'ensemble des journalistes couvrant la guerre civile était totalement dévoué au succès du communisme ; ils ne rapportaient que les nouvelles défavorables aux "fascistes", comme les Cananéens désignaient avec mépris leurs opposants depuis que les Romains avaient détruit leur capitale mondiale à Carthage.

Les équipes d'assassins de Rosenberg étaient appelées par euphémisme "Escadrons de purification du Mouvement Révolutionnaire Mondial". Leur travail de purification consistait principalement à massacrer des prêtres, des religieuses, des enfants de chœur et des femmes, ces groupes étant les moins susceptibles d'offrir une résistance armée. Arthur Bryant, dans son livre bien documenté *Communist Atrocities in Spain*[43], raconte qu'une équipe d'assassins s'est rendue au couvent dominicain de Barcelone et a respectueusement informé la mère supérieure qu'en raison de risque de violence, les religieuses devaient accompagner l'équipe dans un lieu sûr. Elles furent ensuite emmenées dans la banlieue et toutes assassinées. Le dirigeant communiste a justifié son action en disant : "Nous avions besoin du bâtiment. Nous ne voulions pas le démolir avant de l'occuper." E. M. Godden, dans son livre *Conflict in Spain*, relate, p. 72 :

> "Pendant la dernière semaine de juillet 1936, les corps des nonnes ont été exhumés de leurs tombes et transportés hors des murs de leurs couvents. Des pancartes obscènes et offensantes étaient attachées à leurs corps."

À Madrid, on estime qu'un dixième de la population espagnole a été assassiné par les escouades de "purification" communistes en 1939. De Fonteriz, dans *Red Terror in Madrid*, décrit comment les équipes d'assassins de la Tcheka, organisées par les juifs Dimitrov et Rosenberg, ont mis en œuvre un

---

[43] *Les atrocités communistes en Espagne*, NDT.

programme de torture et de meurtre si obscène qu'il ne peut être reproduit ici.

Au début de la Seconde Guerre mondiale, les équipes d'assassins soviétiques ont capturé 15 000 officiers polonais, les éléments les mieux éduqués et responsables de la population ; on ne les a jamais revus. Ils ont été emmenés dans trois camps du KGB, Starbiesk, Kozielsk et Ostashkov, où ils ont été systématiquement assassinés et jetés dans des tombes non marquées. Lorsque l'armée allemande s'est emparée de cette zone, connue sous le nom de forêt de Katyn, ils ont été conduits à ces tombes. Lors du procès de Nuremberg, les Soviétiques ont affirmé que les Allemands avaient commis ces massacres ; cependant, une commission du Congrès a rapporté le 2 juillet 1952 que le NKVD soviétique en était en fait responsable, car ils avaient été planifiés personnellement par Staline dès l'automne 1939.

La domination du peuple de Sem par les Cananéens maçonniques se traduit toujours par une aura de désespoir total ; où toute justice, tout sens de l'honneur et toute espérance en l'avenir disparaissent. L'éminent journaliste Don Cook déclare dans son livre *Flood Tide in Europe* que tous les journalistes qui se rendent dans les pays communistes sont frappés par "l'odeur du communisme".

> "Pour moi, le pire, c'est l'odeur particulière et caractéristique de la Russie et du monde communiste qui a envahi Leipzig. Tous ceux qui ont déjà mis les pieds en Union soviétique connaissent cette odeur - une odeur de renfermé, lourde et sale."

Il l'appelle "l'odeur des toilettes et des corps sales". Les Soviétiques n'ont jamais pris la peine de produire des produits de première nécessité tels que des annuaires téléphoniques, du savon et du papier toilette dans leur "économie socialiste".

Parce qu'elle est un gaspillage presque total des énergies et des talents de son peuple captif, l'Union soviétique ne peut exister que par des injections massives de capitaux provenant des démocraties occidentales. Peu d'Américains se rendent compte de la quantité d'argent extorquée de leurs salaires par l'Internal

Revenue Service qui est transférée directement aux banques de la Réserve fédérale, et de là en Suisse, où elle est transférée à cinq banques soviétiques. Un transfuge de l'Union soviétique a rapporté dans le *New York Journal American* du 2 mars 1964 que sur un versement de 1 200 000 dollars envoyés par le gouvernement américain au bureau de la CIA à Vienne, les fonds étaient répartis comme suit : un tiers au bénéfice de la police secrète soviétique, un tiers au Parti communiste italien et un tiers renvoyé aux États-Unis pour financer le Parti communiste des États-Unis. Depuis la Seconde Guerre mondiale, lorsque l'OSS distribuait de l'or aux communistes en Italie, le processus s'est normalisé. James Angleton, chef de l'action secrète à la CIA et ancien chef de la CIA en Italie, a créé des organisations dans lesquelles les fonds étaient acheminés vers des groupes maçonniques en Italie, au premier rang desquels la loge P2, qui comprenait la plupart des principales personnalités du gouvernement et des hommes d'affaires italiens ; la P2 a été pénétrée par Andropov après qu'il ait pris le contrôle du KGB. Lord Sackville d'Angleterre avait introduit la franc-maçonnerie en Italie en 1733 ; elle est devenue le véhicule par lequel les services secrets britanniques ont "unifié" l'Italie par l'intermédiaire de Garibaldi et de Mazzini pour produire "la nouvelle Italie". Le sous-secrétaire d'État italien, alarmé par le contrôle que les francs-maçons exerçaient sur le gouvernement italien en 1913, a demandé une loi interdisant aux francs-maçons d'occuper toute fonction sensible, "compromise par un lien caché et donc incontrôlable, à cause de la suspicion ou du manque de confiance du public". Cette mesure n'a jamais été adoptée et le malheureux sous-secrétaire a disparu de son poste. Cependant, une décennie plus tard, Mussolini a mis hors la loi les loges maçonniques en Italie, ce qui a poussé les Cananéens à crier des imprécations mondiales contre "le dictateur brutal" et le "fascisme".

Aujourd'hui, le milliardaire rouge, le juif français Jean-Baptiste Doumeng, poursuit le travail vital consistant à nourrir l'Union soviétique sans ressource avec les meilleurs produits des démocraties libres européennes. Il est associé avec Guy de Rothschild dans la distribution de légumes, la société Sragri. Doumeng dirige également les sociétés Inter-Agra et SOCOPA, qui ont récemment fourni un million de tonnes de blé tendre à l'Union soviétique à un prix bien inférieur à celui du marché. Doumeng expédie régulièrement de la viande et du beurre aux communistes à des prix représentant un quart de ceux qui sont demandés aux consommateurs européens. L'Union soviétique réexpédie fréquemment ces produits de base pour les revendre au double du prix payé, ce qui lui permet de glaner des devises fortes dans les économies européennes. Rien de tout cela ne serait possible sans la puissance internationale de l'Ordre maçonnique des Cananéens.

CHAPITRE 11

LA PROMESSE

Malgré les énormes effusions de sang du peuple de Sem au cours du XXe siècle, en 1983, Robert Lacey, dans son livre *The Aristocrats*, a noté que les nations qu'il appelait "blanches", mais qui sont principalement des nations sémites continuaient à être les premières du monde en termes de revenu par habitant. Il énumère :

(1) les Émirats arabes ;

(2) le Koweït ;

(3) le Lichtenstein ;

(4) la Suisse ;

(5) Monaco ;

(6) le Luxembourg ;

(7) le Danemark ;

(8) l'Allemagne ;

(9) la Suède ;

(10) Jersey ;

(11) la Belgique ;

(12) le Quatar ;

(13) les États-Unis.

On constate qu'aucun pays asiatique ou africain ne figure sur la liste. Les États-Unis, probablement le pays le plus complètement dominé au monde, gémissant sous le talon des parasites cananéens, occupent le numéro maçonnique de treize sur la liste. Les États-Unis se classent également bien en bas de la liste pour des problématiques de premier ordre telles que la mortalité infantile, la qualité des soins médicaux, l'éducation et d'autres indicateurs importants. La principale cause de la chute précipitée des États-Unis dans les classements mondiaux est le pillage et le viol continus de la nation par les conspirateurs maçonniques cananéens. Par exemple, sur un budget de défense de 248 milliards de dollars dans notre économie en temps de paix, quelque 140 milliards de dollars sont versés directement aux nations européennes de l'OTAN, nos "alliés" dans la lutte contre le communisme mondial. Les États-Unis dispensent quelque 200 milliards de dollars supplémentaires par an en "aide" à d'autres pays tels que l'État d'Israël, dont 50 milliards de dollars environ sont acheminés vers l'Union soviétique et ses satellites par le biais de subventions alimentaires et de manipulations monétaires. La banque centrale soviétique, Gosplan, envoie régulièrement des fonctionnaires en Suisse pour rencontrer les représentants du système de la Réserve Fédérale à la Banque des Règlements Internationaux, où ils planifient de nouveaux raids sur le Trésor américain. Un réseau de banques européennes transfère régulièrement des fonds vers l'Union soviétique, qui leur sont acheminés par plusieurs agences gouvernementales américaines.

Toute la planification de notre gouvernement vise à maintenir ces énormes dotations, ce qui crée à son tour la "nécessité" d'une imposition toujours plus lourde sur les citoyens américains. Notre élément le plus productif, les descendants de Sem versent régulièrement entre 80 et 90% de leur revenu brut aux agences fiscales fédérales, étatiques et locales, souvent par le biais de taxes "cachées" sur tout ce qu'ils achètent et consomment. Il est certain qu'aucun peuple sur terre n'a jamais été soumis à une charge fiscale aussi lourde que le peuple de Sem depuis 1913.

Une grande partie du budget des États-Unis est consacré à des postes tels que le maintien de 340 000 soldats en Allemagne de l'Ouest. Melvyn Kraus de la Hoover Institution, dans son récent livre *How NATO Weakens the West*[44], déclare :

> "Les Allemands considèrent la présence des troupes américaines comme une armée d'occupation permanente qui en fait un partenaire inférieur dans l'Alliance Atlantique. Ike a écrit en 1951 que dans dix ans, toutes les troupes américaines devraient être retournées aux États-Unis. Pourtant, trente-six ans après cet avertissement, le contingent américain est toujours au complet. La question de savoir si ces troupes sont stationnées là-bas pour "protéger l'Occident contre une attaque des Soviétiques", comme on le prétend habituellement (les chefs militaires rapportent que nos troupes ne pourraient retarder une attaque soviétique que de trois heures avant d'être anéanties), ou si elles sont stationnées là-bas pour protéger les lignes d'approvisionnement soviétiques, qui leur apportent un flux constant de viande, de beurre et de blé en provenance des nations européennes, ainsi que l'aide financière transmise par la Suisse "neutre", n'est jamais discutée par la "presse libre"."

Il est à noter que ces politiques trouvent leur origine dans les bâtiments babyloniens du Congrès américain. Il est également intéressant de noter que ces structures de plusieurs millions de dollars sont criblées de haut en bas de hordes de rats et de cafards. Le *Washington Post* a rapporté le 17 mars 1987 que les bureaux du Congrès achetaient des pièges à cafards spéciaux pour 99 dollars chacun, afin que les employés puissent manger leur déjeuner sans avoir à lutter contre des essaims d'énormes cafards bruns volants. Ces manifestations physiques de la dégradation totale de notre structure gouvernementale sont un avertissement clair de ce qui nous attend : le chaos moral total.

Les observateurs politiques ont toujours été conscients du cauchemar permanent des dirigeants soviétiques : une pénurie soudaine de pain à Moscou ou dans d'autres grandes villes soviétiques. Compte tenu de leur système de distribution

---

[44] *Comment l'OTAN affaiblit l'Occident*, NDT.

corrompu, il ne s'agit pas d'une vision hypothétique. Le scénario se poursuit avec des émeutes de la faim, la police se joignant aux émeutiers et la chute du gouvernement soviétique en quelques heures. Dans une société où seuls quelques privilégiés jouissent des nécessités de la vie, moins que les Français n'en avaient lorsqu'ils ont participé à la Révolution française, ce gouvernement ne pourra jamais compter sur le soutien de son peuple.[45]

Pour atténuer ce cauchemar des fonctionnaires soviétiques, chaque fonctionnaire du gouvernement américain tente de prévenir cette calamité. Peu d'Américains réalisent que l'objectif principal de notre programme politique n'est pas de "défendre" ce pays contre le communisme, mais de défendre le gouvernement soviétique contre son propre peuple. De même, l'objectif principal de chaque programme du gouvernement américain n'est pas d'améliorer l'économie ou de garantir la liberté du peuple américain, mais de défendre l'essaim de parasites maçonniques cananéens contre la colère croissante du peuple américain. Une tyrannie sans cesse croissante est infligée au peuple de Sem ; les impôts augmentent ; les règlements se multiplient ; les fonctionnaires fédéraux, étatiques et locaux sont de plus en plus exigeants envers les citoyens ; et tous ces efforts énormes n'ont qu'un seul but : la prévention des émeutes de la faim à Moscou. Seule la puissance internationale des Cananéens maçonniques peut asservir le peuple d'une nation au point d'en faire les complices involontaires de l'asservissement continu d'une autre nation.

La fonction des médias est d'obscurcir ce qui se passe ; mais la réalité ne peut jamais être entièrement dissimulée. C'est pourquoi la "presse libre" mène continuellement le public sur de fausses pistes – le Watergate, l'Irangate, le San Salvador, l'Afrique du Sud. Tout membre du Congrès qui consacre un

---

[45] Ces remarques font preuve d'une étrange prémonition lorsqu'on sait que l'ouvrage fut rédigé en 1987, soit deux ans avant la chute du régime soviétique... NDÉ.

moment à l'un de ces "problèmes" devrait être arrêté et extrait de son bureau pour être accusé de haute trahison. Ce ne sont pas les préoccupations du peuple américain ni de ses représentants légalement élus, qui ont prêté serment de défendre la Constitution des États-Unis. La révélation occasionnelle d'un déjeuner gratuit est saluée comme un cas de corruption, mais les pots-de-vin importants, à partir de 10 000 dollars, ne sont jamais signalés dans la presse. Par exemple, le 9 mai 1934, l'organisation maçonnique du B'Nai B'Rith, qui tenait sa réunion nationale à Washington, a remis un chèque d'un million de dollars au président Roosevelt comme cadeau personnel. En 1987, l'histoire de l'année est celle de la controverse sur les ventes d'armes en Iran. Là encore, le B'Nai B'Rith joue un rôle central. Le 3 décembre 1986, le *Washington Post* note que le Premier ministre israélien Yitzhak Shamir a autorisé la vente d'armes de 42 millions de dollars avec Seymour Reich, président du B'Nai B'Rith International, le "scandale" qui menace la présidence Reagan.

Reagan a moins de pouvoir pour se défendre en révélant l'opération du B'Nai B'Rith. Toutes les personnes impliquées sont en violation de l'article 18 USC 794 :

> "Le fait de rassembler ou de fournir des informations de défense pour aider un gouvernement étranger... est passible de la peine de mort ou d'une peine d'emprisonnement de quelques années ou à vie."

La présidence Reagan elle-même représente le point culminant du contrôle de notre gouvernement par la noblesse noire cananéenne. Les Jésuites s'étaient vantés qu'un signe secret allait être donné au monde lorsque le mouvement œcuménique aurait réussi à surmonter son opposition mondiale. Ce signe serait la prestation de serment d'un président américain face à l'obélisque occulte symbolique. Le 20 janvier 1981, pour la première fois dans l'histoire, les cérémonies de prestation de serment ont été déplacées sur la façade ouest du Capitole. Reagan a prêté serment devant le Washington Monument, le symbole mystique des Cananéens et des Babyloniens.

Lassée par l'inflation et les politiques extrémistes de l'administration Carter, une population américaine lasse a salué l'élection de Reagan comme un véritable retournement de situation pour son gouvernement. Le personnel de Reagan a été sélectionné parmi des organisations de "droite" telles que la Hoover Institution, l'Heritage Foundation et l'American Enterprise Institute. Les directeurs de ces groupes se sont avérés être les mêmes financiers qui contrôlent les fondations de "gauche", Rockefeller, Ford et Brookings.

L'Heritage Foundation était dirigée par Sir Peter Vickers Hall, le principal socialiste anglais, qui a confié à l'anglais Stuart Butler la responsabilité de son appareil de décision. Hall, de la famille des munitions, est également un membre éminent au sein du Club de Rome.

Lorsque Reagan donna un dîner à la Maison-Blanche pour le prince Charles, la liste des invités comprenait Gloria Vanderbilt, Brooke Astor (qui contrôle la fortune de John Jacob Astor), Betsy Bloomingdale, Jerome Zipkin, William Buckley (des Skull and Bones et de la *National Review*), et Rupert Hambro, président des banquiers londoniens Hambros ; son cousin Charles avait été chef de la SOE pendant la Seconde Guerre mondiale.

Ces "leaders" choisis manipulent tous les aspects de la société américaine, dont le moindre n'est pas leur contrôle de la musique et des beaux-arts. Lincoln Kirstein a été cité dans le *New Yorker* du 15 décembre 1986 à propos de la manipulation de la scène artistique américaine :

> "John D. Rockefeller pensait que le Lincoln Center était un bien immobilier qu'il contrôlait. Il ne s'intéressait pas vraiment aux arts du spectacle ni à aucun autre type d'art en général. En revanche, il s'intéressait énormément au contrôle qu'il pouvait exercer sur toute forme d'expression artistique."

Les Rockefeller ont créé à eux seuls le Museum of Modern Art, qui a imposé l'art "moderne" au public américain, leur faisant ainsi gagner des millions. Des reproductions de boîtes de soupe et de bière ont été vendues pour plusieurs milliers de dollars, tandis que les musées plus traditionnels, également contrôlés par des personnes nommées par les Rockefeller, récupéraient les symboles les plus précieux de notre culture. Ils ont également promu les peintres impressionnistes dans la classe des multimillionnaires, les prix les plus élevés étant payés pour Picasso et Manet. La plupart des critiques s'accordent à dire que Picasso n'a produit aucune œuvre importante après 1915, mais qu'il a néanmoins peint des milliers de tableaux au cours des soixante années suivantes. Kirstein déclara au sujet de Manet, op. cit. :

> "Manet est maladroit, inachevé, une transposition pathétique de trois peintres, Goya, Vélasquez et Titien. [Quelques jours plus tard, un Manet s'est vendu à New York pour onze millions de dollars ! Éd.] L'une des pires influences de l'histoire culturelle est le Musée d'art moderne. C'est une combinaison corrompue de mauvais goût, de marketing et de journalisme ... il montre l'effet général de la personnalisation et de l'idiosyncrasie."

L'autorité en matière de symbolisme dans l'art moderne est Margaret Stucki. Elle souligne que Josef Albers, qui est venu aux États-Unis en tant que réfugié sans le sou, a obtenu un succès remarquable grâce à la promotion nationale de son tableau, une série intitulée "Hommage à la place", la place étant le côté plat du cube qui, comme l'a souligné le général Albert Pike, était le symbole fondamental de la franc-maçonnerie. Albers a été nommé président d'une école d'art à Black Mountain, en Caroline du Nord ; cet établissement porte le nom du Mont Blocken en Europe, où se tenait le sabbat des sorcières ; c'est une montagne au sommet plat qui est représentée dans le Grand Sceau comme une pyramide dont le sommet est coupé. L'écrivain actuel a étudié l'art à l'Institut des arts contemporains ; un de ses camarades, Noland, dont les œuvres atteignent aujourd'hui des sommes énormes, a commencé à peindre des symboles maçonniques, le chevron, la cible et d'autres symboles "abstraits". L'art dit non représentationnel n'est pas du tout non représentationnel ; c'est la reproduction secrète de symboles occultes. Salvador Dali a passé des années à étudier le symbolisme occulte à l'Institut Papus de Paris, déjà mentionné. Il portait toujours une canne fourchue qu'il avait reproduite à partir d'anciens dessins d'un bâton de sorcier ; il a été promu aux États-Unis par Caresse Crosby, de la *Black Sun Press* (le soleil noir est un symbole occulte représentant la face cachée du soleil).

L'art "abstrait" a été promu et diffusé par les Rockefeller parce qu'il est la représentation moderne des cultes du monde ancien, principalement le culte du démon Baal. Ces symboles mystiques ne sont compris que par quelques *cognoscenti*, les gnostiques, ou connaisseurs, qui perpétuent les organisations secrètes et s'adonnent à leurs pouvoirs mystiques. Ces mêmes symboles se retrouvent à l'arrière-plan de nombreuses peintures de la Renaissance, lorsque le culte de Baal a été aseptisé sous le nom de "Néoplatonisme". Aby Warburg, de l'Institut Warburg, a passé sa vie à étudier ces symboles occultes de la Renaissance, à l'exception d'une période de dépression nerveuse fortuite de quatre ans qui l'a empêché de faire son service militaire pendant la Première Guerre mondiale. Warburg a retracé l'évolution par laquelle la représentation classique des divinités dans l'art a été transformée en symboles occultes par les artistes de la Renaissance, dans lesquels ils apparaissent maintenant sous une forme démoniaque. Warburg a pu retracer ce symbolisme à travers les emblèmes reproduits sur l'héraldique et les costumes utilisés dans ces tableaux. Ce symbolisme occulte est aujourd'hui le pilier de l'école moderne de peinture "abstraite".

L'art abstrait représente également les forces cananéennes à l'œuvre pour avilir délibérément le haut niveau de vie atteint par le peuple de Sem dans le monde classique. Les symboles occultes qui ont été infiltrés dans l'art de la Renaissance ont constitué une étape importante de ce programme, mais leur véritable succès n'est venu qu'au XXe siècle, lorsque des chiffons trempés dans la peinture et jetés sur la toile, ou des morceaux de tas de ferraille sont devenus la nouvelle version du "grand art". Ce n'était là qu'un aspect de la campagne permanente contre le peuple de Sem, qui était consacrée par les principes du "libéralisme". Harold Laski a défini le libéralisme comme la contrepartie politique du capitalisme. Le libéralisme est également le programme politique de la franc-maçonnerie, qui a toujours été anticapitaliste. Il est particulièrement opposé au développement de la technologie moderne, qui a porté le coup fatal au commerce lucratif des esclaves de Canaan, car les machines ont remplacé l'utilisation de la main-d'œuvre esclave.

Les États-Unis sont maintenant à l'avant-garde de la conspiration maçonnique cananéenne visant à démanteler l'industrie moderne développée par le peuple de Sem. En conséquence, nous avons maintenant la "Rust Belt", des kilomètres de bâtiments d'usines désertés de la côte Est à la côte Ouest ; des milliers de fermiers indépendants chassés de leurs fermes par des emprunts ruineux parce qu'ils étaient des producteurs indépendants, tout comme les koulaks qui représentaient une menace pour le contrôle du capital par les maçons cananéens.

Le pivot du programme Canaanite visant à détruire l'industrie américaine a été l'assaut contre nos productions automobiles, qui fournissaient un emploi sur sept aux États-Unis. Cela a été accompli en enrôlant nos ennemis "fascistes" vaincus, l'Allemagne et l'Italie, dans un complot visant à inonder les États-Unis de voitures étrangères. Toute personne suggérant une telle possibilité en 1948 aurait été considérée comme folle. L'ensemble du programme a été mis en œuvre par un seul homme, le général William Draper, de Dillon Read. Son entreprise s'était auparavant occupée du financement du programme de réarmement de l'Allemagne afin de rendre possible la Seconde Guerre mondiale ; il fut nommé tsar du programme économique de l'Allemagne de l'après-guerre, dont il s'occupa. Volkswagen et d'autres producteurs lancèrent un sérieux défi à la production américaine. Après avoir mis en place ce programme, en 1947, il fut transféré à Tokyo en tant que sous-secrétaire de l'armée, où il a créé lui seul le "miracle japonais". Alors que le général MacArthur se présentait comme le "nouvel empereur" du Japon, c'est Draper qui dirigeait le pays dans les coulisses. Il chargea Joseph Dodge de contrôler le développement de l'industrie automobile japonaise ; Dodge devint plus tard le président de la plus grande banque de Detroit. Le plan DRAPER a entraîné une attaque massive sur deux fronts contre la production automobile américaine. Le résultat a été la faillite de milliers de petits producteurs à travers les États-Unis, notamment ceux qui géraient l'approvisionnement en pièces pour les centres de production de Detroit. À ce jour, le nom de Draper est inconnu à Detroit, bien qu'il ait mis la ville à genoux. C'était une opération typique des Cananéens maçonniques.

Toutes les agences du gouvernement fédéral ont maintenant été impliquées dans la campagne de destruction de l'industrie et de la production américaines. L'arme principale est l'Internal Revenue Service, qui recherche et détruit toute personne engagée dans l'utilisation productive du capital. L'IRS intervient et confisque tous les actifs, de sorte que l'entreprise ne peut plus jamais entrer en production. Il s'agit d'une politique délibérée ; les groupes qui coopèrent à la campagne de destruction des États-Unis se voient automatiquement accorder une "exemption fiscale" par l'IRS, que ce soit en réduisant notre capacité de production, en encourageant l'homosexualité pour réduire la reproduction des membres du peuple de Sem, ou pour défendre les États-Unis contre leurs ennemis internes ou externes qui ont leur siège à Washington. La fureur particulière de l'IRS se déchaîne contre tout Américain considéré comme "patriote" ou même "conservateur". Les églises et les écoles qui enseignent le christianisme sont cadenassées par des agents fédéraux et leurs propriétaires jetés en prison. Les églises qui prêchent la doctrine des Cananéens maçonniques sont à l'abri de telles attaques. Ces églises et écoles "patriotiques" représentent une grave menace pour la "solution finale" que les Cananéens ont prévue pour le peuple de Sem. Le "Plan Naamah", du nom de l'être démoniaque qui a introduit le sacrifice humain et le cannibalisme dans le monde, est un plan organisé pour l'extermination systématique de tout le peuple de Sem aux États-Unis.

Le Plan Naamah est simplement la version américaine des massacres perpétrés pendant les révolutions française, russe et espagnole. Le plan est simple ; les journaux, la radio et la télévision annonceront une attaque imminente (la récente série télévisée Amerika a été une étape importante dans le conditionnement du peuple américain à la non-résistance face à un tel événement ; les "Russes" ont pris le contrôle du pays sans avoir à lutter). Tout le monde aura pour instruction de se rassembler dans les écoles et les auditoriums de toutes les villes des États-Unis. Seuls les membres du peuple de Sem, à la peau claire, obéiront effectivement à cet ordre ; les autres, d'origine cananéenne, se verront dire de rentrer chez eux. Une fois qu'ils auront été rassemblés dans ces bâtiments, les membres du peuple de Sem seront tués, mais seulement selon des procédures réglementées, c'est-à-dire avec des hachettes, des gourdins et des couteaux.

L'utilisation des armes à feu sera interdite, probablement parce qu'il n'y avait pas d'armes à l'époque de Naamah. Leur utilisation serait contraire aux principes "religieux". De plus, l'utilisation d'armes plus primitives assure une plus grande profusion de sang, ce qui est toujours un objectif fondamental de l'abattage rituel. Si un Cananéen est présent par inadvertance, il sera protégé par le mot de passe secret de "Tubal Caïn", le frère de Naamah, et le mot de passe des francs-maçons.

Le plan Naamah restera en vigueur jusqu'à ce que le peuple de Sem soit entièrement éliminé dans l'ensemble des États-Unis. Les équipes de tueurs spécialement formés seront fournies par les hordes d'"immigrants" qui ont été importées aux États-Unis au cours des dernières années spécialement pour ce programme. Les membres du peuple de Sem seront sélectionnés pour l'extermination principalement en fonction de leurs caractéristiques physiques, de leur peau claire, de leurs yeux bleus, bien que ce ne soit pas la seule qualification ; des listes des descendants de Sem auront été établies dans chaque région ; ces listes seront le moyen final de "sélection". Ce sera le dernier coup porté aux "sangs bleus", un terme qui a vu le jour après l'invasion et la conquête de l'Espagne par les Maures (la péninsule ibérique, patrie de Héber, le peuple de Sem). Les Espagnols ont inventé le terme "sangre azul", ou sang bleu, pour désigner ces vieilles familles qui refusaient d'être contaminées par des mélanges mauresques ou cananéens. Les personnes à la peau très claire ont en effet des veines bleues, tandis que celles d'apparence plus foncée n'ont pas de sang bleu.

En attendant que le Plan Naamah puisse enfin être mis en œuvre, d'autres fléaux vont être infligés au peuple américain par les Cananéens maçonniques, comme l'actuel fléau du sida. Le 30 janvier 1987, la presse a rapporté les gros titres du directeur national de la santé publique, Otis Bowen, selon lesquels le sida pourrait tuer des millions de personnes. À la page suivante, on trouve une interview de l'évêque John Spong, évêque épiscopalien de Newark, exhortant les ministres à bénir et à reconnaître les relations homosexuelles comme des "partenaires engagés" ; il a annoncé qu'il soulèverait la question au Congrès des évêques à Chicago. Quelques jours plus tard, un ministre unitarien, le révérend Carl Thitchener, a distribué dimanche des préservatifs à sa congrégation ; il a été révélé plus tard qu'il avait été condamné pour agression et qu'il était également accusé d'avoir défilé nu devant un groupe de scouts. Ces ministres représentent un groupe très répandu qui promeut activement la promiscuité et l'homosexualité, ce qui est activement encouragé par les tribunaux. Le juge en chef Sol Wachtler de la Cour d'appel de l'État de New York (un camarade de classe de l'écrivain actuel à l'université Washington Lee dans les années 1950) a récemment décidé qu'une librairie pour adultes ne pouvait pas être fermée parce que des actes sexuels étaient régulièrement commis sur les lieux par ses clients.

> "La liberté d'expression dans les livres, les films et les arts, en général, est l'un des domaines dans lesquels il existe une grande diversité entre les États... New York a une longue tradition de promotion de la liberté d'expression."

Le héros des Cananéens est Freud, qui a activement encouragé l'utilisation de la cocaïne pour ses patients ; c'est maintenant la drogue de choix dans toute l'industrie du spectacle, et elle est généralement distribuée lors de leurs fêtes. Dans son livre *Malaise dans la civilisation*, Freud décrit l'interdiction de l'inceste comme "peut-être la blessure la plus mutilante jamais infligée à travers les âges à la vie érotique de l'homme". L'inceste, bien sûr, est le plus vieux tabou des peuples civilisés.

Aussi avilissants que ces enseignements puissent être, ils sont à la base du programme des Cananéens. Plus dangereuse encore est l'infiltration des églises chrétiennes par des groupes tels que les fondamentalistes, les dispensationnistes et les prémillénaristes. Nous avons souligné que peu de fondamentalistes se rendent compte qu'ils descendent directement des Abolitionistes de la Nouvelle-Angleterre et de leurs liens avec les Transcendantalistes et les Unitariens, qui s'appuient essentiellement sur la Kabbale et d'autres influences occultes pour leur ministère. Cela sera un choc pour ceux qui ont accepté les enseignements de ces groupes, mais le bilan historique est clair. Il descend en ligne droite du culte du démon

Baal jusqu'à nos jours. Les Prémillénaristes enseignent que le Christ reviendra soudainement, comme l'a enseigné Origène. Une autre branche, les Postpremillenaires, enseigne que le Christ reviendra et régnera pendant mille ans. Au cours de cette période, les Juifs seront convertis.

Les Dispensationnistes croient que le temps approche où l'homme sera testé pour son obéissance à une révélation spécifique de la volonté de Dieu. Il existe sept dispenses :

(1) l'innocence de l'Eden ;

(2) la conscience, l'expulsion pour éviter le mal ;

(3) la culpabilité humaine, y compris la peine capitale par le gouvernement ;

(4) la promesse, et la bénédiction à la descendance d'Abraham ;

(5) la loi, le système disciplinaire ;

(6) la croyance de l'Église dans l'Évangile de Jésus-Christ ; et

(7) le Royaume de Jésus, le Millénaire, avec la promesse de Dieu à Israël accomplie ; la rébellion finale de Satan quand il est jeté au feu ; le Christ livre le Royaume à son Père.

Les promesses de ces groupes, qui influencent chaque jour des millions de téléspectateurs par le biais de la radio et de la télévision, les "ministères de la télévision" de plusieurs millions de dollars, sont basées sur des interprétations erronées. Les dispensationnistes prétendent que leur doctrine est basée sur la parabole du figuier du Christ, qui ne se réfère en fait qu'à la nature et aux saisons physiques. Elle ne s'applique ni à Israël ni à aucune autre nation. Au printemps, lorsque le fruit du figuier de Palestine fait son apparition devant les feuilles, c'est un certain signe de l'approche de l'été. Jésus a utilisé cette parabole en relation avec sa Grande Prophétie, qu'il a livrée pendant la Semaine de la Passion, dans laquelle il a prédit la destruction de Jérusalem et du Temple, la fin des temps et le Jugement Général. Les propagateurs de ces doctrines demandent maintenant à la télévision que nous considérions "les feuilles du figuier" comme un signe du ciel pour soutenir les envahisseurs cananéens de l'État d'Israël.

Les propagandistes cananéens gèrent une industrie d'un milliard de dollars aux États-Unis qui se fait passer pour une "religion". S'il s'agissait d'une véritable religion, elle n'obtiendrait pas automatiquement une exonération fiscale de l'IRS, comme c'est le cas pour chacun de ces groupes. Le gouvernement leur accorde une exonération fiscale parce qu'ils diffusent un message que le gouvernement veut que le peuple américain reçoive. Quel est ce message ? C'est la fausse doctrine selon laquelle ce ne sont pas les gens de Sem à qui Dieu a fait sa promesse, mais à la progéniture de Canaan, ceux qui vivent sous la malédiction de Canaan. Un exemple typique des propagandistes cananéens est Jim Bakker, chef de la PTL (Louange au Seigneur). En 1980, Bakker a publié un livre, *Survival to Live*, dans lequel il se réjouit de l'exécution de Haman et du massacre des femmes et des enfants du peuple de Sem par les Cananéens fous de sang. Bakker dénonce Haman comme celui qui a menacé les Cananéens, comme le raconte le livre d'Esther ; Bakker qualifie les Cananéens de "bénis de Dieu" ! Les propagandistes de la télévision affirment que ces "bénis", les Cananéens, sont le véritable peuple d'Israël et que Dieu leur a promis la Terre d'Israël. Non seulement ce mensonge est flagrant, mais il est également très rentable. Bakker a rejoint le Christian Broadcast Network en 1965 ; ayant appris la ligne de propagande, il s'est mis à son compte. Il dispose maintenant d'une industrie de 129 millions de dollars par an et exploite un parc à thème appelé Heritage U.S.A. qui a accueilli six millions de visiteurs en 1986 ; il y a deux hôtels de 500 chambres et 2000 employés.

Bakker et sa femme se sont soudainement enfuis vers leur manoir de Palm Springs, en Californie, lorsqu'il fut révélé qu'il avait payé 115 000 dollars à un ancien amant, alors que sa femme Tammy admettait avoir une "dépendance" de dix-sept ans à divers médicaments et drogues, pour laquelle elle était maintenant en traitement. Ils ont un demi-million d'abonnés qui paient au moins 15 dollars par mois à PTL, ainsi qu'une foule d'autres entreprises. Bakker a ensuite démissionné, appelant

Jerry Falwell à prendre le contrôle de PTL, et faisant allusion à un "évangéliste rival" qui essayait d'organiser une "prise de contrôle hostile". Oui, c'est une grande entreprise, soumise à toutes les intrigues occasionnées par une opération rentable de plusieurs millions de dollars. Tammy avait fait sourciller lorsqu'elle avait lancé un pathétique appel national à la prière pour ramener son caniche mort à la vie ! Elle et son mari s'étaient lancés dans un tourbillon de dépenses pour des choses telles que des robinets de salle de bain en or, d'énormes bagues et autres stigmates du vrai martyre.

Bakker et ses collaborateurs ne se posent jamais aucune question sur la manière dont toute cette manne leur parvient. Ils prêchent contre "l'humanisme séculier" et le communisme sans savoir que leur mouvement évangélique remonte directement aux forces mêmes qu'ils dénoncent. De 1830 à 1870, le socialisme utilitaire de Jeremy Bentham a dominé la législation anglaise, tandis qu'un programme simultané, l'évangélisme, était promu par les mêmes forces pour prendre le contrôle du christianisme. Le Dr Dale est cité par A. V. Dicey dans *Law and Opinion in England*, Macmillan, 1924 :

> "Les évangéliques doivent encourager ce que l'on appelle une église non confessionnelle - elle considère avec indifférence toutes les formes de politique de l'Église - elle exige un enseignement religieux commun et des croyances communes ; elle ne se soucie pas de l'Église en tant qu'auguste société de saints."

En bref, l'évangélisme, précurseur de notre actuelle génération de propagandistes cananéens, était avant tout œcuménique ; ensuite, il mettait de côté l'héritage spirituel de l'Église en faveur d'un dévouement solide à la collecte de fonds et à la propagande politique pour des objectifs rarement révélés ouvertement. L'Alliance Évangélique a été formée à Londres en 1846. Une branche a rapidement été créée aux États-Unis, d'abord connue sous le nom de Conseil Fédéral de l'Église du Christ, et maintenant sous le nom de Conseil National des Églises du Christ, un groupe de propagande de gauche. Pourtant, elle partage la même origine que celle des évangélistes de la télévision, qui se disent "anticommunistes" !

Quelle est cette origine ?

Le mouvement évangélique était parrainé par le même chef des services secrets britanniques, Lord Shelburne, qui avait dirigé la Révolution française. Shelburne a importé en Angleterre un socialiste français, Étienne-Louis Demont de Paris, qui était le disciple du comte Saint-Simon, le fondateur des "sciences sociales". Le principal disciple anglais de Dumont était Jeremy Bentham, aujourd'hui connu comme le "père de l'utilitarisme". Shelburne était devenu la puissance agissante des coulisses de la politique britannique en prêtant à William Pitt, le Premier ministre, de grosses sommes d'argent. Après la mort de Pitt, le Trésor britannique a été obligé de rembourser ces dettes, qui s'élevaient à quarante mille livres. En raison de ses intrigues internationales, Shelburne était l'homme le plus craint et le plus détesté d'Angleterre. Edmund Burke le surnommait "le Borgia" ; il était connu publiquement sous un surnom méprisant, "Malagrida" ; la presse le caricaturait comme un Guy Fawkes se préparant à faire sauter ses propres camarades ! Henry Fox a traité Shelburne de "menteur perfide et infâme". Le roi George III l'appelait "le jésuite de Berkeley Square". Ce maître de l'espionnage a utilisé son pouvoir pour introniser trois hommes comme les dictateurs intellectuels de la vie anglaise, Jeremy Bentham, John Stuart Mill et David Ricardo. Mill porte le nom de Sir John Stuart, un proche associé de Shelburne, qui a obtenu pour John et son père James Mill des postes très rémunérateurs au sein de la tristement célèbre East India Company. Bentham était le fils d'un riche avocat londonien, et vivait de son important héritage. Ricardo était un marchand de "consols"[46] avec son ami Nathan Meyer Rothschild. Tous trois ont été fortement influencés par les enseignements de Dumont et de Saint-Simon. Ils ont travaillé à créer au XIXe siècle le climat dans lequel le collectivisme allait s'épanouir au XXe siècle. Dicey indique :

---

[46] Les titres de créance ou obligations d'état.

"le principe fondamental du collectivisme est la foi dans l'intervention de l'État dans toutes les affaires, une ingérence qui doit être étendue à tous les domaines".

Il a également souligné que le collectivisme signifiait la fin de la liberté contractuelle. Dans sa IXème conférence, Dicey a expliqué que :

"La dette du collectivisme envers Bentham - le mécanisme a donc été prévu pour l'extension pratique de l'activité de l'État".

Il a souligné que les politiques de Bentham ont eu pour effet de transférer le pouvoir de l'aristocratie terrienne à la nouvelle classe moyenne des commerçants et des banquiers. Bentham a enseigné un système de "calcul hédonique" dans lequel les jugements moraux ne devaient être déterminés que par la douleur et le plaisir physiques ; il a également promu un "hédonisme psychologique" basé sur le principe du plaisir, qui niait la loi naturelle. Bentham a écrit : "Chaque personne est le meilleur juge de son propre bonheur", ce qui indique sans doute l'individualisme, mais son système de contrôle de l'État signifie qu'un bureaucrate décide du "bonheur" de chacun. Mill a écrit dans son ouvrage *On Liberty* : "Chaque homme compte pour un et aucun homme ne compte pour plus d'un." Cette situation heureuse devait être atteinte en accordant tout le pouvoir à un État totalitaire. Ce groupe a également promu le mouvement antiesclavagiste aux États-Unis, qui a culminé avec la guerre de Sécession. Immédiatement après la mort de Bentham, la loi de réforme fut adoptée, en 1832. Selon Dicey, cette loi a installé le collectivisme en Europe. Le corps de Bentham a été embaumé, et est maintenant exposé, vêtu de ses vêtements d'époque, surmonté d'une tête de cire, à l'University College de Londres.

Le lecteur peut douter du fait - pourtant démontré ici - que les mêmes forces des services de renseignements britanniques, de la Banque d'Angleterre et de la Compagnie des Indes orientales, qui ont imposé au monde un utilitarisme totalitaire, également connu sous le nom de communisme, ont également créé nos "évangélistes télévisuels" modernes. Cependant, la continuité historique est clairement tracée, depuis les adorateurs du démon Baal jusqu'à leur émergence dans un habillage plus intellectuel comme les pythagoriciens, les Platonistes, les Néoplatoniciens, les Lumières et les Révolutions française, bolchevique et espagnole. Tout au long de cette continuité, les enseignements de la Kabbale, la négation de la loi naturelle, la négation du développement spirituel de l'humanité et l'objectif d'introniser les Cananéens maçonniques comme maîtres incontestés du monde en sont la démonstration éclatante.

Le véritable message du Christ n'est pas compris par ces groupes de propagande. La Bible nous dit précisément ce que Dieu a voulu et ce que Jésus-Christ allait fournir. Tout d'abord, la résurrection : Dieu a dit :

> "Je les délivrerai de la puissance du tombeau, je les délivrerai de la mort" (Osée 13:14).

Puis il y a la vision d'Isaïe 26:19 :

> "Tes morts vivront, ils ressusciteront avec mon cadavre ! Réveillez-vous et chantez, vous qui habitez dans la poussière, car ta rosée est la rosée de la lumière, et la terre chassera les morts."

Jésus a promis :

> "En vérité, en vérité, je vous le dis : si quelqu'un garde mes paroles, il ne verra jamais la mort" (Jean 8:1).

Deuxièmement, la promesse. Les propagandistes de la télévision dissimulent délibérément l'identité de ceux à qui Dieu a fait sa promesse. Jérémie 31:31 :

> "Voici, les jours viennent, dit l'Éternel, où je conclurai une nouvelle alliance avec la maison d'Israël et la maison de Juda... Je mettrai ma loi au dedans d'eux, et je l'écrirai sur leur cœur."

Cette promesse n'a pas été faite aux Cananéens, que Dieu méprisait, et à qui même Jésus a refusé sa compassion pendant qu'il était sur cette terre. Nous trouvons les véritables héritiers de la promesse positivement identifiés dans Galates 3:14 :

> "afin qu'en Jésus-Christ la bénédiction d'Abraham vienne sur les païens, pour que nous recevions par la foi la promesse de l'Esprit : pour donner un exemple humain, mes frères,

personne n'annule la volonté d'un homme, ou n'y ajoute, une fois qu'elle a été ratifiée. Or, les promesses ont été faites à Abraham et à sa descendance. Il n'est pas dit "aux descendants", en référence à la multitude, mais en référence à un seul, "et à votre descendance", qui est le Christ. ... Car si l'héritage est par la loi, il n'est plus par la promesse ; mais Dieu l'a donné à Abraham par une promesse... Et si vous êtes au Christ, vous êtes donc la descendance d'Abraham, héritiers selon la promesse."

La "Promesse" est donc très claire : "Si vous êtes du Christ". Cela exclut évidemment les Cananéens qui ont envahi et pris illégalement possession d'Israël.

Jusqu'ici, j'ai beaucoup écrit au sujet du mal qui empoisonne l'existence de l'homme. Maintenant, nous pouvons écrire sur le bien, c'est-à-dire la promesse faite par Dieu au peuple de Sem, le peuple qui a porté Sa Parole à travers le monde. Dans chaque nation, le peuple de Sem a été persécuté et massacré par les Cananéens, qui sont évidemment les véritables antisémites. Souvent, les membres du peuple de Sem ont été impuissants devant ces attaques parce qu'ils ne savaient pas comment identifier leurs ennemis, les véritables ennemis de Dieu. Avec l'aide de Satan, les Cananéens ont attaqué et se sont emparés de la Terre d'Israël. La Bible dit : "Si vous êtes du Christ, vous êtes les véritables héritiers d'Israël". Les envahisseurs cananéens qui occupent actuellement Israël ne sont pas "du Christ", ils sont les blasphémateurs et les moqueurs du Christ. La colère de Dieu ne s'exercera donc pas seulement contre les Cananéens, mais aussi contre le peuple de Dieu, le peuple de Sem, qui a permis ce blasphème contre Dieu. Des centaines de jeunes Américains ont récemment été tués au Liban parce qu'ils y avaient été envoyés par les Cananéens de Washington, non pas pour remplir la promesse de Dieu au peuple de Sem, mais pour aider les Cananéens à accomplir leurs atrocités sataniques. Maintenant, Dieu attend que le peuple de Sem accomplisse sa mission ; qu'il lance une nouvelle croisade pour reprendre la Terre Sainte aux Cananéens maçonniques. Les sordides conspirateurs et leurs propagandistes multimillionnaires doivent être défiés. À qui Dieu a-t-il fait cette promesse ? À la postérité d'Abraham, à celle du Christ. Pas un seul des propagandistes millionnaires des

Cananéens ne mentionnera cela dans leurs ministères télévisuels hautement rémunérés. Ils doivent être dénoncés comme des moqueurs du Christ. Ils doivent être mis au défi de dire la vérité.

Nous avons été persécutés parce que nous sommes tombés dans le piège du monde, du dualisme qui nous offre le choix de suivre la volonté de Dieu, ou de rejoindre passivement les Cananéens en acceptant Satan comme chef, ce qui signifie participer à l'effusion de sang et aux rituels obscènes des sacrifices humains. Aujourd'hui, l'Amérique obéit à la volonté de Canaan, se livrant à la luxure, au vol et à la conspiration maçonnique internationale. L'Amérique, que Dieu a voulu conduire sur le chemin de la justice, est maintenant appelée "le Grand Satan blanc" parce que les gens à la peau claire de Sem ont été trompés pour qu'ils accomplissent l'œuvre de Satan sur cette terre. Le choix doit être déterminé et fait, et la décision n'est pas loin ; le peuple de Sem acceptera-t-il la promesse de Dieu à Abraham, ou continuerons-nous à nous laisser tromper par l'Ordre maçonnique satanique des Cananéens ? Il n'y a rien entre les deux - et si nous persistons à faire l'œuvre satanique des Cananéens, l'Amérique ne vaudra plus RIEN.

DÉJÀ PARUS

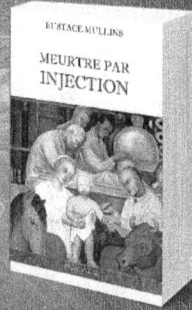

OMNIA VERITAS
L'ASCENSION ET LA CHUTE DE L'EMPIRE SOVIÉTIQUE
Omnia Veritas Ltd présente :
SOUS LE SIGNE DU SCORPION
PAR JÜRI LINA
La vérité sur la Révolution Bolchévique

OMNIA VERITAS
OMNIA VERITAS LTD PRÉSENTE :
JULIUS EVOLA
LE MYTHE DU SANG &
SYNTHÈSE DE DOCTRINE DE LA RACE
ÉLÉMENTS POUR UNE ÉDUCATION RACIALE
La conscience de la valeur de la race se révèle dans un ensemble de normes que l'on peut retrouver dans les anciennes civilisations.
Les forces mystiques qui étaient à l'origine des forces du sang et de la gens

OMNIA VERITAS
OMNIA VERITAS LTD PRÉSENTE :
JULIUS EVOLA
MÉTAPHYSIQUE DE LA GUERRE
& LA DOCTRINE ARYENNE
DU COMBAT ET DE LA VICTOIRE
«La guerre, en posant et faisant réaliser la relativité de la vie humaine, a toujours une valeur anti-matérialiste et spirituelle. »
Une connaissance transfigurante de la vie en fonction de la mort

294 |

www.ingramcontent.com/pod-product-compliance
Lightning Source LLC
Chambersburg PA
CBHW061718270326
41928CB00011B/2026